LE DIABLE EN VILLE

THEATRE CANADIEN - FRANÇAIS

Alex. Silvio, dir.-prop.   Est 1211

SEMAINE du 20 OCTOBRE

LE DIABLE
EN VILLE

Grande Revue en 3 Actes et 6
Tableaux par Alex. Silvio

PRINCIPAUX TABLEAUX
Le diable en ville — l'hôtel Mont-Royal — les sports —
le petit guignol— le Moulin Rouge — la rue Ste-Cathe

APOTHEOSE
Toute la troupe du théâtre Canadien-Français et toute la troupe du
théâtre National.
Numéros de danses par M. Ouimet, champion de danse de la province
de Québec.

DECORS SPECIAUX   **EFFETS ELECTRIQUES SUPERBES**

Dimanche 19 octobre, matinée et soirée. Grand programme spécial de
1er ordre: Le Plastigram, l'objet quitte l'écran et tombe sur vous

GERMAIN LACASSE,
JOHANNE MASSÉ, BETHSABÉE POIRIER

LE DIABLE EN VILLE

Alexandre Silvio et l'émergence
de la modernité populaire au Québec

Les Presses de l'Université de Montréal

Catalogage avant publication de Bibliothèque et Archives nationales du Québec et Bibliothèque et Archives Canada

Lacasse, Germain

    Le diable en ville : Alexandre Silvio et l'émergence de la modernité populaire au Québec

    Comprend des réf. bibliogr.

    ISBN 978-2-7606-2209-8

1. Culture populaire – Québec (Province) – Histoire – 20ᵉ siècle.
2. Langage et culture – Québec (Province).
3. Modernité – Québec (Province).
4. Spectacles et divertissements – Québec (Province) – Histoire – 20ᵉ siècle.
5. Revues (Music-hall) – Québec (Province) – Histoire – 20ᵉ siècle.
6. Silvio, Alexandre.
I. Massé, Johanne. II. Poirier, Bethsabée, 1979- . III. Titre.

FC2919.L32 2011   306.09714   C2011-942459-2

Dépôt légal : 1ᵉʳ trimestre 2012
Bibliothèque et Archives nationales du Québec
© Les Presses de l'Université de Montréal, 2012

ISBN (papier) 978-2-7606-2209-8
ISBN (epub) 978-2-7606-2752-9
ISBN (pdf) 978-2-7606-2753-6

Les Presses de l'Université de Montréal reconnaissent l'aide financière du gouvernement du Canada par l'entremise du Fonds du livre du Canada pour leurs activités d'édition.
Les Presses de l'Université de Montréal remercient de leur soutien financier le Conseil des arts du Canada et la Société de développement des entreprises culturelles du Québec (SODEC).

IMPRIMÉ AU CANADA EN FÉVRIER 2012

REMERCIEMENTS

Les auteurs tiennent à remercier le Conseil de recherches en sciences humaines du Canada (CRSH), qui a financé depuis 2005 le projet de recherche « Cinéma et oralité », dont ce livre est un des aboutissements ; le Fonds québécois de recherche sur la société et la culture (FQRSC) qui a subventionné le projet « Cinéma québécois et oralité » (2005-2008) ; le Centre de recherche interuniversitaire sur la littérature et la culture québécoise (CRILCQ) qui nous a fourni beaucoup d'information et de soutien ; Bibliothèque et Archives nationales du Québec (BAnQ) dont les collections ont été précieuses ; le Groupe de recherche sur l'avènement et la formation des institutions cinématographique et scénique (Grafics) ; les Presses de l'Université de Montréal, qui ont accepté de publier ce livre.

Les auteurs remercient également Anne Beaulieu, Vincent Bouchard, Élise Lecompte, Gwenn Scheppler, membres de l'équipe de recherche « Cinéma et oralité » ; Sébastien Mathieu, réviseur d'une version antérieure du manuscrit ; Léonore Pion, réviseure ; et Antoine Del Busso, directeur des PUM.

Une mention particulière à Lucie Robert, professeure à l'UQAM, qui nous a généreusement et patiemment permis de bénéficier de son expertise en histoire du théâtre québécois.

Enfin, merci à toutes les personnes qui ont contribué de près ou de loin à notre recherche et à sa publication.

PROLOGUE

Le sujet de ce livre est issu de découvertes venues à la fois de l'histoire et du hasard (qui sont parfois la même chose). Pour préparer le centenaire du cinéma, les historiens de cet art, moi y compris, ont commencé il y a une vingtaine d'années à en réétudier les origines et ont remis à jour beaucoup de pratiques presque oubliées. Une de nos trouvailles a été le bonimenteur de vues animées, un acteur qui avait pour fonction de lire ou de traduire les intertitres et d'expliquer verbalement l'intrigue des premiers films muets. Des recherches ont montré que sa présence avait été beaucoup plus fréquente et beaucoup plus durable dans certains pays, en particulier dans les communautés minoritaires, dont le Québec où on l'appelait « conférencier ». Mes propres recherches ont mis en évidence l'importance d'un bonimenteur nommé Alex Silvio, qui non seulement a exercé cet art pendant une trentaine d'années, mais qui a aussi misé sur sa popularité pour devenir un des principaux directeurs de théâtre pendant les années 1920 à Montréal, où il a dirigé jusqu'à trois théâtres simultanément. J'ai écrit un premier résumé de sa carrière dans un livre publié en 2000, croyant tout savoir ou presque à son sujet[1].

Quelques années plus tard, en 2003, je suis devenu professeur à l'Université de Montréal et j'ai lancé un projet de recherche, intitulé « Cinéma et oralité », destiné à mieux connaître et analyser l'activité des bonimenteurs de films et des rapports du cinéma avec la langue, au Québec et ailleurs. Deux étudiantes que j'acceptai de diriger dans leurs

1. Germain Lacasse, *Le bonimenteur de vues animées. Le cinéma muet entre tradition et modernité*, Paris et Québec, Méridiens-Klincksieck et Nota Bene, 2000.

études de maîtrise, Bethsabée Poirier et Johanne Massé, se joignirent à moi comme adjointes de recherche et se mirent à l'affût de nouvelles informations sur Silvio, son activité et le monde du spectacle à Montréal au début du xxᵉ siècle. Nous avons d'abord projeté d'écrire ensemble un article pour une revue académique; l'abondance du matériel nous poussa rapidement à vouloir faire deux articles, puis aussi rapidement nous avons constaté qu'en fait il y avait là matière pour un petit, puis un moyen, puis un gros, puis un bien plus gros livre... Les étudiantes devinrent professeures à leur tour, mais acceptèrent de poursuivre avec moi les fouilles.

En cours de route apparurent des trouvailles qui nous passionnèrent, principalement les « revues d'actualité », c'est-à-dire des spectacles comiques composés de sketchs, saynètes, monologues et chansons parodiant la vie sociale et politique de l'époque. Bethsabée et Johanne constatèrent que Silvio avait écrit plusieurs de ces revues pour les présenter dans ses théâtres, mais elles découvrirent aussi qu'il en avait commandées et produites continuellement pendant toute sa carrière et que ce genre était devenu la principale attraction théâtrale des scènes montréalaises à cette époque.

Là n'était pas la plus importante découverte. Elle était plutôt dans le contenu et la forme de ces revues. Les revues d'actualité qu'on jouait sur les scènes des théâtres montréalais faisaient entendre une langue populaire et urbaine, la langue de la rue et des manufactures. Et ce, dans les années 1910 et 1920! Ainsi, à côté de l'exemple bien connu des *Belles-Sœurs* de Michel Tremblay (1968), il faut replacer les revues d'actualité comme lieu d'expression du langage populaire québécois. De plus, à travers ces textes en apparence anodins se dessine une prise de parole étonnante, souvent critique et audacieuse, en prise directe avec le quotidien et les préoccupations des citoyens ordinaires. Cette parole populaire est à la fois résistante, quand elle se heurte à la morale et au conservatisme, et moderne, exutoire, par la façon dont elle absorbe et s'approprie le progrès et le choc de la nouveauté. Les textes de revues d'actualité nous permettent de mieux connaître une facette du discours social de l'époque et de décrire davantage l'expérience de la modernité telle que vécue à Montréal par les milieux populaires dans le premier tiers du xxᵉ siècle. C'est peut-être là que réside l'intérêt principal des textes de revues: ils constituent un échantillon d'un discours collectif sur l'époque, discours qui se développe, jusqu'à un certain point, en marge des institutions régissant l'écrit (livres, journaux, enseignement).

Pour mieux comprendre ce qui nous semblait alors plutôt inattendu et même insolite, nous avons ensuite examiné nos connaissances sur Silvio et son monde en les comparant avec les études sur l'histoire de la culture. Nous n'avons certes pas révolutionné celle-ci, mais nous pensons l'avoir enrichie et raffinée en constatant que la culture populaire contribue de façon importante mais négligée à la culture institutionnelle et qu'au Québec, la culture populaire du début du XXe siècle a été un terreau fertile de la modernité que l'élite intellectuelle conservatrice combattait fermement sur tous les terrains. Autrement dit : les racines de la Révolution tranquille sont à chercher aussi loin que dans les spectacles populaires du début du siècle dernier !

Cet énoncé nous semblant aussi étonnant que contestable, nous avons décidé de documenter toute l'activité de Silvio et tous les aspects des formes de spectacle qu'il orchestrait. Nous pensons avoir accumulé suffisamment de matériel pour confirmer notre constatation et pour décrire l'activité de Silvio et de ses collaborateurs comme celle de médiateurs culturels entre, d'une part, le contexte d'une société évoluant selon les idéaux traditionalistes solidement entretenus par une élite cléricale et, d'autre part, les créations audacieuses d'artistes qui exploitaient sur scène en jargon populaire les sujets les plus contemporains liés à la modernité qui pénétrait malgré tout la société canadienne-française. Bien sûr, la vie et l'activité de Silvio ne résument pas toute l'histoire du spectacle à l'époque. Cependant la diversité des pratiques qu'il anima nous semble révélatrice d'un aspect de la culture qui a été peu étudié et dont la connaissance permet à la fois de mieux comprendre l'histoire culturelle du Québec et la relation d'une culture populaire avec une culture institutionnelle. Il ne s'agit pas d'en discréditer une au détriment de l'autre, mais de comprendre leurs rapports et, admettons-le, d'en rétablir une qui est la plupart du temps dévaluée et oubliée. Au moins sera-t-elle un peu remémorée. Je me souviens…

Pour bien comprendre les aspects de cette activité, nous vous proposons quatre chapitres (ou quatre actes) exposant les facettes de la question. Le premier chapitre explique le contexte et les conditions d'apparition de la culture populaire moderne, dans le monde et au Québec, et rappelle comment les historiens théorisent en général cette question, et comment nous pensons élargir cette théorie en considérant la langue et la culture populaire comme des lieux négligés d'expérimentation de la culture générale. Expérimentation ne veut pas dire ici avant-garde, mais plutôt création alternative, souvent spontanée, peu normée, non académique, mais certes inventive. Cette première partie se termine sur une explication des sources utilisées pour notre étude.

Le deuxième chapitre traite de l'émergence de la culture et du divertissement populaires modernes au Québec; nous y rappelons et expliquons l'apparition du cinéma, le développement du théâtre, leurs rapports compliqués et conflictuels avec l'autorité cléricale, et nous insistons beaucoup sur la revue d'actualité, forme de spectacle théâtral la plus populaire à l'époque mais presque totalement ignorée dans l'histoire de la culture. Nous y expliquons quel est exactement ce type de spectacle et comment il se distingue du burlesque québécois, et nous levons le voile sur les débuts de ce genre au Québec. Nous y découvrons un personnage haut en couleur, un incontournable du genre : l'habitant en visite en ville. Puis nous y observons comment les revues proposent un discours en phase avec l'opinion publique, en prenant l'exemple des chansons traitant de la guerre. Sur tout ce chemin, nous exposons des textes oubliés, une langue vernaculaire surprenante, des intrigues et des personnages extravagants.

Dans le troisième chapitre, nous décrivons et étudions plus en détail les sujets abordés dans les revues, qui traitent de la modernité avec une pertinence parfois renversante. Nous avons séparé ce chapitre en deux parties : d'une part, les textes et chansons de revues traitant des progrès liés à la modernité technologique, tels que l'électricité, les tramways, l'automobile, etc., et, d'autre part, les sujets en lien avec la modernité des idées. Dans cette deuxième partie, il est question par exemple de la prohibition, de la corruption et de l'incompétence des élus, du libertinage, etc. Dans le quatrième chapitre, nous faisons apparaître deux personnages résolument opposés. D'un côté, Joseph Dumais, professeur de diction qui critiquait la langue populaire des bonimenteurs et proposait en contrepartie des projections de films édifiants commentés par lui en français académique. De l'autre, l'antithèse exacte de Dumais : Silvio. Nous racontons sa carrière : ses débuts comme bonimenteur de films, son activité d'imprésario théâtral cherchant l'appui du public populaire, son action dans la popularisation de la revue d'actualité et ses créations en tant qu'auteur de revues. Et sa fin de carrière minée par la maladie, pendant que les œuvres et les troupes qu'il a fondées se consolident et se multiplient. Pour imiter le modèle des revues, nous terminons sur une «apothéose finale», la revue *Hollywood-Montréal-Paris* qui associait symboliquement la métropole québécoise aux grands centres de production cinématographique du monde à cette époque. Certes cette association était symbolique mais cette apothéose mettait à contribution tous les stratagèmes créatifs concoctés dans un milieu dont on pense trop souvent que le génie était absent.

Pour bien nous mettre en phase avec le contexte, la langue et la forme des spectacles de l'époque, nous avons découpé notre livre selon un plan emprunté aux revues d'actualité, divisées en «actes» et en «tableaux». Nous introduisons les parties du «spectacle» par des citations tirées des chansons ou des dialogues des revues d'actualité ou encore prises dans les commentaires des journaux. Il y manque la musique, mais le texte suffit déjà à donner une bonne idée du sujet, du ton, de la mise en scène et de l'esprit de l'époque. Ces couplets et répliques nous permettent de dialoguer à notre tour avec Silvio et ses amis, qui nous trouveront par moments un peu hautains, mais sauront nous le dire et apprécieront tout de même que nous soyons venus assister au spectacle avec intérêt et respect. Remercions-les de leur accueil chaleureux et jamais rancunier.

GERMAIN LACASSE
Montréal, novembre 2011

ACTE 1

L'ENTRÉE EN SCÈNE

TABLEAU 1

L'INFERNALE MODERNITÉ

...dans un décor féerique, les deux troupes du théâtre Canadien et du théâtre National réunies dans une apothéose splendide, font un défilé sensationnel alors que les 12 danseuses, tout en rouge, dansent une bacchanale effrénée. Le diable est réjoui. Mais voilà que paraît la Croix du Mont-Royal et devant cet emblème, le diable s'engouffre et retourne aux enfers. Le tout s'achève par un chœur final de 50 personnes[1].

Le journal montréalais *La Presse* annonce ainsi en grande pompe *Le Diable en ville*, une «revue d'actualité» écrite et montée en 1924 au Théâtre Canadien-Français par un artiste aujourd'hui oublié: Alexandre Silvio. Ce spectacle, constitué de numéros comiques inspirés principalement de l'actualité locale, est écrit et joué partiellement en «joual», le français vernaculaire parlé couramment dans les rues et les usines de Montréal, argot mélangeant le vieux français avec des anglicismes du monde industriel et urbain.

Pour le lecteur contemporain, cette publicité peut sembler étonnante: on imagine l'histoire québécoise d'avant la Révolution tranquille comme une longue période dominée par un conservatisme sévère imposé par un clergé particulièrement réactionnaire. Même si, dans la finale de la revue, le diable se fait chasser par la croix, on est surpris d'apprendre qu'à cette époque des «danseuses, tout en rouge, dansent une bacchanale effrénée» surtout quand on sait que dominait une censure exagérément puritaine. Le diable aurait-il réussi à s'infiltrer dans la culture canadienne-française malgré la surveillance vigilante du clergé catholique?

---

1. Anonyme, «Canadien-Français», *La Presse*, Montréal, 18 octobre 1924, p. 30; nous reparlons de cette revue à l'acte II, tableau II.

Il semble bien que oui. Alexandre Silvio est peut-être même ce diable en ville. Pendant une trentaine d'années, cet acteur devenu auteur et producteur de spectacles mène une intense activité qu'on pourrait aujourd'hui associer à une culture populaire délinquante. La culture dominante de l'époque est catholique et française, et ces deux composantes sont associées à une lutte contre le modernisme que l'élite nationale voit comme le lieu de disparition de la communauté canadienne-française. Mais dans les théâtres d'Alexandre Silvio, Olivier Guimond, Bella Ouellette, Hector Pellerin et d'autres artistes persistent à monter des spectacles «diaboliques»: films d'aventures américains, revues d'actualité parodiant le quotidien moderne, numéros comiques sur la vie amoureuse et même des «lignes de danseuses».

L'ouvrier de l'est montréalais qui amène sa «blonde» au théâtre vers 1915 est certain que le spectacle va lui plaire et d'en avoir pour son argent. Ils s'installent dans une salle pleine où le nombre intensifie l'excitation. Le spectacle commence par un numéro exécuté par une troupe de danseuses en costumes assez osés. Un comédien burlesque monte ensuite sur scène avec son *straight man*[2] et, ensemble, ils font pouffer de rire les spectateurs en jouant des sketches trouvés dans un recueil de *bits*, ou canevas de numéros comiques, américains: le pochard qui rentre saoul, la chicane avec la belle-mère, la discussion avec le patron, la bousculade dans les «p'tits chars». Silvio entre ensuite et annonce le septième épisode des *Périls de Pauline: La plongée tragique*. Il résume l'épisode de la semaine précédente; ensuite, le projecteur démarre, et Silvio explique avec pathos et minutie les péripéties de cette histoire d'espionnage où Pauline se glisse dans un sous-marin pour déjouer les sombres complots d'une puissance ennemie. Le projecteur s'éteint et le maestro Hector Pellerin entre en scène et fredonne les airs préférés du public. De retour quelques jours plus tard, ces spectateurs voient un tout nouveau spectacle: une revue d'actualité avec effets électriques! Après la présentation de la commère et du compère, les meneurs de jeu, entrent sur scène comédiens et comédiennes qui personnifient en langue populaire des personnalités et des figures diverses: l'électricité, la ville, la montagne, le conducteur de tramway, l'opératrice de téléphone, la vendeuse de grand magasin, le maire de Montréal,

---

2. Ce terme désignait le faire-valoir du comédien principal.

tous embarqués dans des intrigues hilarantes et se moquant des progrès techniques, de la politique municipale, des conflits de mœurs et d'autres préoccupations de l'époque.

Comment donc ces artistes peuvent-ils se permettre de jouer sur scène des choses si «infernales», si éloignées du credo catholique? Ce qu'on imagine de l'époque nous laisse penser qu'ils auraient dû être emprisonnés sur-le-champ, et leur imprésario Alex Silvio, ruiné et banni. Il n'en est pourtant rien, et le diable continue de creuser, jusqu'à la Révolution tranquille, les tunnels de la culture populaire sous le mont Royal. Ce livre va tenter de comprendre cette diabolique entreprise, mais pour y parvenir il nous faut d'abord comprendre dans quel univers en profonde transformation vivent les Canadiens français du premier tiers du siècle. Nous saisirons ainsi mieux pourquoi sont apparues dans leurs théâtres les œuvres singulières décrites dans les chapitres suivants.

Révolution industrielle, révolution sociale

Le tentateur arrive en ville bien avant Silvio. Il envahit d'abord l'espace rural pour recruter des campagnards et les amener dans les villes. Le diable est dans la technique, en particulier dans la machine à vapeur, avec laquelle dès le début du XIXe siècle apparaissent et se multiplient les usines. Pour faire marcher celles-ci, il faut bien sûr des ouvriers, et c'est dans les campagnes qu'on les trouve, la misère aidant à les déplacer vers les villes. La ville est comme un nouvel océan où les miséreux peuvent devenir ouvriers plutôt que marins, espérant trouver la fortune et l'aventure sans quitter la terre ferme.

L'urbanisation des pays industrialisés se fait à la cadence de la modernité, celle de l'accélération constante. Montréal en est un parfait exemple: la population de la ville passe de 90 000 en 1861, à 216 000 en 1891 et à 618 000 en 1921[3], grâce à l'arrivée de grands contingents d'immigrants européens, mais aussi de très fortes troupes de campagnards, dont une large proportion part aussi s'installer en Nouvelle-Angleterre, où les filatures embauchent des milliers d'ouvriers. Le personnage du campagnard ignare arrivant en ville et celui du cousin

---

3. Recensements du Canada (1851-1921).

des « Zétâ » sont d'ailleurs des figures récurrentes de la culture populaire du début du XXe siècle.

La révolution industrielle est tout autant une révolution sociale, bouleversant comme un rouleau compresseur (à vapeur) toutes les mœurs et les habitudes jusque-là ordonnées par la vie rurale. Le travail auparavant effectué en famille sur la ferme est désormais accompli en groupes hétérogènes dans des lieux dispersés. Fabriques, bureaux et magasins ont besoin de mains et de têtes féminines autant que masculines, ce qui permet graduellement aux femmes une liberté jusqu'alors inconnue. La place de la femme dans la société se voit donc considérablement modifiée. Cette période voit la montée de l'action féminine et les revendications relatives au droit de vote. Mais c'est certainement le travail à l'extérieur de la maison qui constitue le plus gros bouleversement social.

Déjà vers 1830, l'émergence de la bourgeoisie fait apparaître une main-d'œuvre féminine destinée au travail ménager. Les domestiques sont souvent des jeunes filles venues de la campagne à la ville. Puis, avec l'essor de l'industrialisation et de l'urbanisation, le secteur tertiaire offre de nouveaux débouchés aux jeunes filles dans les compagnies d'assurances, de téléphonie, les commerces de détail et les grands magasins. Celles-ci trouvent aussi du travail dans les manufactures de tabac et de textile et, plus tard, dans l'industrie de guerre lorsque la Première Guerre mondiale éclate. En 1921, les femmes constituent 17,7 % de la main-d'œuvre[4]. En plus de sortir les jeunes filles du foyer, ces emplois leur fournissent une certaine indépendance financière, du moins avant le mariage, et leur permettent de consommer des biens et des services. Ces changements seront un sujet fréquent des spectacles et des chansons.

Les dactylos

Lorsque le public
Le public (bis)
Revendiqu'
Nos servic's, nos machin's, nos stylos,
On apparaît subito, presto.
Et y a pas d'erreur,

---

4. Yvan Lamonde, *Histoire sociale des idées au Québec (1896-1929)*, Montréal, Fides, 2004, p. 91-92.

> *Pas d'erreur (bis),*
> *C'est épatant,*
> *Il est content.*
> *Nous f'sons, écrivant sous sa dicté',*
> *Un vrai travail soigné[5].*

Les villes, les régions et les pays se dotent de politiques de gestion de cette économie en développement constant et d'une fonction publique destinée à appliquer ces politiques. La croissance tout aussi exponentielle de la classe ouvrière mène, pour la représenter, à la formation de syndicats, puis de partis politiques. On l'a depuis longtemps oublié, mais il existait au Québec et au Canada au tournant du XXe siècle des partis ouvriers clairement identifiés, et les grands journaux quotidiens comportaient tous une rubrique d'actualité ouvrière, comme une rubrique de nouvelles des communautés franco-américaines. Montréal comptait plusieurs grands journaux ; *La Presse* et *La Patrie* se disputaient le lectorat francophone, et leurs concitoyens anglophones lisaient le *Montreal Daily Star* et *The Gazette*. Ces journaux touchaient des auditoires considérables et publiaient jusqu'à trois éditions par jour, échappant à cette époque à la concurrence des médias électroniques. Aux populations maintenant plus alphabétisées, la « gâzette » apporte régulièrement des informations sur les actualités du monde ; les journaux contribuent à élargir les horizons de même qu'à institutionnaliser l'existence d'une opinion publique qui devient un élément essentiel des démocraties. Les journaux regorgent aussi de feuilletons populaires, de chroniques mondaines et artistiques et de publicités en tous genres.

À Montréal, la croissance très rapide exige la mise sur pied de services publics (électricité, transports, énergie) qui sont souvent critiqués pour leur inefficacité autant que pour la corruption et les abus qu'ils suscitent.

1er échevin

> *Il faut que l'on dissèque*
> *Des milliers de rapports*
> *Sur la bibliothèque*
> *Sans jamais s' mettr' d'accord,*
> *Sur la question d' pavage,*

---

5. « Les Dactylos », dans *As-tu vu la r'vue ??? *, revue de Pierre Christe et Armand Robi, présentée le 31 mars 1913 au Théâtre National Français.

> *La chart' des autobus,*
> *L'enfouissement des grillages,*
> *Qu' forment les fils dans les ru's,*
> *Vous vous doutez bien*
> *Qu'on y comprend rien.*
> *On sign' tout d' même des deux mains[6].*

Aux niveaux provincial et national, les conflits politiques ne manquent pas non plus pour noircir les journaux autant que pour écrire des dialogues. Depuis l'affaire Riel en 1885 en passant par l'engagement du Canada dans la guerre des Boers dénoncée au Québec, puis la conscription de 1917 qui entraîne des émeutes à Québec, le Canada français voit se développer une vague nationaliste sur laquelle navigue habilement la classe politique, qu'on appelle maintenant « élite clérico-nationaliste », c'est-à-dire l'oligarchie conservatrice formée du clergé catholique et des notables traditionnels, avocats, notaires et médecins. La bourgeoisie marchande et industrielle est encore relativement modeste dans cette société où l'industrie et le commerce sont bien souvent jugés suspects. L'idéologie réactionnaire transmise dans l'enseignement, complètement contrôlé par le clergé, n'est évidemment pas assumée par l'ensemble de la population, mais le poids du clergé et de la tradition dans la vie sociale et politique étouffe assez efficacement les quelques velléités de rébellion. Le régime Duplessis marquera ensuite l'étape ultime, mais aussi la plus autoritaire de cette alliance amorcée depuis la conquête britannique. Si le curé n'est jamais critiqué ou moqué sur la scène, l'anglophone, lui, l'est assez souvent, sous les traits de l'impérialiste ou du puritain, qu'on trouvait également dans la société canadienne-anglaise et qu'on pouvait critiquer parce que c'était un étranger. Haro sur le *bloke*, mais surtout pas sur le curé.

La vie dans la grande ville

> *Montréal! Montréal!*
> *Métropole sans pareille.*
> *Cité où l'on peut, chaque jour,*
> *Voir de nouvelles merveilles.*
> *Montréal! Montréal!*

---

6. *As-tu vu la R'vue???, ibid.*

Ville sublime et divine.
Bonjour, toi, où l'on peut toujours
Y voir la gaieté qui [il] lumine[7].

Vivre à Montréal, dans ce premier tiers du siècle, c'est aussi faire l'expérience de la vie trépidante à la grande ville. Le citadin est aux premières loges pour voir toutes les nouveautés technologiques, de l'électricité au téléphone en passant par le gramophone, les tramways (appelés «p'tits chars») et l'automobile. Que de nouveautés qui marquent l'imaginaire! Le Montréalais fait aussi l'expérience d'une culture de masse, marquée par l'essor des grands journaux, le développement des loisirs et l'attrait grandissant de la consommation.

Le développement des loisirs est un aspect important de la vie sociale. Les Montréalais peuvent se détendre dans les parcs, pique-niquer sur le bord du fleuve et sur le mont Royal ou se divertir dans les grands parcs d'amusement qui offrent concerts, spectacles de cirque et attractions les plus diverses. Le Jardin Guilbault est aménagé vers le milieu du XIXᵉ siècle, puis le Parc Sohmer en 1889, qui connaît pendant 30 ans un immense succès et draine les populations ouvrières autant que la classe plus cultivée[8]. Les Montréalais peuvent également aller au café-concert, au théâtre et même voir des vues animées (le terme cinéma n'apparaîtra qu'une dizaine d'années plus tard). Révélé en 1896, le cinéma est d'abord une attraction occasionnelle, mais il bouleverse toute la culture et ses discours quand il connaît une expansion phéno-ménale, à partir de 1906.

Parallèlement aux loisirs apparaît l'attrait de la consommation, qui augmente avec le nouveau pouvoir d'achat des femmes. Les vitrines des grands magasins comme Dupuis frères appâtent les passants en leur présentant les tenues dernier cri ainsi que d'autres produits qu'ils rêvent de s'acheter. Les comédiens et les acteurs, sur scène et au grand écran, sont aussi des références quant aux dernières tendances modes – les rubriques théâtrales ne manquent d'ailleurs pas de souligner la qualité des toilettes des comédiennes, qui, à elles seules, semblent constituer

---

7. *Ça marche*, revue d'Almer et Léo, sans date, présentée au Théâtre National vers 1919.

8. Sur ce sujet, voir l'excellent ouvrage d'Yvan Lamonde et Raymond Montpetit, *Le Parc Sohmer de Montréal (1889-1919). Un lieu populaire de culture urbaine*, Québec, Institut québécois de recherche sur la culture, 1986.

Comédiennes personnifiant le *Montréal qui Chante* dans une revue
d'actualité.

un intérêt important pour une partie du public. Ce public de théâtre
et de cinéma est par ailleurs très entiché de ses vedettes, en premier lieu
les grandes stars hollywoodiennes, et est avide de potins les concernant.

Vivre à Montréal signifie donc faire l'expérience d'une réalité fort
différente de celle de la vie en campagne. Cette vie peut faire rêver...
Mais certaines problématiques liées plus spécifiquement à la vie urbaine
se posent également, telles que l'insalubrité des logements, la circula-
tion dangereuse, le chômage et la pauvreté, l'hygiène déficiente, les
ravages du crime. La grande ville, lieu de merveilles, mais aussi lieu de
danger et de perdition...

Dieu, que la nuit serait noire
Sans les gros fanaux
On raconte tant d'histoires
Qui font froid dans l'dos.
Sur ce qui se passe en ville
Tout le long de la nuit[9].

La culture populaire, une culture vécue

À cette époque, l'expérience de la culture populaire se vit en direct, sur place, dans les parcs d'attractions, les théâtres populaires et les cinémas (appelés «scopes»). Comédiens, chanteurs, diseurs de monologues, musiciens, acrobates, bonimenteurs de vues et autres artistes rencontrent leur public soir après soir, dans des prestations sans cesse renouvelées. La télévision, rappelons-le, n'existe pas encore, et la radio ne se répand que dans les années 1920. Pour vivre la culture, il faut donc sortir et assister aux spectacles dans les salles de la ville, ce que font des centaines de spectateurs – et de spectatrices. Ils vont massivement au cinéma et au théâtre voir et entendre leurs artistes préférés dans des œuvres qui leur parlent souvent de la réalité urbaine moderne dans laquelle ils vivent.

Tous les changements rapides liés au progrès technologique et à l'urbanisation impriment leur marque dans les spectacles populaires. Les vues animées bonimentées et les revues d'actualité, en particulier, traduisent cette nouvelle expérience moderne, principalement dans les sujets abordés, mais aussi dans l'esthétique nouvelle qui apparaît, marquée par la rapidité et la distraction. Autre fait significatif, ces spectacles proposent une forme d'adaptation *locale* de la modernité, et ils le font dans un français populaire, montréalais, que nous avons nommé le *vernaculaire urbain*.

Une esthétique proche de la scène de rue

L'esthétique des spectacles populaires et des films s'inspire ou imite la scène de rue du début du XXe siècle. Le spectateur assiste et participe à la vie moderne par l'intermédiaire des spectacles populaires tel un

9. Sur l'air de «Anna, qu'est-ce que t'attends?», dans *Prends su' toé!*, revue de Ch. E. Gauthier et G. Legrand, présentée au Théâtre Canadien-Français, le 17 mars 1919.

badaud flânant sur les artères commerciales de la ville. Avec l'urbanisation, la rue se transforme en un espace social où le flâneur se promène
en regardant les vitrines des commerces, l'activité urbaine, les autres
passants, etc. Elle devient un lieu *gratuit et accessible* où tout le monde
peut déambuler sans but précis. Le spectateur retrouve cette culture de
la flânerie et de la promenade dans les vues animées et les revues d'actualité. Par exemple, dans la revue *Tut-Tut*, le spectateur se «promène»
en différents lieux, de Venise à Montréal en passant par l'Égypte, par
l'intermédiaire des tableaux et des situations mis en scène :

> La revue débute au Venitian Garden, où nous assistons à des attractions
> diverses et à un défilé d'actualités ; puis nous nous rendons dans une rue
> de Montréal et de là en route pour la vallée des rois au tombeau de
> Tu-Ank-Amon [*sic*]. Nous revenons ensuite dans un parc de la ville ; nous
> assistons à un drame terrifiant genre grand guignol ; et pour nous le faire
> oublier nous gagnons une chambre d'hôpital, où règne la folie la plus
> abracadabrante. Nous terminons ensuite dans un des coins les plus
> connus de notre ville[10].

En faisant voyager le public de la sorte, le spectacle *incarne* l'expérience de la modernité vernaculaire. Cette nouvelle expérience liée aux
changements apportés par la modernité est ce que Walter Benjamin
appelait «l'esthétique de la distraction[11]». Contrairement à l'esthétique
dite traditionnelle, associée à la culture élitiste et intellectuelle, qui
imposait aux spectateurs un regard méditatif sur l'œuvre d'art, l'esthétique de la distraction offre aux spectateurs une perception qui correspond à l'expérience de la modernité : un rythme accéléré, une vision du
monde fragmentée, une ouverture sur la diversité, toutes caractéristiques des nouvelles sensations que procure la modernité.

Cette expression de la modernité ne s'arrête pas à l'enchaînement
d'attractions diverses sur la scène et à l'écran ; les spectacles aussi peuvent être présentés en boucle, transformant encore davantage les
habitudes de réception des spectateurs. Jean Nolin, chroniqueur du

---

10. Anonyme, «Tut-Tut, revue fantaisiste en 4 actes et 8 tableaux, d'Almer, au
Canadien», *La Patrie*, 1er mars 1924, p. 34.
11. Walter Benjamin, «L'œuvre d'art à l'époque de sa reproductibilité technique
(dernière version de 1939)», *Œuvres III*, Paris, Gallimard, 2000, p. 268-316. Nous reviendrons sur cette question un peu plus loin.

journal *La Patrie*, décrit ainsi, en 1926, le va-et-vient dans une salle de cinéma :

> Un à un, les derniers spectateurs s'en vont. On entend, de temps à autre, le bruit sourd d'un fauteuil qui se replie sur lui-même. Nouveau départ. [...] Voilà maintenant que l'orchestre bouge. Il a terminé sa journée. [...] Des boîtes se referment. Des lampes s'éteignent au-dessus des lutrins. Nouvelle cause de distraction. [...] Malheureusement, [les départs] ne sont pas plutôt terminés que c'est l'heure du spectacle suivant. Un à un, les fauteuils se remplissent de nouveau. Le va-et-vient, le bruit, reprennent de plus belle. [...] Mille incidents, qui se déroulent dans la salle, détournent les yeux de l'écran. Les actualités de la semaine que l'on montre en ce moment favorisent, par la variété des courts tableaux qu'elles nous présentent, ce vagabondage[12].

Comme on le constate dans ce commentaire, les attractions ne se déroulent pas seulement sur l'écran, mais également dans la salle, qui est bruyante et animée. D'ailleurs, on peut lire, dans les journaux et revues de l'époque, de nombreuses critiques au sujet des chapeaux des dames cachant la vue, des conversations de spectateurs pendant le spectacle de cinéma[13] ou d'autres distractions comme la présence de nourriture dans les salles.

Jean Nolin poursuit son commentaire sur les salles de spectacle en soulignant «la fraîcheur de cet asile, où vous avez choisi de venir quelques instants oublier les problèmes de la vie». Les spectacles permettent aux spectateurs de se libérer de leurs contraintes quotidiennes pour se divertir, et même se rafraîchir! Les propriétaires de salles vantent la fraîcheur de leur théâtre pour attirer la clientèle durant l'été, ce qui est une autre conquête de la technologie : les nouveaux ventilateurs électriques permettent de distribuer dans les édifices, y compris les théâtres, l'air aspiré de l'extérieur et refroidi par des blocs de glace. C'est ainsi que fonctionnaient les premiers systèmes de climatisation.

---

12. Jean Nolin, «Réflexion sur le cinéma», *La Patrie*, 19 juin 1926, p. 39.

13. «En général, celui qui revoit le spectacle [de théâtre] pour la seconde fois ressemble à l'habitué de cinéma qui explique à sa voisine tout ce qui va se passer sur l'écran. Son discours gâte son plaisir et le vôtre à vous qui l'entendez.» Henri Letondal, «Un voisin encombrant», *La Patrie*, 18 avril 1925, p. 37.

AU MONUMENT NATIONAL

LES CHAPEAUX DES DAMES

Il y a quelques jours, les feuilles quotidiennes ont rapporté le trait aimable d'une jeune dame, laquelle, pendant une représentation, s'est empressée d'ôter son chapeau, parce que celui-ci empêchait les personnes placées derrière elle de bien voir la scène. Un dessinateur, mû par un sentiment non moins délicat, désirant éviter aux dames, l'ennui de se décoiffer au théâtre a trouvé le modèle de chapeau que voici :

On ne saurait imaginer quelque chose de plus pratique ni de plus original.

Les journaux et revues proposaient à l'occasion des blagues sur les tenues vestimentaires des spectatrices.

Le Monde illustré, vol. 15, n° 762, p. 507 (10 décembre 1898).

CELLE QUI ADOPTE LEURS MODES

—T'as l'air curieux... Y a-t-il quelque chose qui marche pas à ton idée?

—C'est ma femme... Elle est toujours aux Vues Animées...

—C'est une bonne d'straction, ça!

—Oui, ma's depuis quelque temps, elle s'est mise dans la tête de s'habiller comme les actrices qui lui plaisent ou d'adopter leurs particularités...

—Vrai?

—Oui. L'autre jour, elle est rentrée avec les cheveux arrangés comme Mary Pickford...

—Ça devait pas être laid!

—Après ça pendant deux jours, elle me roulait des yeux comme Theda Bara...

—Aye!

—Ensuite elle a essayé d'avoir le joli sourire de Vivian Martin...

—Te plains pas, vieux! Je ne comprends pas que tu aies l'air si bouleversé!

—Ben... tu sais pas qu'elle est partie aujourd'hui pour voir les petites baigneuses de Marck Sennett! Si elle se met dans la tête de s'habiller comme elles!...

L'album universel, vol. 21, n° 1089, p. 864
(4 mars 1905).

L'INFAILLIBLE MOYEN

Un gérant de théâtre recevait continuellement des plaintes de la part de messieurs qui ne voyaient pas le spectacle à cause de larges chapeaux de ces dames et demoiselles. Il demanda au beau sexe de se découvrir. Peine perdue, c'est comme s'il avait fait pipi dans un violon.

Il lui vint alors une idée géniale.

Il afficha un soir dans son théâtre l'avis suivant:

> **Les dames qui sont chauves sont priées de garder leur chapeau.**

Ce soir-là et tous les soirs qui suivirent, tous les chapeaux de femmes s'ôtèrent comme par enchantement.

Le chapeau désagréable de celles qui ne veulent pas plaire au théâtre.

Un creuset de la modernité

La culture populaire se développe au même rythme que l'industrialisation et l'urbanisation croissantes; entre les œuvres et la société, il est possible de percevoir un rapport d'échanges réciproques. D'un côté, les films et les revues d'actualité présentés au public montréalais s'inspirent des scènes du quotidien, du rythme de vie moderne et de la langue de la rue pour proposer des spectacles qui illustrent le nouveau contexte de la société industrielle, urbaine et cosmopolite. De la même façon, la vie sociale, les habitudes de consommation et la mode de l'époque sont influencées par les spectacles populaires et le cinéma. Les commentateurs de l'époque n'ont d'ailleurs pas manqué de souligner que : «pour nombre de femmes l'audition d'une pièce et la vue d'un film ne sont qu'une permanente exposition des modes[14]».

Mais il y a plus. À travers les chansons et les monologues des revues d'actualité, on retrouve non seulement l'étonnement devant les nouveautés – électricité, automobile, tramway –, la conscience des nouveaux rapports sociaux et de la nouvelle vie urbaine, mais aussi, significativement, un bon nombre d'idées modernes, notamment aux plans de la démocratie et des libertés individuelles. Les théâtres populaires apparaissent comme un lieu privilégié où s'échangent des idées sur la politique et la vie municipale. Un peu à la manière des grands journaux, qui lancent des débats de société et contribuent ainsi à la vie démocratique, les revues critiquent et commentent la politique et les élus et permettent une compréhension et une appropriation collectives des dossiers chauds et des sujets de l'heure. Tout cela de façon humoristique et dans la langue des spectateurs. Ceci amène à penser que les revues ont une fonction d'éducation populaire et contribuent à former la conscience politique du public.

La langue bâtarde de la modernité

En plus du discours qu'elles propagent, les revues utilisent plusieurs niveaux de langage, un curieux mélange de français académique, de vieux français campagnard et de français populaire urbain. Le français soutenu est utilisé dans les textes se voulant plus poétiques : chansons

---

14. Jean Dufresne, «Propos de l'entr'acte», *La Patrie*, 1ᵉʳ septembre 1928, p. 29.

romantiques, patriotiques ou morales. C'est généralement la langue du
«compère» et de la «commère», personnages récurrents qui représentent en quelque sorte l'auteur de la revue. Le français campagnard est
celui de l'habitant *canayen*, qui s'appelle parfois Baptiste, Pancrace ou
Ozanam. C'est un français populaire marqué par les vieilles expressions: *on r'soud pas d'icitte*, des *écus*, des *criatures*, etc.

Et l'autre langue, le vernaculaire urbain, qui est un mélange d'anglais
et de joual, traduit forcément une autre réalité – celle des *jobs* dans les
fact'ries, des *scopes*, des *pawns shops*; celle des immigrants, des mendiants, des femmes de la rue Cadieux (la rue liée à la prostitution, le *red
light*, à l'époque) – bref, une réalité urbaine hétérogène. Cette réalité
autre se dit forcément avec d'autres mots, des mots liés à la modernité
et à la réalité anglophone nord-américaine. C'est ainsi que dans les
chansons et les textes de revues apparaissent les *States*, les *trusts*, les *blind
pigs* (débits de boissons illégaux), les *dopés*, les *toughs*, les *shiners* (cireurs
de chaussures); dans le monde du travail, il y a les *unions* et les *strikes*;
dans les *p'tits chars*, il faut montrer son *ticket* et on *stoppe* souvent; le
pompier *drive* le cheval et *watche la pompe à steam*, le *pickpocket* est *wise*.

Même si les auteurs sont parfois ironiques face à ces patois vernaculaires, ils les utilisent abondamment dans leurs textes et amènent ainsi
sur scène et ailleurs une langue différente de celle qui est utilisée dans les
prêches dominicaux, les romans régionalistes et les manuels scolaires. Le
théâtre devient le creuset où la langue populaire est recueillie mais est
aussi relancée, diffusée plus largement en l'associant à des textes et des
personnages qui en assoient la crédibilité et en perpétuent l'esprit. Il n'y
a pas que dans les revues qu'on parle cette langue urbaine vernaculaire.
Henry Deyglun, un comédien français qui a fait carrière à Montréal,
évoque la langue des spectacles burlesques des années 1920 en ces termes:

> Les interprètes parlaient une langue franco-américaine qui avait cours
> dans les manufactures et sur les rues. C'était un «franglais» d'avant la
> lettre, à cinquante pour cent de joual pour cinquante pour cent de slang.
> Montréal n'a jamais parlé une langue plus bâtarde qu'au temps des
> «années folles». Les comiques de burlesque (par ailleurs pleins de talent)
> tiraient de leur baragouinage des effets comiques inouïs[15].

15. Henry Deyglun, «Les années folles 1920-1925», *La petite histoire du spectacle au
Québec (1920-1970)*, Manuscrit dactylographié déposé aux Archives publiques du Canada,
Ottawa, p. 34-35.

L'utilisation de cette langue populaire, bâtarde, sur scène et à côté de l'écran était loin de plaire à tous. Modernité, américanité, culture et langue populaires urbaines étaient associées à des valeurs jugées menaçantes et qu'il fallait bannir de la culture canadienne-française qu'on tentait de préserver tout en souhaitant qu'elle tende vers la grande culture française.

Le théâtre, dans la langue de Molière...
avec l'accent de Ladébauche

On retrouve sur les scènes québécoises, à la fin du XIX⁰ siècle et au début du XX⁰ siècle, un répertoire principalement français et américain et quelques rares pièces québécoises, plutôt calquées sur les modèles dominants français, comme c'est le cas dans le monde littéraire. On voit peu de Canadiens français sur les scènes et encore moins dans les coulisses ; leur accent régional constitue le principal problème lorsqu'il est question pour eux de jouer le répertoire français. Par conséquent, « les acteurs canadiens sont confinés à des rôles (paysans, valets, traîtres) où les distinctions sont moins problématiques[16] ». L'écart linguistique entre le français normatif et le français vernaculaire empêche les Canadiens français, du moins ceux qui n'ont pas la « bonne » diction, de s'imposer sur la scène théâtrale. Les directeurs des théâtres préfèrent alors embaucher des comédiens français, en tournée pour une saison ou plus, plutôt que des comédiens québécois marqués d'un accent « disgracieux ». Mais une autre raison explique peut-être ce double discours promulguant le développement d'une culture nationale tout en valorisant le théâtre français. Il est probablement délicat de bousculer les habitudes de réception des spectateurs francophones formés depuis toujours par le répertoire français. En ce sens, l'avènement d'un théâtre national « accentué » par le vernaculaire québécois et exposant un contenu plus moderne peut davantage advenir par l'entremise d'un autre public, ayant une expérience spectatorielle encore jeune, celui des salles populaires.

16. Denis Saint-Jacques et Maurice Lemire (dir.), *La vie littéraire au Québec (1895-1918). Sois fidèle à ta Laurentie*, tome V, Québec, Presses de l'Université Laval, 2005, p. 140.

2me Année   20 JANVIER 1910   No 17

Montréal qui Chante

Le Numéro 10 cts

M. ELZÉAR HAMEL dans LADÉBAUCHE

Rôle de Compère dans la revue du Théâtre National

Revue Musicale Illustrée

Paraissant le 10, le 20, et le 30 de Chaque mois.

RAOUL COLLET
Éditeur-Propriétaire
208 rue St-Christophe
Montréal
Téléphone Bell Est 5581

ABONNEMENTS
PAR LA MALLE

1 An $1.50
6 Mois   1.75
3 Mois   1.00

Montréal qui Chante, 2ᵉ année, nᵒ 17 (20 janvier 1910).

Le Père Ladébauche est un personnage du terroir très populaire. Il commente avec esprit, et sans mettre de gants blancs, les événements et la société.

Déjà popularisé en dessin humoristique dans *La Presse*, le Père Ladébauche fait son apparition dans la revue *C'est correct*, présentée au Théâtre Bijou (ancien Palais-Royal) en 1906. En 1909, la création de Ladébauche par Elzéar Hamel, dans *Ohé! Ohé! Françoise!*, obtient un immense succès qui se répétera plusieurs fois, dans plusieurs revues. Hamel devient le principal comédien à incarner Ladébauche.

Contrairement aux salles de répertoire où l'on présente presque exclusivement de la haute comédie, on retrouve à la fin du XIXᵉ siècle dans les salles dites populaires, qui sont exclusivement anglophones à l'époque, des spectacles hétéroclites où se mêlent les diverses attractions inspirées du burlesque américain : vues animées, sketchs, musiques, chansons illustrées, monologues, etc. Voyant le succès de ces spectacles dans les salles anglophones, les directeurs des nouvelles salles de théâtre francophones populaires achètent des textes américains et en font des traductions. Comme l'historien du théâtre Jean-Marc Larrue l'affirme :

> Le public canadien-français [qui fréquentait les salles populaires anglophones], formé de longue date à l'esthétique américaine, avait développé un goût américain et était peu préparé, donc peu réceptif, aux productions des « Soirées » ou des autres petits théâtres qui, outre leur piètre qualité, relevaient d'une esthétique française à laquelle il était peu sensible[17].

En utilisant la forme des spectacles étrangers, les auteurs des spectacles populaires donnent aux créations québécoises une couleur locale en utilisant la même langue que celle du public et des acteurs canadiens-français. De la sorte, le public retrouvant sa langue, son accent et ses références culturelles peut s'identifier plus aisément aux situations mises en scène.

Les spectacles burlesques et de variétés bien installés dans les années 1920 dans les salles francophones tels le Canadien-Français et surtout le Théâtre National, occupent pour ainsi dire deux fonctions sociales : d'une part, ils invitent le public canadien-français à se rassembler dans un lieu commun, d'autre part, ils lui permettent de se reconnaître à travers la parole et la culture canadiennes-françaises mises en scène. Réciproquement, on peut affirmer que le « bon théâtre » de haute comédie, plus cultivé et intellectuel diront certains critiques et historiens, opère probablement les mêmes fonctions socioculturelles pour le public bourgeois et élitiste. Mais, rappelons que les salles francophones, qu'elles soient bourgeoises ou populaires, offrent souvent un répertoire composé de « compromis culturels », pour reprendre l'expression de

---

17. Jean-Marc Larrue, « Entrée en scène des professionnels 1825-1930 » dans R. Legris, J.-M. Larrue, A.-G. Bourassa et G. David, *Le théâtre au Québec (1825-1980) : repères et perspectives*, Montréal, VLB éditeur, 1988, p. 55.

l'historien Elzéar Lavoie[18]. On retrouve des projections cinématographiques dans les différentes salles de la métropole, comme on retrouve
de la haute comédie dans les salles populaires.

La création d'un conservatoire français et d'autres écoles de théâtre,
qui sont à vrai dire des écoles de diction, fait émerger de nouveaux
acteurs québécois sur les scènes, comme Juliette Béliveau, Paul Coutlée
et Henri Poitras. Bien que ces trois comédiens aient suivi des cours de
diction, ils savent fort bien retrouver leur français vernaculaire dans
leur prestation lors des spectacles burlesques. Juliette Béliveau joue
d'ailleurs dans plusieurs revues et spectacles où la langue populaire est
mise en évidence. Paul Coutlée écrit dans les années 1920 de nombreux
monologues aux saveurs très populaires : *Oncle Barnabé aux vues animées*, *Craches-en un*, *Mademoiselle vieux jeu*, etc. Henri Poitras joue
beaucoup au théâtre en plus d'être bonimenteur de vues animées. En
somme, le passage par l'école de théâtre constitue l'occasion pour les
Canadiens français de s'introduire enfin sur les scènes des théâtres. Le
départ des ressortissants français appelés par leur patrie pour la Guerre
de 14-18 permet également aux Canadiens français, qu'ils soient metteurs en scène, comédiens ou bonimenteurs de films, de reprendre
l'avant-scène des théâtres et, par conséquent, de donner une couleur
plus locale aux spectacles. Cette situation se consolide après la guerre,
car seulement une partie des comédiens français revient à Montréal.

Cinéma et théâtre, pratiques hybrides locales

Lorsqu'on s'intéresse à la culture populaire de cette époque, rapidement
un fait surgit : il est pratiquement impossible de dissocier théâtre et
cinéma. Les deux sont présentés un temps dans les mêmes salles – les
vues animées n'étant au départ que des interludes pendant les spectacles
de théâtre, jusqu'à ce que ce soit l'inverse ! Aussi, plusieurs pratiques et
œuvres hybrides mélangent les deux, contribuant à ancrer ces spectacles
dans la réalité locale. Par exemple, peu de films sont produits au Québec
à cette époque, mais on y consomme de façon massive le cinéma amé-

18. Elzéar Lavoie, « La constitution d'une modernité culturelle populaire dans les
médias au Québec (1900-1950) », dans Yvan Lamonde et Esther Trépanier, *L'avènement
de la modernité culturelle au Québec*, Québec, Institut québécois de recherche sur la
culture, 1986, p. 253-299.

ricain, «adapté» dans la langue des spectateurs par le bonimenteur. Dans les années 1920, on découvre sur les scènes montréalaises une surprenante et abondante production d'œuvres dramatiques adaptées de films américains (*Sœur blanche, Le fils du Sheik*, etc.). Les revues d'actualité, qui prennent souvent le cinéma comme sujet, adoptent aussi une esthétique qui est proche de celle du cinéma des premiers temps : petites tranches de vie décousues qui défilent rapidement sur la scène. Et enfin, le burlesque québécois, art hybride par excellence, amalgame du chant, de la musique, du théâtre, des gags et même du cinéma muet commenté par un bonimenteur local[19].

Pendant ce temps, dans la bonne société...

La modernité qui s'est introduite par le monde du spectacle populaire est associée par les intellectuels conservateurs à l'influence des États-Unis, où la transformation sociale est extrêmement rapide et exerce un attrait profond partout dans le monde. Plusieurs intellectuels religieux et laïcs décrient notamment le cinéma américain, considérant que celui-ci constitue une grande menace à la culture, et le combattent pendant plusieurs décennies. Nous reviendrons en profondeur sur ces considérations dans le chapitre suivant.

Les membres de l'élite intellectuelle, s'ils souhaitent ardemment le développement d'une littérature et d'un théâtre canadiens-français, aspirent plutôt à la grande culture et ne semblent pas voir d'intérêt particulier dans ces pratiques populaires, d'autant plus qu'elles malmènent la langue, ce qui les rend encore plus indignes. Certains auteurs dramatiques «sérieux» jouent certes sur des registres populaires – nommons seulement Julien Daoust et Armand Leclaire. Est-ce seulement par nécessité? Difficile à dire. Mais la critique théâtrale, elle, est en général très dure et dédaigneuse envers toutes les manifestations populaires de la culture.

Si le cinéma et le théâtre populaire sont pendant longtemps dénigrés, c'est peut-être à cause de leur position singulière dans l'évolution

---

19. Pour en savoir plus sur cette pratique : Chantal Hébert, *Le burlesque au Québec : un divertissement populaire*, Montréal, Hurtubise HMH, 1981. Également : Germain Lacasse, *Le bonimenteur de vues animées. Le cinéma entre tradition et modernité*, Paris et Québec, Méridiens Klincksieck et Nota Bene, 2000.

de la culture et des institutions au Québec. Non seulement ils ne sont pas considérés comme des pratiques artistiques, la critique les rejetant dans le champ du divertissement facile, mais en plus ils apparaissaient à un moment où la culture québécoise émergente est largement fondée sur le discours du nationalisme catholique. Tout orienté vers la consolidation d'un catholicisme national et d'une langue française policée, ce courant ne peut voir le cinéma et le loisir de masse que comme des pratiques étrangères menaçantes pour ce qu'il tente d'instaurer. Qui plus est, on constate avec désarroi ou désespoir l'immense succès des vues animées auprès des couches populaires.

Le clergé québécois se braque contre la modernité parce qu'il y voit un certain nombre de menaces effrayantes pour son autorité. Il est, depuis la Conquête, l'autorité peu contestée, le gardien des traditions et le guide de la survivance. Il a obtenu et conserve, dans la plupart des activités, l'autorité effective autant que morale : il contrôle la culture et l'éducation, la politique lui échappe parfois, mais rarement. Son emprise sur la société est étroitement liée à une économie rurale fondée sur une agriculture de subsistance qui se développe par l'occupation de nouveaux territoires. Le catholicisme et la langue française constituent le ciment social de ces communautés rurales où le curé est le personnage principal. L'industrie, la ville et leur culture représentent donc un gouffre qui se creuse sous les pieds de l'Église, l'enfer qui aspire le ciel. La lutte du clergé contre la modernité est donc menée sur tous les fronts, et l'élite bourgeoise qu'il a éduquée le soutient en endossant largement ce conservatisme.

Mais alors que certains intellectuels réprouvent les « extravagances modernes », que les traditionalistes inventent des récits du terroir liés au credo paysan et catholique écrits en « bon » français classique, et tandis que les intellectuels cléricaux maudissent le cinéma et la culture américaine qu'ils voient comme des pratiques empêchant le développement d'une conscience nationale, les spectateurs de la ville, eux, vont dans les théâtres populaires comme le Canadien Français et le National, où on leur traduit en vernaculaire québécois l'expérience de la modernité telle qu'elle est vécue et représentée ailleurs dans le monde. Ils se passionnent pour le cinéma, dans lequel ils reconnaissent et revivent l'expérience étrange de la vie moderne.

Ces spectateurs viennent collectivement participer à une expérience qui leur est pourtant interdite par ceux qui contrôlent les paramètres moraux et idéologiques selon lesquels leur quotidien est organisé. Ici semble donc évident le potentiel libérateur de la modernité, puisqu'on voit la popularité du cinéma pousser de larges fractions de la communauté vers des expériences qui les affranchissent des aspects répressifs de la tradition et de l'idéologie.

TABLEAU 2

ASPECTS SAVANTS DE
LA MODERNITÉ POPULAIRE

Modernité et institution

> *Fuis l'antre où les démons dissimulent leurs pièges,*
> *Où déployant leurs films comme un panorama*
> *Ils enlacent les cœurs qu'ils ont pris en leurs pièges,*
> *Garde ton âme blanche et fuis le cinéma.*
> [...]
> *Fuis les souffles brûlants qui dessèchent les roses,*
> *Et jettent les blancs lys en un mortel coma,*
> *Fuis les vents imprégnés de germes de névrose,*
> *Garde ton âme blanche et fuis le cinéma*[20].

Ce poème d'Armand Chassegros, publié en 1927 après l'incendie du cinéma Laurier Palace où ont péri 78 enfants, associe le cinéma au mal le plus pernicieux. Son auteur et ses collègues auraient trouvé complètement inconcevable une idée comme celle d'une « culture populaire » et d'une « modernité vernaculaire », tout comme aurait paru invraisemblable une théorie culturelle née hors des institutions.

La modernité est souvent associée à l'émergence des institutions culturelles nationales. En France, par exemple, la littérature est devenue une institution à partir de la Révolution (1789), quand l'étude de la littérature nationale est devenue une partie obligatoire de l'éducation, visant entre autres à propager les nouveaux idéaux républicains. Au Québec, l'émergence d'une littérature nationale s'est faite sous la

---

20. Extrait de la revue *Le Messager du Sacré-Cœur* [juillet 1927], cité dans Yves Lever, *Histoire générale du cinéma au Québec*, 2ᵉ édition, Montréal, Boréal, 1995, p. 74.

sévère surveillance du clergé catholique résolument opposé à une modernité non contrôlée par lui. Le premier historien et théoricien de la littérature canadienne-française, Mgr Camille Roy, s'est fait le propagateur d'une littérature régionaliste vantant les beautés du terroir et du patrimoine. L'abbé Lionel Groulx a été le père d'une histoire nationale pensée selon les mêmes paramètres. Ces gens sont des intellectuels brillants et érudits, mais formés et orientés par un haut clergé qui est alors l'un des plus réactionnaires de toute l'Église, comme l'admettent aujourd'hui des leaders religieux reconnus.

Des intellectuels et des écrivains de l'époque produisent néanmoins des œuvres modernistes échappant aux canons de cette institution cléricale traditionaliste, pensons à Marcel Dugas, Léo-Pol Morin ou Émile Nelligan. Mais s'ils ont été marginalisés et négligés de leur vivant, l'histoire contemporaine les a réintroduits dans le Panthéon littéraire. C'est tant mieux, certes, mais nous ne pouvons pas en dire autant de toutes les œuvres non canoniques, écrites ou improvisées, jouées sur les scènes de l'époque par les artistes appréciés du public populaire. L'institution et ses historiens reconnaissent comme œuvres valables celles qui ont été écrites par des auteurs reconnus par la critique comme des maîtres dans leur art. Mais elle commence à peine à se pencher sur les dizaines de revues d'actualité dont on comprend vite la modernité par la seule mention de leur titre : *En aéroplane, Allo Chatplin, Hollywood-Montréal-Paris.*

Dans le monde du cinéma québécois, on ne peut parler d'institution avant les années 1980 environ. Le cinéma de la Révolution tranquille a longtemps été un cinéma libre de la structure qui organise aujourd'hui le septième art ; cette structure offre un soutien, mais elle est souvent aussi un carcan. Auparavant, le cinéma québécois était celui des prêtres cinéastes entre 1930 et 1960, précédé par quelques fictions vers 1920 et 1950, et les documentaires d'Ernest Ouimet pendant la période initiale. Mais l'histoire de notre cinéma ne s'intéresse que depuis une vingtaine d'années aux bonimenteurs de films, ces comédiens qui traduisaient les intertitres et commentaient l'action des films muets américains. Alexandre Silvio est l'un d'eux, probablement le plus populaire et le plus influent. Sa trajectoire comme bonimenteur devenu auteur et producteur de théâtre est assez significative quant à la relation entre la modernité populaire et l'institution. Pendant 30 ans, Silvio a monté des spectacles de cinéma et de théâtre modernistes courus par des milliers de spectateurs, mais son nom est encore presque inconnu dans les écrits consacrés à l'histoire du théâtre ou du cinéma québécois. Il a été victime de ce que l'historien du théâtre Christophe Charle appelle la fonction des «hommes doubles». Il désigne ainsi les directeurs de théâtre de la fin du xixe siècle qui ont vécu dans les capitales européennes la transition du théâtre traditionnel au théâtre moderne. D'un art censuré et subventionné destiné à l'élite cultivée, le théâtre est passé au statut de spectacle libre mis en marché par des entreprises qui devaient se trouver un créneau face à des publics urbains qui se multipliaient de façon complexe. Charle écrit que «ces intermédiaires entre auteurs et publics étendent toujours plus leur emprise à mesure que l'art théâtral des capitales exige des capitaux toujours plus abondants et diversifiés et que les goûts des publics changent plus rapidement dans ces villes qui s'étendent et se complexifient[21]». Parce qu'il tentait de jouer ce rôle de médiateur entre le monde de la scène et celui des affaires, Silvio a été peu considéré en son temps et dans l'institution, il est resté associé à des formes négligées parce que vues comme purement mercantiles et de peu d'intérêt pour une histoire académique du spectacle et de la culture.

Modernité et vernaculaire

> Comm' ma servante pourquoi le taire
> J' suis un fervent du cinéma
> N'allez pas me jeter la pierre,
> Vous, aussi, c'est votre dada,
> Et, pendant qu'un orchestre racle
> Des pots-pourris alambiqués
> Vous vous régalez au spectacle
> D'un tas d' scénarios compliqués
> Mais moi, sur l'écran ce qui m' plait, ô combien
> C'est d' voir des Cowboys zigouiller des Indiens[22].

---

21. Christophe Charle, *Théâtres en capitales. Naissance de la société du spectacle à Paris, Berlin, Londres et Vienne*, Paris, Albin Michel, 2008, p. 55.

22. «Scène du cinéma – Pot Pourri», dans *La grande revue de Lucien Boyer*, 1922.

DANS L'OUEST

Jos Simplet de la rue Ste-Catherine, à Montréal, est un fervent des Vues animées et la vie de cow-boy... sur l'écran n'a plus de secrets pour lui. Ayant à voyager dans les grandes villes de l'ouest, il s'est habillé en conséquence «afin de ne pas se faire remarquer». Il est resté tout bête de constater l'effet de curiosité qu'il a produit.

Panorama, vol. 1, n° 1 (1919).

Au Québec, la notion de «modernité populaire» a été utilisée par l'historien Elzéar Lavoie, qui parlait de «modernité populaire» pour désigner les médias et les textes porteurs de la modernité dans la culture de masse au Québec[23]. Partant des théories de Jean Baudrillard et Marshall MacLuhan, tous deux sociologues et philosophes, pour définir la modernité comme «conscience de rupture» et comme avènement de «l'actualité, l'immédiateté, la quotidienneté», Lavoie associe l'arrivée d'une modernité culturelle à l'apparition et à la diffusion d'une presse populaire:

23. Elzéar Lavoie, *op. cit.*

La Modernité, qui est transformation quantitative et qualitative dans les formes et les thèmes, la manière et la matière, au nom du progrès, se reconnaît dans la modernité culturelle populaire francophone, constituée à la fin du XIXᵉ siècle, au Québec, par les quotidiens (*La Presse, La Patrie*) qui déciment les organes dits « de qualité », les journaux d'élite. Cependant, elle va subir la réaction vigoureuse des institutions traditionnelles, telles l'Église romaine et l'Université[24].

L'auteur associe aussi plus loin le cinéma à l'avènement de cette modernité, mais son étude porte sur l'émergence des magazines populaires. Il montre que ceux-ci ont joué un rôle important dans la lutte contre la tradition, mais également dans l'émergence d'une culture de masse. On pourrait en dire autant du cinéma et du théâtre, en ayant bien en vue qu'à Montréal, pendant quelques décennies, cinéma et théâtre populaire sont étroitement associés.

Les autres historiens de la culture ou de l'art au Québec ont étudié la question de la modernité davantage à partir d'un horizon philosophique ou esthétique. La modernité est surtout définie à partir des idées des Lumières et, dans le champ de l'art, à partir du développement d'une avant-garde. Le rejet de la tradition est déterminant, dans le champ des idées comme dans celui de la création. Cette définition persiste depuis quelques décennies, et sa pérennité est visible par exemple dans deux ouvrages importants séparés par 17 années : les actes des colloques *L'Avènement de la modernité culturelle au Québec* (1986) et *Constructions de la modernité au Québec* (2003)[25]. Cette approche est solide et pertinente, le deuxième colloque en a d'ailleurs consolidé et raffiné la portée, mais elle continue de reposer sur une définition de la modernité qui néglige les apports de la marge, une preuve étant que le cinéma, qui a amené un cataclysme dans le champ de la culture, continue à être assez ignoré.

Yvan Lamonde montre l'importance du cinéma dans ses ouvrages *Histoire sociale des idées au Québec*[26]. Il a d'ailleurs déjà publié un livre

---

24. *Ibid.*, p. 259.

25. Yvan Lamonde et Esther Trépanier, *L'avènement de la modernité culturelle au Québec, op. cit.* ; Ginette Michaud et Élizabeth Nardout-Lafarge, *Constructions de la modernité au Québec*, Montréal, Lanctôt éditeur, 2004.

26. Yvan Lamonde, *Histoire sociale des idées au Québec (1896-1929), op. cit.* Dans un autre ouvrage traitant du Québec et de l'américanité, Lamonde rappelle encore l'importance du cinéma et de la culture américaine dans la formation de l'identité québécoise :

sur la question, mais l'histoire culturelle n'étant pas alors sa spécialité, il ne s'est pas penché spécifiquement sur l'influence du cinéma sur les autres disciplines culturelles[27]. Les ouvrages *La vie littéraire au Québec*, malgré leur qualité et leur exhaustivité, ne consacrent qu'une petite place au cinéma, et s'ils constatent les bouleversements qu'il cause dans l'économie du théâtre, ils ignorent pratiquement son influence sur les œuvres théâtrales. Le bonimenteur reste encore dans les coulisses de l'histoire, même si sa présence sur les scènes a suscité des changements importants.

Walter Benjamin, historien et théoricien d'art allemand contemporain de l'émergence du cinéma, synthétise l'expérience perceptuelle de la modernité dans le concept théorique de « distraction ». Selon lui, la distraction est caractérisée par le choc de la nouveauté, la multiplication et l'intensification de sensations étranges et hétérogènes, la stimulation de la perception et de la cognition par la rencontre d'objets hétéroclites et de récits discontinus. Le cinéma primitif représente l'essence même de cette nouvelle expérience sensorielle : chaque point du monde connu peut être porté à la vue du spectateur selon une forme de représentation reproduisant le réel jusque dans son mouvement. Benjamin propose une nouvelle définition de l'esthétique, pensant que cette notion a été détournée et restreinte par la société bourgeoise. Pour lui, l'esthétique n'est pas seulement associée au « beau » créé par les artistes, elle est aussi l'expérience de la réception telle que vécue par les masses, en prenant l'exemple particulier du cinéma. Benjamin voyait d'ailleurs dans le cinéma américain des premières décennies une des formes de cette nouvelle esthétique, et les films d'aventures en épisodes ainsi que les *slapstick comedies* lui semblaient en manifester les traits essentiels. Mais assez rapidement le cinéma est devenu un art narratif lié à une industrie quasi monopolisée et ses potentiels libérateurs ont été fortement réduits.

Paradoxalement, on trouve dans les écrits catholiques québécois de l'époque une description du cinéma comme expérience de la modernité, semblable aux théories élaborées par Benjamin et plusieurs autres.

Yvan Lamonde, *Ni avec eux ni sans eux : le Québec et les États-Unis,* Québec, Nuit Blanche Éditeur, 1996.

27. Yvan Lamonde et Pierre-François Hébert, *Le cinéma au Québec. Essai de statistique historique (1896-1976)*, Québec, Institut québécois de recherche sur la culture, 1981.

Les écrivains catholiques flétrissent autant qu'ils peuvent cette expérience parce qu'ils la trouvent intensément émotive et contraire à la rationalité. Un des premiers à écrire sur la question est d'ailleurs Mgr Camille Roy, devenu à l'époque le principal historien et théoricien de la littérature québécoise. Partant de textes du théologien catholique français Georges Longhaye, Roy écrit dans *L'action catholique* de Québec en 1916 que le cinéma «est une école de vice et de perversion qui favorise tous les instincts de la nature chez ceux-là même qui auraient le plus besoin d'être excités à de bons sentiments[28]». Le 27 juin 1916, un autre texte à teneur plus philosophique explique comment les catholiques définissent l'homme et pourquoi ils voient un tel danger dans le cinéma. L'auteur (anonyme, mais probablement Roy) cite encore Longhaye et sa *Théorie des Belles Lettres* pour expliquer le danger qu'on attribue au cinéma: «Nos cinémas s'ingénient à rompre cet équilibre des facultés de l'âme et toute leur activité va directement à faire de la sensibilité et de l'imagination des puissances démesurées, envahissantes, exclusives[29].»

Les philosophes catholiques québécois critiquent le cinéma en insistant sur l'intensité de son expérience, qu'ils considèrent comme un danger mais, ce faisant, ils confirment en quelque sorte l'approche de Benjamin et des autres théoriciens. Mais tandis que dans les autres pays le clergé commence assez rapidement à produire son propre cinéma pour profiter de l'efficacité éducative associée à cette expérience intense, au Québec le cinéma reste considéré comme l'un des plus pernicieux moyens d'une modernité qu'il faut combattre. Ce n'est qu'en 1936, après l'encyclique *Vigilanti Cura*, que le clergé québécois commence lui aussi à produire plus massivement ses propres films. Il faut rappeler que le clergé québécois s'est depuis longtemps ancré dans un conservatisme assez rigide, qui se renforce au début du XXᵉ siècle quand arrivent au Québec des milliers de religieux français quittant leur pays pour protester contre la loi séparant l'Église et l'État. Le Québec, bastion d'arrière-garde du catholicisme le plus conservateur? Malheureusement oui, même les catholiques l'admettent aujourd'hui. L'historien du cinéma

28. Anonyme, «L'ACJC en convention», *L'Action Catholique,* Québec, 16 mai 1916, p. 1.

29. Anonyme, «L'éducation à rebours», *L'Action Catholique,* Québec, 27 juin 1916, p. 1.

Yves Lever explique fort bien cette particularité dans son *Histoire du cinéma au Québec*[30], mais il avait d'abord soigneusement étudié la question dans son mémoire de maîtrise consacré aux rapports entre l'Église et le cinéma au Québec[31]. Il constate lui aussi l'aversion du clergé québécois pour le cinéma, qui est associé à la modernité et l'américanisation.

Plus récemment est apparu le concept de « modernisme vernaculaire », élaboré par les historiennes d'art américaines Miriam Hansen et Zhang Zhen. Hansen[32] étudie le cinéma des premiers temps comme sphère publique alternative permettant l'expression d'expériences et de subjectivités nouvelles. Elle utilise le terme vernaculaire dans le sens qu'il a en histoire littéraire, où ce mot désigne le parler populaire par opposition à la langue lettrée, par exemple le français plutôt que le latin au Moyen-Âge, ou la langue parlée courante par opposition au français académique. Hansen signe aussi un article[33], dans lequel elle écrit :

> En formant un marché de masse à partir d'une société ethniquement et culturellement hétérogène, même si ce fut souvent aux dépens de l'Autre, le cinéma classique américain a développé un langage, ou des langages, qui voyageait plus facilement que celui de ses rivaux nationaux et populaires. [...] Si ce vernaculaire avait une capacité transnationale et traduisible, ce n'était pas seulement parce qu'il reposait sur des structures biologiques fondamentales et des formes narratives universelles, mais surtout parce qu'il jouait un rôle central dans la médiation de discours rivaux sur la modernité et la modernisation, parce qu'il articulait, multipliait et globalisait une expérience historique spécifique[34].

Elle insiste sur le fait que Hollywood n'a pas seulement fait circuler des images et des sons, mais il a aussi produit et globalisé un nouveau « sensorium », c'est-à-dire une nouvelle expérience sensorielle plutôt que

---

30. Yves Lever, *Histoire générale du cinéma au Québec*, nouvelle édition, Montréal, Boréal, 1995.

31. Yves Lever, *L'Église et le cinéma au Québec*, mémoire de maîtrise, Université de Montréal, 1977.

32. Miriam Hansen, *Babel and Babylon : Spectatorship in American Silent Film*, Cambridge, Harvard University Press, 1991.

33. Miriam Hansen, « The Mass Production of the Senses : Classical Cinema as Vernacular Modernism », *Modernism/Modernity*, vol. 6, n° 2, 1999, p. 59-77. Aussi : « Fallen Women, Rising Stars, New Horizons : Shangaï Silent Film as Vernacular Modernism », *Film Quarterly*, vol. 54, n° 1, 2000, p. 10-22.

34. Miriam Hansen, « The Mass Production of the Senses », *op. cit.*, p. 68. Notre traduction.

seulement discursive, «un vernaculaire sensoriel global plutôt qu'un code narratif universel». Cette notion est d'ailleurs l'argument principal de Zhang Zhen pour qui le modernisme vernaculaire est «un discours senso-réflexif de l'expérience de la modernité, une matrice pour articuler ses fantaisies, ses incertitudes, ses inquiétudes[35]». Pour elle, le modernisme vernaculaire est la manifestation d'une nouvelle sensation physique née en réaction aux effets déshumanisants du colonialisme et du capitalisme industriel. Elle pousse plus loin les conséquences de ces hypothèses et appelle à une histoire «sensorielle» du cinéma, une histoire où la perception et la subjectivité seraient aussi importantes que les théories basées sur le cinéma comme langage[36]. Il semble assez pertinent de comparer ce contexte à celui du Québec semi-colonial de 1900, société verrouillée par l'autorité politique de l'empire britannique et l'emprise idéologique du clergé catholique traditionaliste. La modernité et le modernisme réprouvés par l'idéologie des élites traditionnelles pénétraient la société par la culture nouvelle de ses classes populaires.

Vernaculaire et institution

> *Venez à nous*
> *Nous sommes vos théâtres*
> *Amusez vous*
> *De nos chansons folâtres!*
> *Nous sommes toujours*
> *Disposés à vous plaire,*
> *Nos chants d'amour*
> *Sauront vous satisfaire[37]!*

Malheureusement, le monde académique n'est que rarement d'accord avec l'énoncé de ce personnage, de son créateur et de ses spectateurs. Le populaire est peu valorisé par ce qu'on appelle l'institution et il faut l'examiner avant qu'entrent en scène M. Silvio et ses collaborateurs. «Les manuels de sociologie donnent l'institution pour un ensemble de

---

35. Zhang Zhen, *An Amorous History of The Silver Screen Shanghai Cinema (1896-1937)*, Londres et Chicago, The University of Chicago Press, 2005, p. 18. Notre traduction.

36. *Ibid.*, p. 31.

37. *La Belle Montréalaise*, revue de Julien Daoust, 1913. Manuscrit dactylographié, p. 18-19.

normes s'appliquant à un domaine d'activités particulier et définissant une légitimité qui s'exprime dans une charte ou un code[38].» Jacques Dubois, théoricien de l'institution littéraire, résume ainsi les définitions courantes de l'institution. Le cinéma et le théâtre, objets du présent livre, semblent échapper à cette définition, mais pourtant ils y correspondent assez bien ; ce sont des pratiques basées sur des textes dont la légitimité est évaluée par des gens ayant acquis une certaine compétence dans la discipline, et dont souvent la formation est littéraire. Dubois souligne d'ailleurs que « si l'institution est bien relativement fermée sur elle-même, elle est en même temps au centre d'un système plus large – et parfois très vaste – auquel elle impose un certain nombre de ses règles et, de toute façon, son hégémonie. C'est sous cet angle, d'ailleurs, que la littérature apparaît le mieux comme appareil idéologique spécifique mais diversifié et couvrant tout le terrain social[39]. »

Dubois explique que la littérature n'a pas de charte ou de code comme tel, mais que sa pratique est néanmoins balisée par les autorités de la critique, de l'édition et de l'enseignement. Encore là, ce modèle correspond assez bien au monde du cinéma et du théâtre. Ce sont deux arts surtout narratifs dont la création est confiée à des écrivains évalués par des pairs dans un système comportant un enseignement et une diffusion publique. Il faut préciser et insister sur le fait que, dans le Québec de 1900, théâtre et littérature nationaux étaient en émergence et encore faiblement institutionnalisés, tandis que le cinéma était presque totalement importé et la production nationale, très faible. Mais il faut souligner malgré tout que les trois disciplines étaient déjà enseignées, évaluées par la critique dans les journaux et offertes dans le commerce, c'est-à-dire que le public pouvait les rejeter s'il ne les aimait pas. Les trois pratiques étaient également soumises à la censure de l'État en plus de celle de l'Église, et cette institution de la morale était beaucoup plus structurée que celle de l'art.

38. Jacques Dubois, *L'institution de la littérature*, Paris et Bruxelles, Nathan et Labor, 1978, p. 31. Il ajoute plus loin cet important commentaire: «Soulignons le caractère contradictoire de l'institution. Conservatrice, elle suppose constamment l'exercice et le maintien d'une orthodoxie. Novatrice, elle ne subsiste et ne se reproduit que dans la perpétuelle recherche de la différence hétérodoxe propre aux luttes des groupes et des générations» (p. 46).

39. *Ibid.*

Dubois assimile la littérature québécoise à une littérature régionale, dont le rôle dans l'institution serait demeuré marginal si le sentiment national n'avait pas stimulé une production venue secouer un peu l'institution littéraire francophone. Envers les littératures de masse, il est très critique, écrivant qu'elles «se signalent à l'attention par leur tendance à citer et reproduire la doxa, ce vaste discours permanent d'idées toutes faites et de formules toutes prêtes[40]». Par conséquent, il classe dans les marges les pratiques qualifiées de populaires. Dans ce cadre général assez hiérarchique, la partie «populaire» d'une littérature régionale risque de longtemps demeurer dans l'obscurité. Dubois pondère cependant ce jugement assez négatif en admettant que, même si elle gomme les différences entre les classes pour refléter plutôt la mobilité sociale liée à la consommation, la culture de masse permet tout de même la création de «sub-cultures» surtout par «l'imitation et le collage d'éléments disparates empruntés qui sont au principe du kitsch mais délimitent un espace social[41]». Ici pourraient se placer les revues d'actualité présentées dans les théâtres de Silvio, à la fois pratiques de masse et œuvres de sous-culture. Dubois souligne d'ailleurs un peu plus loin que même si elle lamine les singularités, la culture de masse «n'exclut pas les résurgences d'un esprit populaire» mais que cette possibilité est liée à des formes moins instituées d'écriture[42].

D'autres approches font un meilleur sort au populaire. Bernard Mouralis, spécialiste de la littérature négro-africaine, ne place pas les textes et œuvres marginales hors de l'institution, il en fait plutôt des contre-littératures. Il consacre un long examen au lien entre ces textes «populaires» et l'évolution de la notion de peuple. Le mot «peuple» est devenu important pendant la période moderne qui a vu croître la conscience et les revendications des classes non dirigeantes. Sont apparus des discours du peuple et des discours sur le peuple; la première catégorie est le fait d'auteurs prenant parti pour le peuple, l'autre regroupe plutôt ceux qui l'étudient de l'extérieur. Les littératures populaires sont surtout assimilées au discours du peuple et, de ce fait, elles ne font pas partie des textes valorisés par l'élite; mais même si

40. *Ibid.*, p. 143.
41. *Ibid.*
42. *Ibid.*, p. 147.

l'institution les rejette, ils constituent une littérature différente qui est le fait d'une communauté autre.

> Sur le plan culturel, d'autre part, les traits qui le caractérisent et qui, jusqu'alors, le faisaient reléguer, en tant que «rustre», «populace», «vulgaire» voire «canaille», à la périphérie du corps social, se chargent de positivité : la langue qu'il parle – français «populaire» ou langue régionale –, le savoir qui est le sien et qui est souvent un savoir technique, le mode de transmission de ses connaissances, ses loisirs, son art, sa littérature – orale ou écrite –, ses représentations collectives ne sont plus des marques d'infamie mais la manifestation d'une culture différente de la culture lettrée et même la manifestation d'une autre culture possible que celle que les classes dirigeantes imposent comme modèle à l'ensemble de la société[43].

Depuis l'émergence et la domination de la littérature écrite, l'institution repose sur des normes négociées par une élite cultivée à qui est attribué le pouvoir de juger de la valeur des œuvres. Celles-ci doivent généralement être écrites dans la langue littéraire raffinée qui est le plus souvent celle de l'élite et de la classe dominante ; le péquenot qui devient riche doit d'ailleurs apprendre cette « autre » langue ! L'évolution et le renouvellement de l'institution devraient donc en principe venir d'elle-même, c'est-à-dire de nouveaux textes produits dans le cadre de ses propres normes. Pourtant, si l'on examine de près le corpus des œuvres et l'évolution des genres, on se rend rapidement compte que le vernaculaire alimente l'institution presque autant que les auteurs patentés. Il y a plus : les auteurs et producteurs s'expriment eux-mêmes selon les deux registres. Quelques exemples connus dans la culture québécoise : Émile Coderre (Jean Narrache), Gratien Gélinas et Pierre Perrault. Tous fins lettrés, ils se sont inspirés du « peuple » et de sa langue parlée pour créer des personnages et des œuvres qui sont devenus des repères de la culture.

C'est un peu contre le modernisme que le champ littéraire a d'abord été institué au Québec. Il y eut au tournant du XXᵉ siècle quelques velléités de modernité dans le sillage de l'École littéraire de Montréal, mais les balises furent rapidement imposées et contrôlées par les intel-

---

43. Bernard Mouralis, *Les contre-littératures,* Paris, Presses universitaires de France, 1975, p. 125.

lectuels cléricaux. Mgr Camille Roy, cité précédemment sur le cinéma et la distraction, publie son fameux article « La nationalisation de notre littérature[44] », mais c'est surtout autour du régionalisme que celle-ci fut développée. La littérature du terroir devient le principal modèle, basé sur la mise en valeur d'une langue particulière, le vieux français rural soigneusement inventorié par la Société du bon parler français fondée à cette époque[45]. Cette langue et ce corpus mettent en valeur la société traditionnelle canadienne-française et l'histoire littéraire en assure la valorisation et la transmission.

Reconnaissance tardive et limitée de l'influence du vernaculaire

> *Mais dans l'Far West, voyez-vous*
> *Madame, on s'en fout (bis)*
> *Au moment où la branche casse*
> *V'là un aéro qui passe*
> *Il les emport' dans les cieux*
> *Les yeux dans les yeux*
> *Moments délicieux*
> *Et les conduit d'vant l'pasteur*
> *Qui marie ces deux brav's cœurs[46].*

Il a fallu la Révolution tranquille et ses excès pour que la langue populaire ait droit de cité dans les livres, sur les scènes et sur les écrans, mais il a fallu attendre encore un moment pour que cet apport commence à être historicisé et étudié. Ces études donnent au vernaculaire du passé un intérêt historique ou folklorique, mais continuent en général de bouder le populaire contemporain, en lutte constante pour une reconnaissance critique même quand le public le consacre. La catégorie « populaire » est certes extrêmement disparate, mais elle est négligée en bloc par la critique et l'institution. Aujourd'hui on s'intéresse à Alex

---

44. Camille Roy, « La nationalisation de notre littérature », *Essais sur la littérature canadienne*, Québec, Librairie Garneau, 1907.

45. Marie-Andrée Beaudet, *Langue et littérature au Québec (1895-1914) : l'impact de la situation linguistique sur la formation du champ littéraire*, Montréal, L'Hexagone, 1991.

46. Sur l'air de « Dans mon quartier », « Scène du cinéma – Pot Pourri », dans *La grande revue de Lucien Boyer*, 1922.

Silvio ou Paul Gury[47] dans le monde du cinéma, mais beaucoup de films « populaires » d'aujourd'hui, qui auront sans doute une importante influence sur la suite du cinéma et de la culture, sont maintenant considérés comme mineurs par la critique et l'institution, comme le sont bien des livres et des œuvres de la scène. Les œuvres écrites pour la télévision sont encore souvent considérées comme des créations mineures, dévalorisées, alors que la télévision est pourtant devenue le principal moyen de diffusion de la culture et fait vivre un important nombre d'écrivains, cinéastes et acteurs.

Pourtant, des auteurs de l'époque, même parmi les mieux considérés, semblent avoir compris l'apport de la culture populaire et l'ouverture à la modernité. En examinant le texte de la revue *La Belle Montréalaise,* on constate par exemple que l'auteur (Julien Daoust, un dramaturge bourgeois cultivé) élabore son discours en se moquant de personnages populaires et de leur langage (Baptiste, le *tramp*, etc.) mais qu'il soutient les valeurs que ceux-ci représentent ; il se moque aussi de M. De Lahaute et du critique qui préfère la culture des États-Unis. On constate une sorte de croisement complexe : le texte et le spectacle vernaculaire sont écrits par des auteurs cultivés qui s'inspirent de la vie, des discours et de la langue populaire et en tirent des œuvres valorisant la modernité urbaine dans une langue hybride, à mi-chemin entre la langue de la rue et celle des salons. En mettant en scène et en se moquant de personnages de campagnards qui découvrent la ville et la modernité, Daoust propose donc une sorte de mariage du bon sens populaire traditionnel et de la vie nouvelle, au contraire des élites qui valorisent soit la campagne et la tradition (les régionalistes) soit la ville et la modernité (les écrivains « exotiques » : Émile Nelligan, Marcel Dugas, Léo-Pol Morin, etc.).

Dans le champ culturel, et en particulier au cinéma, le régionalisme ne triomphe qu'à partir des années 1930, quand Mgr Tessier et les autres prêtres cinéastes se mettent à la production d'un important corpus valorisant, d'une part, le Québec catholique et agricole (*En pays*

---

47. Paul Gury, auteur, metteur en scène, comédien de théâtre et de radio, réalisateur de films, a écrit plusieurs revues dont *Envoye! Envoye!* et *Faut pas faire petit, faut faire grand pour être acquitté honorablement.* Il a également été directeur artistique au Canadien-Français en 1922 quand Alex Silvio en était directeur-propriétaire.

neufs, M. Proulx, 1937) et, d'autre part, des événements de la vie catholique (*Congrès Eucharistique international de Barcelone,* R. Rivard, 1952). La filmographie du Québec aurait pu être celle du Vatican, rien de moins. Pourtant, pendant les trois décennies qui ont précédé, le cinéma est surtout un cinéma importé, certes, mais «créolisé» par les pratiques hybrides où la langue constitue un vernaculaire moderne qui se distingue de la langue du terroir valorisée par le courant régionaliste. Le régionalisme apporte sans doute un soutien au gouvernement très conservateur de Maurice Duplessis, et celui-ci se hâte de développer son appui aux courants traditionalistes qui sont à la fois sa caution morale et son propagandiste. Le portrait d'un Québec unanimement soumis aux volontés réactionnaires de l'Église catholique ne peut cependant être crédible. Comme dans toutes les sociétés menées par l'autoritarisme, les courants divergents trouvent des canaux particuliers pour s'exprimer, et si la fraction cultivée de la société organise ses réseaux de réflexions et d'échanges, les autres classes savent faire de même.

Depuis le début du XXᵉ siècle jusqu'à la Révolution tranquille, les scènes et les écrans «populaires» continuent, malgré la censure, à définir et à propager une certaine liberté interdite ailleurs, à pondérer la morale étriquée prêchée dans les églises, à se mettre en phase avec les aspects de la modernité que les élites conservatrices critiquent avec virulence. C'est peut-être ici que la notion de modernisme vernaculaire a le plus de sens : dans l'intérêt des classes populaires pour les transformations scientifiques et sociales et envers l'expression des opinions individuelles et collectives dans une langue, des expressions, un vocabulaire attestant de leur nouveauté et de leur diversité. L'histoire des revues d'actualité le montre encore mieux que celle du cinéma bonimenté, dont nous ne connaissons que des bribes. Les revues traitaient du quotidien plutôt que de la tradition, leurs textes et leurs descriptions montrent qu'elles s'intéressaient particulièrement aux inquiétudes d'une société en rapide transformation et qu'elles en parlaient dans un langage qui pouvait rejoindre toute la société.

L'historien allemand Siegfried Kracauer voit dans le cinéma une forme de représentation qui rejoint les masses confrontées au processus de la mécanisation et croit que cette représentation constitue une certaine démocratisation de la culture ignorée par les classes dominantes. Miriam Hansen maintient que le cinéma de l'époque muette est le

transmetteur d'un «vernaculaire sensoriel global» et ajoute: «Maintenant que la culture médiatique postmoderne s'occupe au recyclage des
ruines du cinéma classique et du cinéma moderne, nous sommes peut-
être dans une meilleure position pour voir les résidus d'une culture de
masse utopiste qui n'est plus la nôtre – mais qui l'est encore jusqu'à
un certain point[48].» Son observation peut s'appliquer aussi à l'histoire
du film bonimenté et de la revue d'actualité au Canada français. Ces
pratiques culturelles ne sont peut-être pas des «œuvres d'art» si on les
compare aux critères des institutions et aux œuvres des maîtres, mais
aujourd'hui elles nous aident à comprendre comment les masses se sont
représentées et appropriées la modernité et le modernisme dans des
pratiques qui correspondent à leur perception et à leur langage.

48. Miriam Hansen, «The Mass Production of the Senses: Classical Cinema as
Vernacular Modernism», *op. cit.*, p. 12.

TABLEAU 3

DANS LES COULISSES
DE NOS RECHERCHES

Sur les traces de Silvio

En retraçant l'activité d'Alexandre Silvio entre 1900 et 1935, nous avons compilé beaucoup d'informations sur les projections cinématographiques dans les salles où il travaillait et dans celles qu'il dirigeait. Parfois, nous avons retrouvé dans la publicité, les communiqués ou les comptes rendus de spectacles seulement les titres des films présentés mais, à d'autres occasions, les journalistes ou les rédacteurs de communiqués décrivent plus longuement le contenu du film et le contexte de la projection. L'analyse de ces informations, bien que

Canada qui chante, n° 5 (mai 1928).

parcellaires, nous permet de dresser les grandes lignes de l'activité cinématographique de Silvio et, d'une certaine manière, de l'activité cinématographique du Québec dans le premier tiers du XXᵉ siècle. C'est donc par l'entremise de ces informations liées directement à l'activité cinématographique de Silvio que nous aborderons le cinéma et l'expérience de la modernité vernaculaire.

Mais Silvio a été aussi imprésario, gérant de théâtre, metteur en scène, ainsi qu'auteur et producteur de très nombreuses revues d'actualité. Les textes des revues écrites par lui n'ont pas été retrouvés, mais nous disposons de plusieurs textes tirés des revues jouées dans les théâtres qu'il gérait ; ces textes étaient sans doute commandés par lui et représentent probablement assez bien ses goûts comme concepteur. Sur sa carrière théâtrale, par ailleurs, l'information tirée des journaux d'époque est beaucoup plus abondante que celle concernant son travail de bonimenteur. Les chroniqueurs annonçaient, décrivaient et vantaient les spectacles à venir, les critiques en rendaient compte tout aussi régulièrement. Comme nous le verrons leur complaisance est assez évidente et constante mais leurs écrits permettent tout de même de retracer de façon assez précise non seulement les événements mais aussi leur interprétation.

Retrouver les revues

Il y a deux types de sources qui s'offrent à l'historien désireux d'approfondir ses connaissances sur les revues d'actualité : les sources d'époque et les sources contemporaines.

Sources d'époque

Les revues d'actualité ont laissé relativement peu de traces permettant de les analyser en profondeur ; le plus souvent, nous ne disposons que des informations contenues dans les rubriques théâtrales des journaux de l'époque. Ces informations peuvent être riches de détails pertinents, notamment sur la réception du public, le nombre de représentations, les dispositions de la salle, etc. De plus, les chroniqueurs donnent régulièrement des descriptions assez détaillées des tableaux, de l'intrigue et des décors, sans oublier de nommer les grands noms de la troupe, les favoris du public, dont Hector Pellerin et Simone Rivière, très appréciés dans les rôles du compère et de la commère. On peut donc s'appuyer sur des chroniques intéressantes, riches de détails, parfois rigoureuses dans le propos ; on songe notamment aux « Notes d'Art » publiées dans *Les Débats*, ou aux « Chroniques de la quinzaine » du magazine *Le Passe-Temps*, au début du XXe siècle. Il faut toutefois garder à l'esprit que les rubriques de certains journaux pouvaient être des publicités rédigées par les directeurs de théâtres eux-mêmes, notamment dans les années 1910 et 1920. Par exemple, les textes de *La Patrie* sont identifiés, certaines années, comme étant des « communiqués » ; identifiés ou non comme tels, le style de ces rubriques reste le même : à tout coup, on promet un spectacle enlevant, du rire à profusion, des effets spéciaux inédits.

Les comptes rendus critiques suivant les premières représentations sont tout aussi enthousiastes et presque unanimement dithyrambiques ; on ne compte plus les « grands succès d'assistance », les « succès de fou rire » et les « succès sans précédent ». On note aussi l'inégalité de la couverture de presse : il est fréquent qu'une salle de théâtre disparaisse des pages théâtrales des journaux, et que l'on perde sa trace pendant plusieurs mois. Ainsi, après plusieurs semaines ou mois d'annonces et de chroniques enthousiastes exhortant les spectateurs à se rendre en foule voir le dernier succès sans précédent, il n'est pas rare de n'avoir plus aucune mention, ni encadré publicitaire, ni chronique sur une salle de théâtre, ce qui n'a rien d'étonnant si les chroniques sont des reprises de communiqués ou s'il ne se passe rien dans ledit théâtre. Il faut savoir aussi qu'à cette époque, il est fréquent de voir certains propriétaires de salles de théâtres posséder aussi les bâtisses abritant les locaux de grands journaux. Cette collusion peut expliquer parfois la couverture de presse inégale et le manque de rigueur des chroniqueurs. Quoi qu'il en soit, à ce chapitre, il aura fallu attendre les Jean Béraud et Henri Letondal pour avoir droit à des critiques plus sérieuses – et nettement plus incisives[49].

Cela dit, les rubriques théâtrales de l'époque demeurent une source inestimable de renseignements. Grâce à elles, nous pouvons prendre la mesure de l'engouement du public pour ces spectacles ; à la fois par les descriptions de la réaction du public, mais aussi par le nombre et la fréquence des revues présentées sur les différentes scènes et par le fait qu'elles sont souvent présentées en prolongation. À une époque où les pièces à l'affiche changent habituellement toutes les semaines, c'est un fait qui peut difficilement mentir.

À travers les rubriques théâtrales, nous avons repéré facilement plus de 140 titres de revues d'actualité pour les années 1900-1930. Cette liste est assurément non exhaustive, car nous cherchions d'abord à retracer l'activité de Silvio, ce qui nous a éventuellement menés sur les traces de la revue. Ces rubriques mentionnent aussi à l'occasion la présence de

---

49. Les critiques théâtrales de Béraud et Letondal se distinguent nettement des chroniques complaisantes qui ont tout l'air d'être des communiqués. Il faut noter cependant un fait moins gracieux : Letondal signe, sous le pseudonyme de Fabrio, des critiques élogieuses de ses propres revues et du Théâtre Stella en général, alors qu'il en est le directeur.

THEATRE NATIONAL

Coin Beaudry et Ste-Catherine Est   Tél. Bell Est 1736

O. GELINAS. dir.-prop.   Dir.-Art. BLAYGALVILLE

SEMAINE DU 2 JUIN

Ca M'zigzaille

REVUE COMEDIE MUSICALE EN 6 TABLEAUX

DROLE DE REVUE

Synopsis

La gare Viger.—L'arrivée du 22ème.—
Le Bolchivick.—La Bombe Célanir et
Orum Belhomia.—Devant l'église St-
Jacquet.—Le mariage Gouin et Sauvé.
La prohibition.—Les noces.—La sur-
prise d'Orum.—L'espion.—La rue Ste-
Catherine.—Le défunt Zidor.—Célanir
en jugesse.—Un drôle de procès.—
Une brute malcommode.

DROLE DE REVUE

50---CHANSONS---50

Mme S. Rivière
la commère

W. VILLERAIE
dans Orum

Matinée: 15 et 25c.

Mme J. R. Tremblay
dans Célanir

M. HECTOR PELLERIN
le compère

Soirée: 15, 25 et 35c.

DIMANCHE, Vues Animées. $100.00 en cadeaux
Amateurs et Comédie.

La Patrie, 31 mai 1919, p. 21.

notables aux représentations : « Public formé de l'élite montréalaise[50] »
ou : « La salle de la Garde Champlain n'a certes jamais été à pareille fête
et je fus tout étonné d'y rencontrer des notables de Québec et une
grande partie du public de la "Haute Ville" si difficile à faire descendre
à St-Rock[51] ».

Toutes ces informations que nous fournissent les rubriques théâtrales sont très utiles, mais ne permettent pas une analyse en profondeur
du discours mis de l'avant par les revues. Pour aborder véritablement
cet aspect, une deuxième source, plus rare, s'est avérée indispensable :
les paroles des chansons de revues. Une pratique qui semble avoir été
assez répandue est la publication des chansons et, à l'occasion, de textes
récités, soit dans le programme de la soirée, soit encore dans un cahier
souvenir donné ou vendu aux spectateurs. Les programmes de théâtre
indiquent généralement le titre des tableaux ou des actes, le nom des
comédiens et des personnages qu'ils incarnent et reproduisent les
paroles et l'air des principales chansons de la revue. Ils ne précisent pas
l'histoire racontée, le fil conducteur. Ce fil narratif unissant les divers
tableaux et chansons, s'il n'est pas donné dans les rubriques théâtrales
des journaux, n'est pas facile à définir – à moins bien sûr d'avoir les
textes dialogués, denrée extrêmement précieuse… et rare : nous n'avons
retrouvé que trois manuscrits comprenant à la fois les chansons et les
textes dialogués[52].

---

50. « *Tape dans le tas*, de Pierre Christe », *La Presse*, 13 février 1917, p. 3.

51. René Ducan, « *Allô ! Québécquoise !*, de Julien Daoust », *Montréal qui Chante*,
vol. 2, n° 19 (10 février 1910), p. 9.

52. Deux de ces manuscrits sont clairement identifiés comme étant des « revues » : *La
Belle Montréalaise*, de Julien Daoust (1913), et *Au Clair de la Lune*, de Armand Leclaire
(entre 1920 et 1924). Ces deux manuscrits comptent environ 50 pages de format légal
dactylographiées. Le troisième, *En Veux-tu ?…En V'là !…*, de Mme Damasse Dubuisson
(après 1919), est nommé « comédie musicale et fantaisiste », mais ne diffère pas des pré-
cédents, excepté du fait qu'il est plus court (10 pages format lettre dactylographiées).
D'autres manuscrits retrouvés sont nommés différemment mais partagent les traits de la
revue, au moins en bonne partie. Nous les avons donc également considérés dans notre
analyse. Ainsi, nous avons une « revue-vaudeville », *Les Débuts d'Octave (Pousse-toué !)*,
de Jules Ferland (après 1927), une « comédie-bouffe », *La Famille Croustillard*, de Almer
(1912), et deux « comédies musicales » de Charles. E. Gauthier (sans date), *Polydore et
Philomène* et *On y va t'y Maman ?* Ces manuscrits peuvent être consultés dans le fonds
Édouard Rinfret de Bibliothèque et Archives nationales du Québec, sauf pour *La Belle
Montréalaise*, qui se trouve dans le fonds Julien Daoust, lui aussi conservé par la BAnQ.

Quant aux programmes de théâtre, un nombre restreint d'entre eux a survécu au passage du temps – nous en avons retrouvé un peu plus d'une vingtaine pour la période qui nous occupe. De plus, les périodiques *Montréal qui Chante*, *Canada qui Chante* et *Le Passe-Temps* ont régulièrement publié dans leurs pages les textes et musiques de chansons de revues d'actualité présentées sur les diverses scènes de Montréal et de Québec ; nous avons ainsi pu retrouver les textes de chansons de près d'une douzaine de revues supplémentaires. Nous avons en tout accumulé plus de 150 chansons.

Revue présentée en 1922.
Programme disponible dans le fonds des programmes de théâtre de la BAnQ.

Sources contemporaines

Peu d'historiens du théâtre au Québec se sont penchés sur les revues et le discours qu'elles diffusaient. Le caractère éphémère et populaire des revues peut expliquer en bonne partie cet état de fait. D'une part, les sources premières, comprenant les paroles de chansons et les textes dialogués, ne sont pas abondantes ; d'autre part, les critiques plus sérieux de l'époque, Jean Béraud à *La Presse* et Henri Letondal, alias Fabrio, à *La Patrie* et *La Lyre*, étaient naturellement peu enclins à louanger cet art mineur, populaire, qui faisait subir des accrocs à la langue. Ils déploraient tous deux que le public préfère ce type de spectacle aux grandes œuvres du répertoire contemporain, et ils souhaitaient voir les auteurs d'ici écrire de grandes pièces dramatiques authentiquement canadiennes-françaises. Ils n'étaient pas les seuls à penser ainsi ; élever le niveau du répertoire, de la langue, et amener le public à apprécier le grand théâtre étaient des préoccupations qui se trouvaient au cœur du discours critique sur le théâtre dans les premières décennies du xxᵉ siècle.

Les critiques formulées à l'endroit de certaines revues, par les chroniqueurs de l'époque, concernent leur humour facile ou douteux, leur manque d'originalité et le fait que les auteurs s'inspirent parfois assez librement de revues précédentes, en reprenant carrément certains tableaux ou certaines chansons. Ces critiques sont probablement justifiées ; tous les aspects de la production, de l'écriture à la représentation, en passant par la répétition et la création des décors, sont bouclés en quelques semaines à peine. Les pièces à l'affiche changent pratiquement toutes les semaines, ce qui impose une cadence assez infernale aux troupes de théâtre. Il est certain que, parmi la masse de revues écrites chaque année, toutes ne sont pas bonnes ou originales.

Jean Béraud, écrivant rétrospectivement sur les revues en 1958, est particulièrement incisif à ce sujet. Il déplore l'engouement général pour la revue d'actualité, qui selon lui est d'un naturel assez médiocre et ne mérite pas de survivre à son temps :

> Il est un genre, pourtant, dans lequel nos auteurs excellent sinon pour la qualité du texte, l'originalité des gags ou la finesse de l'esprit, du moins pour la facilité avec laquelle ils attirent le public et le font rire : c'est la Revue. Chaque année, les revuistes deviennent la providence de scènes défaillantes,

et leur répertoire comporterait une bonne centaine de titres. C'est hélas! le plus souvent, au prix du succès… à tout prix, le règne du *canadianisme*, de la langue torturée pour amuser par le ridicule jeté sur ceux qui parlent bien, langage prêté à des personnages parfois déjà popularisés par le dessin humoristique, comme Baptiste, Catherine et Ladébauche, et qui n'en porte que mieux sur la masse populaire. Il n'y a là aucun souci artistique, aucun désir de corriger par le rire, mais plutôt l'exploitation à outrance d'un vocabulaire argotique dont la saveur est souvent douteuse. Aussi n'est-il resté de tout cela ni sketch ni chanson dignes d'être cités et qui aient survécu à une actualité tirée par les cheveux[53].

Ce texte est une véritable condamnation sans appel! Pourtant, Béraud, s'il signe régulièrement des critiques très dures, plaide également pour des revues de qualité, alliant finesse et esprit, comme dans cette chronique de 1933:

[…] il faut une tournure d'esprit particulière, basée sur une observation malicieuse des faits et gestes de notre médiocre humanité. Il faut, en somme, de l'esprit pour être revuiste, et l'esprit, on le sait du reste, ne court pas les rues. C'est ce qui fait que pour être d'un genre facile, la revue bien faite, avec des mots qui portent et une déformation amusante de l'actualité, n'est pas tellement facile[54].

Jean Béraud ne dédaigne donc pas complètement la revue et sait en apprécier l'esprit et l'humour quand ils sont plus relevés.

Henri Letondal, s'il ironise en 1925 sur la facilité des revues et sur le manque d'originalité de certains auteurs en donnant la «recette» à suivre pour faire une bonne revue (voir encadré), reconnaît lui aussi, à l'instar de Béraud, que le revuiste doit posséder plusieurs qualités qui ne sont, il va sans dire, pas données à tout le monde:

Serait-ce aussi qu'il n'est pas si facile que l'on pense de monter une revue qui saura plaire au public sans trop sacrifier au vulgaire et à la grivoiserie de bas étage? On oublie trop facilement que la revue, tout en étant un à-coté du théâtre, n'en exige pas moins et surtout de rares qualités d'observation, d'assimilation et surtout, d'imagination. […] Humoriste, satirique, philosophe, chansonnier, poètereau, un peu frondeur, tout bon

---

53. Jean Béraud, *350 ans de théâtre au Canada Français*, Montréal, Le cercle du livre de France, 1958, p. 159.
54. Jean Béraud, «Chronique théâtrale», *La Presse*, 11 mars 1933, p. 43.

Comment faire une bonne revue ? La recette se trouve indiquée dans le volume de "Cuisine du théâtre", au chapitre des succès faciles.

1. Prenez une feuille de papier blanc (de préférence du papier grand format) et votre stylo de tous les jours. Inscrivez en marge une moyenne de quinze tableaux.

2. Choisissez des scènes qui peuvent utiliser les ressources du chef-machiniste et du chef-électricien ; ces deux messieurs jouent un grand rôle dans votre revue. Les scènes pourront porter des titres de ce genre : "Un cyclone à Montréal", "Les tribulations de Gaspard Petit", "Le recorder est sans pitié", "Le pont de la Rive-Sud", "La danse des fleurs", "En autobus", "J'ai rertouvé Titine", "L'homme qui m'assassina" (grand sketch dramatique), "Les beautés de la rue Craig", "Au Champ de Mars, à minuit", "Apothéose !"...

3. Ceci fait, commencez à songer à vos interprètes. Dressez une liste de ces "messieurs-dames" avec leur emploi : "A...., ténor" ; "B..., dan-seuse" ; "C...., soprano", etc. Vous placerez cette liste bien en vue, afin de choisir plus facilement ceux dont vous aurez besoin.

4. Prenez dix bonnes chansons américaines. Battez-les bien fort et lais-sez-les frire à votre goût, tout en leur donnant un peu de sel français.

5. Rappelez-vous que vous êtes allé maintes fois au music-hall et tâchez de "reconstituer" certains tableaux qui vous ont frappé.

6. Réunissez une vingtaine de jolies danseuses et conduisez-les chez le costumier : les costumes vous seront une dépense légère.

7. Ne vous préoccupez pas du texte : c'est la moindre des choses, les acteurs pourront l'improviser eux-mêmes, à la rigueur.

8. Soumettez ensuite votre revue à un directeur de théâtre en lui disant que "c'est le clou de la saison". Le reste est une pure question de mise en scène.

Cette recette a plus d'une fois réussi à des auteurs improvisés. Souhaitons cependant, pour la présente saison théâtrale, une revue spirituelle, d'actualité, comportant des chansons originales et non point empruntées à tout le répertoire français et américain.

Henri Letondal, « En avant, la revue !... », chronique «Théâtre, musique, cinéma», *La Patrie*, 6 octobre 1925, p. 14.

revuiste doit pouvoir revêtir chacun de ces « manteaux » et encore savoir les porter avec un certain goût communicatif au public qu'il veut intéresser[55].

Les propos plus conciliants de Jean Béraud et de Henri Letondal ont-ils à voir avec le fait que ces deux critiques ont eux-mêmes écrit des revues dans les années 1930 ?

Letondal a signé quelques revues alors qu'il était directeur du Théâtre Stella[56], dont *Stelle-ci Stella*, présentée en janvier 1933, et *Donne-z-y, Maurice!...*, en septembre 1936. Béraud, de son côté, a écrit au moins une revue, *Télévise-moi ça*, en 1936, en collaboration avec Louis Francœur et mettant en vedette Gratien Gélinas. Nous n'avons pas retrouvé les textes de cette revue, mais le comédien Henri Poitras la commente en ces termes dans une lettre adressée au juge Gabriel-Édouard Rinfret, en 1968 :

Programme disponible à la BAnQ.

À la première représentation, la partie écrite par Francœur a bien marché. La première, celle de Jean Béraud a été un fiasco. Tout marchait mal : rôles pas sus, on entendait le souffleur et les acteurs harponnaient le texte, à partir de la boîte du souffleur, les « dark-out » ne se faisaient pas au moment voulu, les acteurs rataient leur entrée en scène, les décors n'étaient pas prêts à temps, les éclairages n'étaient pas appropriés, etc. etc. Béraud qui avait critiqué toutes ces choses chez les autres, a fini par se rendre compte que... « la critique est facile, mais... ». Vous connaissez le reste! Nous avons eu là une douce revanche! Nous nous sommes contentés de rire. Béraud, lui, n'a pas signé de critiques pendant un temps assez long, si je me souviens bien. Je ne me souviens plus s'il fait mention de SA REVUE dans « 350 ans de théâtre au Canada français » [...][57].

55. Fabrio, « Le mois théâtral », *La Lyre*, mars 1927, p. 28.

56. L'ancien Théâtre Chanteclerc, rebaptisé Théâtre Stella en 1930, abrite aujourd'hui le Théâtre du Rideau Vert.

57. Henri Poitras, lettre dactylographiée au juge G.-Édouard Rinfret (extrait), 21 novembre 1968 (BAnQ, fonds Rinfret, boîte 51). Le juge Rinfret (1905-1994) a consacré de nombreuses années de sa vie à rassembler les pièces de théâtre écrites par des Canadiens français et a publié en 1975 un répertoire analytique de pièces de théâtre intitulé « Le théâtre canadien d'expression française ». De nombreuses pièces de théâtre ont pu être sauvées de l'oubli et de la destruction grâce au travail assidu du juge Rinfret.

Quoi qu'il en soit, c'est sans contredit le texte dévastateur de 1958 de Béraud, cité plus haut, qui a le plus retenu l'attention des historiens contemporains. La description qu'il fait de la revue a en effet été reprise intégralement dans un grand nombre d'ouvrages et d'articles qui se penchent sur les revues ; elle est souvent prise comme un fait, une donnée qui va de soi, ce qui contribue à perpétuer un jugement négatif à l'égard de l'ensemble des revues, en entretenant notamment l'idée que leur contenu n'est pas digne d'intérêt. Ceci explique peut-être que les revues n'aient pas fait l'objet de recherches plus poussées et que leurs textes soient pratiquement tombés dans l'oubli[58].

Certains historiens contemporains, sans analyser de façon précise le discours des revues, ont toutefois noté avec beaucoup de pertinence que ces spectacles permettaient au parler populaire d'avoir droit de cité sur les scènes de théâtre et qu'ils reflétaient les réalités culturelles et politiques de l'époque. Chantal Hébert, historienne du théâtre québécois, souligne que les artistes des variétés et du burlesque – spectacles parents des revues, malgré quelques distinctions, que nous ferons un peu plus loin – procédaient déjà à une «oralisation» de la langue littéraire, à la contamination du bon parler par le langage populaire, et ce, bien longtemps avant *Les Belles-Sœurs*. La ferveur du public pour ce genre de divertissement n'a pas suffi à lui donner ses lettres de noblesse. Comme le souligne Hébert, avant Michel Tremblay l'institution littéraire et les élites avaient presque toujours refusé de sanctionner le langage populaire. Citant Mikhaïl Bakhtine, historien et théoricien russe de la littérature, pour qui «l'autre langue [la langue populaire], c'est une autre conception du monde et une autre culture», Hébert note que la menace que représente le langage populaire ne se situe pas tant au niveau linguistique – la régression du «bon» parler français – qu'au niveau idéologique[59]. Selon elle, ce n'est donc pas tant la qualité du français parlé sur les scènes burlesques qui gêne l'institution que le propos même,

---

58. La revue de Julien Daoust, *La Belle Montréalaise*, écrite en 1913, fait cependant exception ; le manuscrit dactylographié de la revue, disponible dans le fonds Julien Daoust à la BAnQ, a fait l'objet d'un intéressant article de Jean-Cléo Godin, et d'autres ouvrages contemporains en publient des extraits. La notoriété de son auteur a probablement contribué à faire connaître ce texte.

59. Chantal Hébert, «De la rue à la scène : la langue que nous habitons», *Présence francophone*, n° 32, 1988, p. 53.

qu'il faut censurer parce qu'il s'éloigne des «nobles» choses de l'esprit pour se brancher sur les «basses» réalités matérielles et corporelles[60]. Elle note au passage l'importance des thèmes liés à la nourriture, à la boisson et à la sexualité dans les spectacles populaires.

Dans un article traitant plus spécifiquement des revues d'actualité, l'historien Jean-Cléo Godin fait remarquer que celles-ci sont l'une des premières manifestations théâtrales véritablement locales, dans leur forme et leur langage, à une époque où le théâtre était encore un fait culturel importé d'ailleurs:

> Il est facile de voir maintenant à quel point presque tout le théâtre francophone joué au Québec, au moins de 1900 à 1940, était étranger, le public n'ayant le choix qu'entre des auteurs français, souvent joués par des troupes étrangères, et les pièces que nos dramaturges s'ingéniaient servilement à rendre conformes au modèle venu d'ailleurs[61].

La revue, remarque Godin, a su, malgré et avec ses défauts, se donner une tradition originale et s'est «imposée comme reflet authentique du milieu et de son langage[62]». Le joual, écrit-il, est un «instrument pour dénoncer, parodier et exorciser une culture empruntée et importée, mais lui-même expression culturelle du milieu». Il note qu'avant les Michel Tremblay, Jean Barbeau et Jean-Claude Germain, «seule la revue semble avoir eu cette audace et avoir joué ce rôle[63]». Enfin, l'historien Christian Beaucage, dans un ouvrage consacré au théâtre à Québec au début du XXᵉ siècle, remarque lui aussi que «la revue fut sans doute le genre qui, malgré sa carrière intermittente, rendit le mieux les réalités culturelles, économiques et politiques de la société québécoise[64]». Refléter, commenter et parodier les réalités de l'époque étaient, en somme, le rôle et la raison d'être de la revue.

---

60. *Ibid.*, p. 52.

61. Jean-Cléo Godin, «Les gaietés montréalaises: sketches, revues», *Études françaises*, vol. 15, nᵒˢ 1-2 (avril 1979), p. 148-149.

62. *Ibid.* p. 150.

63. *Ibid.*

64. Christian Beaucage, *Le théâtre à Québec au début du XXᵉ siècle. Une époque flamboyante!*, Les cahiers du Centre de recherche en littérature québécoise de l'Université Laval, Québec, Nuit blanche éditeur, 1996, p. 129.

ACTE II

NOUVELLES ATTRACTIONS POPULAIRES!

La Cinématomagite

M'étant marié dernièrement,
Chez moi je reçois ma bell'-mère
Ell' s'amène en m'enguelant,
Alors je m'exaspère.
Aussitôt une cris' me prend :
J' la r'tourn' j'y envois un coup d' botte
Puis je dis très galamment :
Ce n'est pas d' ma faut', ma cocotte.

J'ai d' là ci ci ci ci ci
D' la cinématomagite,
J' sens des vibrations
Des palpitations
J'ai d' là ci ci ci ci ci
D' la cinématomagite,
Chaqu' fois que j' vois un' bell'-mère,
Mes pieds r'muent et, par hasard,
J' suis forcé d'y en mettre un quequ' part[1].

L'émergence du divertissement populaire est un des phénomènes importants dans l'histoire sociale moderne du Québec. Comme nous l'avons vu dans le chapitre précédent, une nouvelle société industrielle et urbaine émerge en quelques décennies d'une autre société artisanale et rurale. Le loisir ne peut plus être un domaine privé contrôlé par la famille, il devient très rapidement une occupation dont les besoins sont

---

1. Chanson comique « La Cinématomagite », créée par Léo aux Variétés de Québec, parue dans la revue *Montréal qui Chante*, Montréal, vol. 1, n° 9 (1 janvier 1909), p. 4.

satisfaits par une organisation industrielle. Celle-ci connaît un développement anarchique et fulgurant, hâtant le pas pour profiter d'une demande sans cesse croissante. Mais dans chaque pays, comme presque dans chaque ville, le divertissement de masse connaît des particularités très liées aux contextes culturel et politique. À Montréal et au Québec, il semble que la singularité marquante ait été une certaine frénésie pour des amusements nouveaux et distrayants dans un contexte où l'idéologie les diabolisait fréquemment. Dans ce contexte paradoxal, on comprend mieux l'engouement rapide pour le cinéma avec bonimenteur, les revues d'actualité mettant en scène la vie locale et nationale contemporaine, l'apparition de vedettes locales qui sont la version indigène des stars internationales, la création d'œuvres théâtrales qui sont la reproduction sur scène des films américains les plus populaires. Avant de nous pencher, au chapitre suivant, sur le sorcier qui convoquait le diable en ville, faisons la revue des nouveautés spectaculaires offertes aux nouveaux citadins du début du siècle précédent.

TABLEAU 1

LE CINÉMA

La « scène du cinéma »

Voilà pourquoi
Les bons bourgeois
Maint'nant cirent leurs bottines
Font la cuisine
Et gueul'nt comme les putois
Pendant c' temps-là
C'est beau n'est-ce pas
Tous les soirs leurs domestiques
Dieu qu' c'est comique
S'en vont au cinéma[2].

La frénésie du cinéma que cette chanson parodie est le grand boulever-sement du divertissement au tournant du XXᵉ siècle. Exploité pendant quelques années comme une curiosité scientifique et pour les attrac-tions qu'il exposait sur l'écran, le cinématographe connaît une fulgu-rante révolution en 1905-1906 : tandis qu'auparavant, il n'était qu'un spectacle occasionnel dans les théâtres ou les foires, en quelques mois les salles se multiplient et attirent un public qui ne se lasse pas et en redemande. À Montréal, le pionnier des vues animées est Léo-Ernest Ouimet, jeune électricien employé par le Théâtre National, qui com-prend vite le potentiel du nouvel appareil. En janvier 1906, il loue une salle modeste, rue Sainte-Catherine coin Montcalm, dans laquelle il installe un projecteur et quelques centaines de chaises, comme dans les salles qu'il a vues à New York où il va acheter ses films. Soir après soir

---

2. « Scène du cinéma – Pot Pourri », dans *La grande revue de Lucien Boyer*, 1922.

le public remplit la salle – Ouimet dira plus tard qu'il a « fait de l'argent au siau ». Son travail dans le milieu théâtral lui a appris les ficelles du métier et l'a mis en contact avec les artistes; il achète à New York les films Pathé et Edison et embauche à Montréal les chanteurs et musiciens locaux les plus populaires: le duo Dubuisson pour chanter pendant les entractes, le maestro Miro et ses musiciens pour jouer durant les films, le bonimenteur Bissonnette pour expliquer les vues, le photographe Lactance Giroux pour filmer les premières actualités locales offertes en primeurs exclusives, comme le feu de Trois-Rivières, la chute du pont de Québec pendant sa construction, les concours d'hommes forts et les sportifs populaires de l'époque, tout comme les visites de politiciens et autres personnalités.

Ce fulgurant succès attire évidemment de nombreux concurrents qui veulent eux aussi profiter du succès de cette entreprise. On voit donc se multiplier le nombre de « scopes », nom que les journalistes et ensuite le public donnent aux salles de « vues animées ». En février 1906 ouvre la Salle Dumas, au coin des rues de la Visitation et Ontario: on y présente des « vues expliquées » et des « chansons illustrées » de Bob Price[3]. En avril ouvre le Gymnastoscope au 65, rue Sainte-Catherine Est, en juin l'American Noveltyscope au 90, rue Saint-Laurent, en octobre le Readoscope au coin des rues Létourneau et Notre-Dame, en novembre l'Autoscope et le National Biograph, aussi sur la rue Notre-Dame, en décembre le Rochonoscope, situé au 204, rue Duluth. S'ajoutent l'année suivante les Nationoscope, Vitoscope, Ovilatoscope, Bennettoscope et même, pendant quelques mois, un « Ladébauchoscope » exploitant le nom du personnage célèbre de dessins humoristiques, qui deviendra un incontournable des revues d'actualité. Entre 1906 et 1914 ouvre à Montréal un scope chaque mois ou presque, puisqu'il y en aura une soixantaine en 1914. Pour un qui prospère, un autre ferme ses portes au bout de quelques semaines ou de quelques mois.

Ce phénomène n'est pas typiquement montréalais, il est nord-américain ; aux États-Unis il a autant d'ampleur et en quelques années y apparaissent des milliers de *nickelodeons*, dont plusieurs centaines

---

3. Les « vues expliquées » étaient commentées par un bonimenteur ; les « chansons illustrées » étaient des chansons accompagnées par la projection d'images fixes. Bob Price s'était spécialisé dans ce genre de prestation.

dans la seule ville de New York. L'expansion phénoménale des vues animées est un des faits les plus marquants dans l'histoire du spectacle. L'immense succès du cinéma repose également sur des causes économiques : il est accessible aux classes populaires, tandis que le théâtre, jusque-là plus cher, n'est accessible qu'aux gens plus fortunés. Les vues animées coûtent 10 sous, alors que le théâtre en coûte 25 ou plus ; quand le salaire quotidien d'un ouvrier est de un dollar, cette différence est évidemment considérable. Silvio le comprendra et quand il développera ses « théâtres du peuple » vers 1920, il offrira ses spectacles au même prix que le cinéma.

Ce qui attire les spectateurs, ce n'est pas seulement la « machine à vues », mais surtout les histoires que les vues montrent. Les grands succès d'avant 1910 sont les comédies réalisées en France chez Pathé, qui en produit déjà en quantités industrielles et dont Ouimet est le distributeur exclusif à Montréal. Des chevaux emballés bousculent tout sur leur passage ; un concierge s'amuse à espionner ses locataires par le trou de la serrure ; des femmes poursuivent un homme qui a mis une petite annonce dans le journal pour se marier, etc. Bien sûr, le programme comporte aussi des films plus sérieux et plus « moraux » : les victimes de l'alcool, les histoires de crime, l'ascension sociale ou son contraire. On offre aussi de grandes productions, de la plus comique à la plus tragique : *Le voyage dans la lune* et *La Passion du Christ*.

Mais si ce fulgurant succès attire et excite les concurrents, il suscite tout autant la réprobation. Le clergé montréalais et, plus généralement, québécois s'inquiète de voir des milliers de spectateurs aller au scope à la sortie de l'église le dimanche. Dès 1906, il commence à dénoncer les vues dont les récits lui paraissent tout à fait immoraux et, s'il ne peut enrayer le succès commercial des exploitants de salles, il veut tout faire pour interdire les projections le dimanche. Il fait pression sur tous les paliers de gouvernement mais, comme ceux-ci ne sont pas unanimes, il fait entreprendre des procédures judiciaires contre Ouimet et les exploitants. L'affaire va jusqu'en Cour Suprême où Ouimet et d'autres exploitants finissent par obtenir gain de cause en 1912.

Le combat du clergé québécois contre le cinéma, « cette invention du diable », comme l'appelaient ses détracteurs, se poursuit jusqu'à la laïcisation de la société québécoise pendant les années 1960. Cette lutte s'est articulée sur plusieurs fronts, aux plans légal et moral : en plus des pressions pour interdire les représentations le dimanche, le clergé veut empêcher l'entrée aux mineurs et orchestre des campagnes de presse véhémentes contre le cinéma «corrupteur» et «dénationalisateur». Les années 1920, en particulier, voient s'organiser une campagne de presse massive contre le cinéma, alors que de multiples articles et brochures contre le cinéma «immoral» sont publiés. Cette campagne atteint son paroxysme en 1927 lorsque la mort tragique de 78 enfants dans l'incendie du cinéma Laurier Palace pousse des extrémistes à dire que c'est la punition du ciel envers les parents qui laissent leurs enfants s'amuser au cinéma le dimanche. Plus tard, vers 1940, la publication de cotes morales et l'enseignement cinématographique contrôlé et «modéré» par les clercs ont encore pour but d'atténuer les effets néfastes du cinéma.

La censure

Comique,
Tragique,
Triste ou bien rigolo,
Quand un film d'Amérique
Pass' devant mon bureau,
Pudique,
J' m'applique
En me voilant les yeux
À couper c' qui pourrait blesser les vertueux!
J'ai honte je l'avoue
D' faire un pareil métier
Mais pour le bien de tous
Il faut bien s' sacrifier!
Alors, j' prends mes ciseaux
Et la pos' d'un héros.
Je coupe les baisers sur la bouche,
Je coupe les assassins farouches
Je coupe tous les bras menaçants,
Le poignard et l'amour et le sang!
Je coupe les gestes malhonnêtes,
Les scandal's politiqu's, les enquêtes,
Pour n' pas apprendre à nos échevins
Comment s' fair' donner des pots d' vin[4]!

4. Sur l'air de «C'est la pluie», dans *Mam'zelle Printemps*, revue de Julien Daoust et Paul Gury, présentée au Théâtre Arcade le 28 mai 1917. Textes publiés dans *Montréal qui Chante*, mai-juin 1917.

La censure, arme ultime pour tenter de contrôler et contenir le discours véhiculé par le cinéma, se met rapidement en place. Un Bureau de censure des vues animées entre en fonction au Québec le 1er mai 1913. Les fonctionnaires qui y travaillent appliquent des critères de diffusion excessivement stricts, et le point de référence est que tout film doit pouvoir être vu par un enfant[5]. Ce principe de base mène à la suppression de toute scène de crime ou de violence, mais également de tout ce qui peut illustrer l'amour ou la sensualité. Est aussi prohibée toute atteinte ou menace d'atteinte envers la morale et la loi, l'autorité et ses représentants politiques ou religieux. Appliqués par des censeurs zélés et pressés, ces critères aboutissent à des coupures insensées où est supprimé le crime mais pas ses conséquences, l'agression mais pas la blessure, le délit mais pas la punition, l'accouplement mais pas la maternité. Les critiques se plaignent à répétition de cette censure aussi idiote que sévère qui rend les films ridicules et confus; mais rien n'y fait. L'influence de l'autorité cléricale sur cette censure est très grande, et le puritanisme y pèse d'un poids énorme, comme l'ont confirmé des études approfondies sur la question[6].

On comprend mieux cette sévérité quand on oppose au rigorisme clérical québécois de cette époque les sujets extravagants des films américains de l'époque. La censure hollywoodienne ne débute que pendant les années 1930. Auparavant, on y réalise des films aux scénarios qui étonnent encore aujourd'hui par leur audace, autant dans leurs sujets que dans leur forme. Bien sûr, la fantaisie y est échevelée et le cowboy du farwest tout comme la *flapper*[7] new-yorkaise sont des fantasmes

---

5. André Gaudreault (dir.), Germain Lacasse (collaboration), Jean-Pierre Sirois-Trahan (assistés de), *Au pays des ennemis du cinéma, pour une nouvelle histoire des débuts du cinéma au Québec*, Québec, Nuit blanche, p. 107.

6. Pierre Hébert, Yves Lever et Kenneth Landry (dir.), *Dictionnaire de la censure au Québec. Littérature et cinéma*, Montréal, Fides, 2006; Telesforo Tajuelo, *Censure et société: un siècle d'interdit cinématographique au Québec*, thèse de doctorat (études cinématographiques), Paris III, 1998; Nicole M. Boisvert et Telesforo Tajuelo, *La Saga des interdits. La censure cinématographique au Québec*, Montréal, Libre Expression, 2006; et auparavant Yves Lever, *L'Église et le cinéma au Québec*, mémoire de maîtrise (théologie-études pastorales), Université de Montréal, 1977 et Yves Lever, *Petite critique de la déraison religieuse*, Montréal, Libre Expression, 1998.

7. C'est ainsi que l'on surnommait les jeunes femmes «indépendantes» des années 20. Au cinéma, Louise Brooks, Colleen Moore et Clara Bow sont certainement les *flappers* les plus connues.

extravagants, mais qui amusent, divertissent, exaltent même sans doute les spectateurs pris entre la monotonie du travail industriel et la rectitude du discours chrétien. Les charges de Lionel Groulx contre le cinéma américain, «pire agent de dénationalisation», sont sans doute de grands coups d'épée dans l'eau. La meilleure réponse à ce puritanisme est peut-être celle du juge Louis Boyer qui écrit, dans son rapport sur la tragédie du cinéma Laurier Palace, qu'«à moins d'être un saint, on ne peut prier toute la journée, et on sent le besoin de se récréer le seul jour où l'on est libre, pour oublier le labeur dur, monotone et souvent abrutissant de la semaine et reprendre l'ouvrage avec un peu plus de cœur le lundi[8] ».

Les bonimenteurs de vues animées

Quant au sympathique «speacher» André de Reusse, qu'un enrouement momentané, et dû au surmenage qu'il s'impose, n'empêche pas de se dépenser largement en spirituelles et intéressantes explications des vues, son apparition en scène dans son inimitable répertoire déchaîne le fou rire et fait se tordre le plus neurasthénique des spectateurs[9].

La tradition des bonimenteurs de film est implantée au Québec avant même qu'ouvrent les premières salles de vues animées. Le pionnier de cet art est le «vicomte d'Hauterives», un aristocrate breton qui a promené son «Historiographe», nom qu'il donnait à son appareil de prise de vue et de projection, dans les villes et les campagnes de tout le Québec entre 1897 et 1906. Orateur réputé, il expliquait les films muets avec une verve maintes fois louangée par les spectateurs et les journaux. Quand les premiers scopes ouvrent, ils ont presque tous un bonimenteur, appelé «conférencier». En accompagnement des films, on peut entendre de la musique jouée par un orchestre ou quelques musiciens, des chansons illustrées, mais également la voix d'un bonimenteur. Le boniment de vues animées, tel qu'il est pratiqué au Québec pendant la période du cinéma dit «muet», consiste essentiellement à expliquer les vues animées, à lire et surtout à traduire les titres et les intertitres, parfois même dans les deux langues. Par exemple, le compte rendu

8. Rapport de la Commission royale chargée de faire enquête sur l'incendie du «Laurier Palace» et sur certaines autres matières d'intérêt général, 1927.
9. Anonyme, «Au National-Biograph», *La Presse*, 31 août 1907, p. 25.

La Patrie.

d'une projection précisait que : « M. Alexandre Sylvio donnait aux spectateurs les explications en anglais et en français[10] ». Mais plusieurs conférenciers ne se contentent pas de lire les titres, ils expliquent le film et peuvent même faire les voix des personnages. Chaque bonimenteur a son style que l'on ne manque pas de souligner dans les journaux, par exemple : « Chaque vue est expliquée par un habile commentateur, M. Troisèphe qui a un talent particulier pour intéresser ses auditeurs[11]. »

Les commentaires et les publicités dans les journaux et revues de divertissement insistent plus sur la performance du bonimenteur que sur les films présentés. Ils montrent que certains ajoutaient aux films des explications abondantes et très dramatisées ; ils montrent aussi que si certains pensent que le cinéma est le « nouveau langage universel », cette universalité trouve sur place des traducteurs parfaitement capables de l'adapter au contexte local. Si les « explications » des bonimenteurs peuvent être aussi abondantes et susciter tant de ferveur chez leur public, c'est sans doute que ces derniers trouvent beaucoup à expliquer dans ces films toujours importés : les lieux, les personnes, les actions, tout ce qui distingue ces éléments étrangers de la vie locale. Pourtant, les films de l'époque ne sont pas toujours constitués d'intrigues complexes nécessitant l'explication d'un bonimenteur. C'est d'ailleurs ce

10. Anonyme, « De quelle façon le public marque ses sympathies », *La Presse*, 4 juillet 1913, p. 5.

11. Anonyme, « Au Biographe National », *La Presse*, 24 novembre 1906, p. 22.

que fait remarquer la comédienne Juliette Pétrie dans son histoire du burlesque au Québec:

> [En 1920], quand nous sommes entrées dans la salle [du Starland], le spectacle s'achevait devant un public agité: certains se levaient, d'autres arrivaient découpant ainsi comme une dentelle l'écran illuminé. La voix des vendeurs de liqueurs, mêlée à celle des hommes et des femmes qui comméraient sans s'occuper de la représentation, étouffait presque complètement l'accompagnement musical que jouait le pianiste, installé à l'avant sur le côté de la scène et la belle voix du présentateur, qui expliquait à mesure l'intrigue pourtant si simple du film[12].

L'intrigue des films est peut-être très simple, souvent même annoncée en détail dans les chroniques publicitaires des journaux, mais l'explication du conférencier vient colorer l'histoire d'une teinte locale par des références connues et un langage vernaculaire la rendant plus intéressante pour les spectateurs. En ce sens, bien que les fonctions principales soient d'expliquer les films et de traduire les titres, on peut penser que la parole du bonimenteur permet également de créer un lien d'identification culturelle entre les spectateurs et le film, laissant ainsi aux spectateurs canadiens-français la possibilité d'assumer le choc nouveau de la modernité en s'appropriant les vues animées étrangères. Certains bonimenteurs adaptent même l'histoire de façon très singulière, comme l'ont raconté ceux qui disent avoir été particulièrement liés avec leur public. Certains ont même raconté avoir été courtisés par des spectatrices amoureuses[13].

Par ailleurs, il est vraisemblable de penser que la disparité linguistique sur la scène s'accentue en 1914, au début de la Première Guerre mondiale; les bonimenteurs sont jusqu'alors surtout des Français (André De Reusse, Auguste Aramini, René Harmant, Henri Cartal, Joseph-Arthur Narbonne, etc.) qui quittent le Québec pour aller se battre pour leur pays. À leur départ, ils sont remplacés par des Québécois dont la culture et l'accent sont plus proches de ceux du public populaire. Ils parlent plus facilement le «joual» des comédiens qui contribuent à cette même époque au succès du burlesque (dont le film bonimenté est parfois une partie): Olivier Guimond, Arthur Pétrie, Alex St-Charles,

---

12. Juliette Pétrie, *Quand on revoit tout ça!*, Montréal, Juliette Pétrie, 1977, p. 34.

13. Par exemple les souvenirs du bonimenteur hollandais dans l'article de Max Nabarro, «This Is My Life», *Iris,* n° 22 (automne 1996), p. 184-200.

Pierre Desrosiers, Hector Pellerin, Raoul Léry, etc. Ces derniers sont d'ailleurs souvent à la fois comédiens dans les numéros burlesques et bonimenteurs des films. On peut alors penser que le départ des comédiens français redonne un second souffle au boniment.

Mais avec le raffinement du langage cinématographique et l'arrivée du parlant à la fin des années 1920, les bonimenteurs disparaissent peu à peu des salles. Toutefois, quelques irréductibles continuent de perpétuer cet «art», entre autres Alex Silvio dont nous rapportons en détail l'activité de bonimenteur au quatrième chapitre. Ce ne sont donc pas toutes les salles qui proposent le boniment des films au public ; peut-être certains gérants n'en voient-ils plus la nécessité, mais il est certain que les spectateurs qui se rendent dans les théâtres de Silvio y voient une valeur ajoutée aux films qui sont présentés parfois dans d'autres salles sans boniment.

La Femme Nouvelle

> *Ah c' n'est pas gai je vous assure*
> *D' fair' la bonne d'enfant ainsi*
> *Pendant qu' ma femme quell' créature*
> *Va chez Letendre ou chez Dupuis*
> *Pendant qu'ell' va faire ses emplettes*
> *C'est moi qui fait chauffer l'biberon*
> *Qui lav' les couches et les bavettes*
> *Et gard' le p'tit à la maison*[14].

Avec l'industrialisation et l'urbanisation, les femmes accèdent au marché du travail et à une liberté inconnue auparavant pour elles. Les nouveaux divertissements, en particulier le cinéma, font partie des nouveautés qu'elles consomment et pour lesquelles elles constituent un nouveau marché considérable. Les films vont rapidement proposer des histoires et des personnages féminins représentant ces transformations.

Dans les années 1910, les films à épisodes étaient une pratique courante dans le milieu cinématographique. Parmi les nombreuses séries qui ont pris l'affiche, certaines étaient destinées principalement à un auditoire féminin. *Les Exploits d'Élaine* (*The Exploits of Elaine*, 1914,

---

14. Titre de la chanson non mentionné, tirée de *Voilà le plaisir,* revue d'Almer (Perrault), 1919.

L. J. Gasnier, G. B. Seitz, L. Wharton) et *Les Périls de Pauline* (Perils of Pauline, 1914, L. J. Gasnier et D. MacKenzie) projetés à Montréal dès leur sortie et publiés en feuilletons dans les journaux quotidiens, sont certainement les *serials* qui ont le plus marqué le public des années 1910. L'exemple des *Périls de Pauline* et autres *serials-queen melodramas* (films à épisodes où le personnage principal est une jeune femme) illustre la nouvelle place que prend la femme dans la société. Marie-Claude Mercier, dans un article sur la comédienne Pearl White qui incarnait Pauline de la série *The Perils*, souligne que cette manifestation cinématographique de la Femme Nouvelle représente le changement des valeurs et des modes de vie liés à la modernité :

> l'industrialisation (et le déclin de l'importance de la famille qui lui est associé), les taux de fertilité diminuant et l'allègement des tâches domestiques (machines à laver, four au gaz et chauffage moderne, pour en nommer quelques-uns) donnaient aux femmes plus de liberté pour effectuer des activités à l'extérieur de la maison[15].

Cette femme moderne et active, magasinant chez Dupuis et laissant son mari à la maison à s'occuper des tâches domestiques, comme l'illustre la chanson en tête de cette partie, peut désormais occuper ses temps libres à lire des magazines populaires ou à se divertir dans des lieux d'amusements. Elle a également plus de temps pour flâner dans un monde imaginaire où elle peut être, tout comme Pauline ou Élaine, l'héroïne d'une série d'aventures où elle prendrait «volontairement des risques en démontrant une variété de qualités traditionnellement masculines (liberté compromise, vigueur physique, courage et autorité sociale) agissant pour contrer les vilains et leurs équipes de criminels[16]». Bien que la Femme Nouvelle soit représentée au cinéma ou dans les romans-feuilletons telle une personne libre et intrépide, elle est également représentée, comme le souligne Marie-Claude Mercier, comme une victime sans défense. Cette figure équivoque, parfois héroïne et

15. Marie-Claude Mercier, «Pearl White and The Perils of Pauline», Cadrage.Net, mars-avril 2002. <http://www.cadrage.net/dossier/perilsofpauline/perilsofpauline.html> Notre traduction (page consultée en novembre 2006).

16. C.f. Ben Singer, «Female Power in the Serial-Queen Melodrama: The Etiology of an Anomaly», cité dans Marie-Claude Mercier, *op. cit.* <http://www.cadrage.net/dossier/perils ofpauline/perilsofpauline.html> Notre traduction (page consultée en novembre 2006).

parfois victime «pourrait représenter l'ambigüité réelle de sa nouvelle situation sociétale[17]». Scénaristes et réalisateurs construisent des personnages forts plaisant au nouvel auditoire féminin, mais qui répondront également à la pulsion voyeuriste des publics masculins.

L'importance des personnages féminins dans ces films confirme également ce que souligne l'historienne Zhang Zhen : l'expérience de la modernité suscitée par le cinéma est une expérience visant souvent les publics féminins, ou du moins tenant fortement compte des publics féminins, offrant des modèles de femmes différant beaucoup des modèles traditionnels d'épouses tranquilles. Quand on connaît les paramètres de la morale amoureuse puritaine enseignée par le clergé québécois de l'époque, on comprend pourquoi il redoute le cinéma américain et prêche avec tant de véhémence contre lui. Au lieu de passifs paysans ou prolétaires engagés dans la perpétuation de la société agricole traditionnelle, ces films proposent aux Canadiens français des héros et des héroïnes brillant par l'audace avec laquelle ils se lancent dans des aventures rocambolesques. Bien sûr, ces histoires n'ont rien à voir avec le quotidien de l'Américain ou du Québécois moyen et procurent aux masses laborieuses les rêves cathartiques qui transcendent leur condition, mais dans ces rêves d'aventures émergent des valeurs individuelles bien différentes des réponses de catéchisme apprises dans les écoles catholiques du Québec ou d'ailleurs.

Pour comprendre la subjectivité singulière engendrée chez les femmes québécoises au contact du cinéma américain, on peut jeter un coup d'œil du côté d'Emma Gendron, première Québécoise à jouer un rôle significatif dans le monde du cinéma. Jeune journaliste, elle écrit des romans-feuilletons dans des publications hebdomadaires. Elle écrit ensuite le scénario des deux premiers longs métrages de fiction québécois : *Madeleine de Verchères* (1922) et *La drogue fatale* (1924), films réalisés par Joseph-Arthur Homier, dont nous reparlerons dans le quatrième chapitre. Elle devient plus tard éditrice et publie des magazines qui font une large place aux potins de cinéma, mais aussi à des textes moralisants plutôt conservateurs : un des auteurs publiés dans *La revue de Manon* est l'abbé Baillargé, le prêtre historien qui a «relancé» le culte de Madeleine de Verchères. Il y signe des textes assez réactionnaires sur des

---

17. Marie-Claude Mercier, *op. cit.*

LE SUFFRAGISME

Chanson créée par HARMANT au Ouimetoscope, dans la revue "C'est la Vie... Chère", par Gaston Charles

Sur l'air de : Vous êtes si jolie.

1

J'entends dire partout : la femme veut voter,
C'était le droit de l'homme et l'on veut lui ôter ;
Ce serait la folie :
Madame vous avez un grand pouvoir sur nous,
Un seul de vos regards sait bien nous rendre fous
Vous êtes si jolie.

2

Vous êtes si jolie et pendant l'élection,
En faisant vos discours vous feriez des passions,
Que jamais on oublie ;
Alors plus de partis, nos bons conservateurs
Et tous nos libéraux verraient l'amour vainqueur,
Vous êtes si jolie.

3

Vous êtes si jolie et vos attraits troublants
Plairaient trop aux messieurs qui sont au Parlement,
Ils feraient des folies ;
On entendrait je crois au moment du débat,
Un député vous dire : oh! j'ai mon cœur qui bat :
Vous êtes si jolie.

4

Vous êtes si jolie ô femme qu'il vous faut,
Renoncer à vos droits, même électoraux.
Vous avez dans la vie ;
Assez de vos devoirs d'épouse, de maman,
Sans aller vous "faner" dans notre parlement,
Vous êtes si jolie.

M. R. HARMANT, le principal interprète de la revue C'est la Vie... Chère, *au Ouimetoscope.*

sujets féminins, et Emma lui emboîte le pas en tenant un courrier du cœur où elle prodigue des réponses plutôt traditionalistes aux lectrices qui lui écrivent. Comment voyait-elle la spectatrice québécoise? Une *flapper* admiratrice de Pauline et de Pearl White, mais fidèle au curé de sa paroisse… Le spectateur québécois? Un cowboy qui va à la messe le dimanche matin et au cinéma le dimanche après-midi!

Le star-système

J'suis Chaplin, l'irrésistible!
Plus drôle n'est pas possible…
Mes pieds mignons, ma canne et mon chapeau
De la gaieté sont les porte-drapeau!
Ma moustache est meurtrière
Pour tout's les femm's de la terre[18] *!*

18. «Charlie Chaplin», sur l'air du «Vieux beau», dans *As-tu vu Gédéon?*, revue d'Armand Leclaire, 1916.

Cette chanson de 1916 illustre un phénomène qui bat son plein dans le milieu cinématographique hollywoodien, parisien et même montréalais : celui de la starification. Au Québec comme aux États-Unis, dans les magazines populaires et les journaux, on retrouve des portraits des vedettes américaines et françaises : Mary Pickford, Rudolph Valentino, Charlie Chaplin, Charles De Roche et autres. On retrouve également des notes biographiques relatant les exploits des acteurs, des sections consacrées au courrier pour les vedettes du cinéma, des témoignages indiquant comment, par exemple, une simple ménagère est parvenue à accéder à la gloire dans les studios américains et, dans cet ordre d'idées, des concours de recrutement pour trouver les futures stars.

Ce qui fait courir les foules aux projections cinématographiques depuis le début des années 1910, ce sont les vedettes, dont Rudolph Valentino est incontestablement une des plus importantes dans les années 1920. En présentant *Le pouvoir du Conquérant* (1921), Alexandre Silvio, le gérant du Théâtre Canadien-Français, s'assure que la salle sera remplie de spectateurs et surtout de spectatrices. Dans son communiqué annonçant la séance du dimanche, il souligne que « Rudolph Valentino et le concert constituent le programme spécial[19] ». Cette mention démontre l'importance que prennent les comédiens : l'attraction n'est pas seulement le sujet du film présenté, mais bien la vedette. Ce phénomène est encore plus manifeste dans les journaux au début des années 1930. On peut lire dans les communiqués : « Le rôle de vedette est tenu par le grand acteur Victor Boucher[20] » ; « *The Nevada Buckaroo* avec Bob Steel et autres artistes de premier ordre[21] » ; « À l'écran le célèbre comédien qui ne rit jamais mais qui fait rire aux larmes Buster Keaton[22] » ; « *Sporting Blood* avec le don Juan du cinéma Clark Gable[23] ». Edgar Morin, dans son essai sur les stars, précise que « jamais, au théâtre, un acteur n'avait été à ce point mis en vedette. Jamais une

---

19. Anonyme, « Une grande revue d'été au Canadien-Français : "C't'une forçante" », *La Presse*, 1er juillet 1922, p. 22.

20. Alex Silvio, « Au Palace », *Le Nouvelliste*, 16 avril 1932, p. 7.

21. *Ibid.*

22. Alex Silvio, « Au Palace. Programme extraordinaire », *Le Nouvelliste*, 23 avril 1932, p. 7.

23. Anonyme, « Au Palace, Radio gratis. », *Le Nouvelliste*, 14 mai 1932, p. 7.

vedette n'avait pu jouer un rôle si important dans et par-delà le spectacle... C'est le cinéma qui a inventé et révélé la star[24] ».

Les revues d'actualité reflètent cet engouement pour les stars, avec plusieurs chansons consacrées aux vedettes du grand écran. Dans la revue *Voilà le plaisir!*, écrite par Almer Perrault en 1922, on trouve une chanson dans laquelle Rudolph Valentino devient un personnage :

C'est mon charme et ma belle élégance
Mon sourire et mes yeux qu'admirent sur l'écran
Toutes les femmes dont le cœur danse
Lorsque j'exécute un tango enlaçant
Quel que soit le héros que j'évoque
Oui que ce soit le Sheik ou le toréador
C'est un film qui toujours fait époque
C'est celui que l'on adore
Allons prends garde
Allons... Ah...

Valentino, prends garde
Valentino, Valentino
Et songe bien oui songe en arrivant
Le public te regarde
Que la gloire t'attend
Valentino
Oui la gloire t'attend...[25]

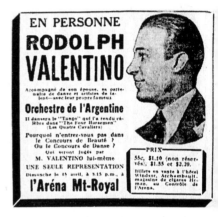

La Patrie, 16 avril 1923, p. 7.

Valentino est aussi populaire au Québec qu'aux États-Unis et partout ailleurs dans le monde. Lors d'un passage à Montréal le 15 avril 1923 pour la promotion de ses films, il profite de cette tribune devant des milliers de fans pour faire un discours où il déplore le grand pouvoir des *trusts* sur la commercialisation de l'art et ses efforts pour « ne jouer que dans des films d'art[26] ». Lorsqu'il meurt prématurément le 23 août 1926 à la suite de problèmes de santé, sa mort fait la manchette des journaux québécois et des magazines de cinéma.

24. Edgar Morin, « Genèse et métamorphoses des étoiles », *Les stars*, Paris, Seuil, 1972, p. 6.

25. Sur l'air de « Le toréador de Carmen », dans *Voilà le plaisir!*, revue d'Almer, présentée au Théâtre Canadien-Français (direction Silvio), le 6 novembre 1922.

26. Anonyme, « Valentino accueilli par des milliers de personnes hier. – Pourquoi il parle si bien et aime tant le français. – Son hommage à notre province. – Sa guerre pour l'art contre les trusts. » *La Patrie*, 16 avril 1923, p. 7.

Dans la même revue, *Voilà le plaisir !*, on trouve également un couplet consacré à Mary Pickford, vedette immensément populaire au Canada parce qu'elle est originaire de l'Ontario :

> *Salut à vous,*
> *Miss Mary*
> *Au sourire enchanteur*
> *Votre vue a toujours charmé*
> *Vos nombreux admirateurs*
> *Salut à vous, Miss Mary*
> *Au sourire enchanteur*
> *Avec ardeur*
> *Vos spectateurs*
> *Vous acclament de tout cœur*[27].

Il n'y a pas que les vedettes hollywoodiennes qui obtiennent la faveur du public et qui soient l'objet de chansons dans les revues. Le milieu du théâtre québécois de l'époque a lui aussi ses propres vedettes, comme en témoignent les rubriques théâtrales des journaux. Dans les publicités entourant les productions théâtrales, les grands noms de la troupe – auteurs et comédiens – sont bien mis en évidence pour attirer le public. Dans la revue *Ça marche !*, de Almer et Léo, les 15 « Couplets de la présentation » présentent un à un les membres de la troupe :

> *1*
>
> *Le Compère que voici*
> *C'est Maurice Castel, réjoui ;*
> *Et s'il vous sourit*
> *C'est qu'il est guéri*
> *De l'influenza*
> *Qu'il se dégrippa.*
> *Il dit que l'hôpital*
> *Ça ne vaut pas l'Théâtre National.*
>
> *2*
>
> *Et sa belle Commère,*
> *Toute blonde et d'allure si fière :*
> *Madame Laviolette*

---

27. Sur l'air de « Oh What a Pal Was Mary », dans *Voilà le plaisir !*, revue d'Almer, présentée au Théâtre Canadien-Français (direction Silvio), le 6 novembre 1922.

> *Sera si coquette*
> *Que les spectateurs*
> *Voudront prendre son cœur.*
> *C'est vrai, mais gardez-vous,*
> *Son mari peut vous tordre le cou*[28].

Maurice Castel est un comédien de burlesque très actif et très populaire à Montréal pendant les années 1920. Il est d'ailleurs la vedette d'un
des rares films de fiction de l'époque, *Oh! Oh! Jean!* Il y personnifie un
tramp qui courtise une veuve en provoquant savates et entartages. La
commère mentionnée dans la chanson est Juliette Laviolette, une autre
comédienne aujourd'hui oubliée mais qui est l'une des vedettes de la
scène à Montréal. La chanson nomme une douzaine d'autres célébrités
locales. De telles présentations autoréflexives plaisent sans doute au
public qui se trouve inclus dans le spectacle, car nommé et interpelé
directement. Pour les spectateurs, ces vedettes de la scène sont infini-
ment plus accessibles que les vedettes du grand écran.

De plus, la vedette engendre des modes vestimentaires, des coiffures
et des attitudes qui influencent le public. Ce phénomène culturel
moderne est directement lié au rêve américain : c'est l'idée que le commun des mortels a le pouvoir d'accéder, lui aussi, à la gloire, à la
richesse et à la reconnaissance. En imitant la star ou en s'identifiant à
elle, le spectateur peut échapper – ne serait-ce que le temps de la projection – à sa vie monotone et son travail routinier en usine. Edgar
Morin décrit ce phénomène ainsi :

> La montée sociologique des classes populaires, phénomène-clé du xxᵉ siè-
> cle, doit être considérée comme un phénomène humain total. [...] Sur le
> plan de la vie affective quotidienne, il se traduit par de nouvelles affirma-
> tions, de nouvelles participations de l'individualité. [...] Les hommes et
> les femmes des couches sociales montantes ne caressent plus seulement
> des rêves désincarnés. Ils tendent à vivre leurs rêves le plus intensément,
> le plus précisément et le plus concrètement possible[29].

---

28. *Ça marche!*, revue d'Almer et Léo, sans date (présentée au Théâtre National vers
1919).
29. Edgar Morin, *op. cit.*, p. 18.

Une star hollywoodienne à Montréal

Charles De Roche a été au cours des années 1920 un comédien très populaire du cinéma américain et français. À l'instar de Mary Pickford, Rudolph Valentino, Charlie Chaplin, Harold Lloyd, et bien d'autres, Charles De Roche fait partie du culte de la star de cinéma, mais à Montréal il occupe une place vraiment particulière.

Acteur français secondaire ayant gagné ses galons dans le film d'action américain, Charles De Roche devient à Montréal une mine d'or pour les producteurs qui soulignent son origine et son parcours pour en faire une sorte de cousin de scène. Il est associé aux vedettes locales, dans des spectacles hybrides mariant théâtre et cinéma, amenant sur les scènes locales l'aura du monde hollywoodien. Chacune de ses apparitions apporte à Montréal un peu de modernité cinématographique et permet une incursion du Canada français dans le cénacle le plus prestigieux de la culture populaire internationale. Avec Charles De Roche, c'est une Hollywood française en chair et en os qui débarque sur les scènes de Montréal.

Photo tirée d'un site web. Source non mentionnée.

Pendant les années 1920, lorsque le cinéma atteint ce qui est peut-être le sommet de son attrait, les vedettes sont souvent mobilisées pour faire de telles tournées de promotion, qui attirent une attention extraordinaire. Chaplin vient lui aussi à Montréal, de même que Douglas Fairbanks et Mary Pickford, qui sont accueillis par des foules considérables. À chaque occasion, leur présence est très publicisée par les journalistes ; ils insistent tout particulièrement sur le fait que la célèbre star du cinéma paraît « en personne » ou « en chair et en os » sur la scène. À chacune de ses prestations, De Roche fait déplacer lui aussi les curieux par milliers dans les salles de spectacles, dont les théâtres Saint-Denis (direction Jos. Cardinal), Canadien-Français et National (direction Alex Silvio). Mais De Roche pousse ces activités de promotion beaucoup plus loin que les autres, s'installant sur place pour de longs séjours et participant à la création de spectacles locaux.

À l'été 1924, alors que la popularité de Charles De Roche est à son comble[30] en Amérique comme en Europe, il entreprend une tournée des salles populaires du Québec et de l'Ontario. Lors de cette tournée, De Roche fait sa première apparition au Théâtre Capitol de Montréal et attire une foule considérable de spectateurs, autant anglophones que francophones. Pour l'occasion, il s'adresse à la foule dans les deux langues, sur l'invitation du gérant de l'établissement Harry Dahn. Dans son discours, De Roche souligne tout particulièrement l'admiration que lui vouent les Canadiens français. Un chroniqueur de *La Patrie* rapporte, dans son compte rendu de la soirée, que De Roche a

> dit qu'il n'était jamais venu à Montréal auparavant, mais qu'il connaissait bien les Canadiens français, surtout les Canadiennes françaises, puisque sur les 10,000 lettres d'encouragement qu'il avait reçues en 18 mois, soit depuis son arrivée à Hollywood, nos compatriotes lui en avaient adressé près de la moitié. Il remercia chaleureusement ces derniers de leur sympathie, ajoutant qu'on travaillait beaucoup à Hollywood afin d'instruire et distraire les publics des deux continents[31].

Le spectacle obtient un succès considérable qui permet une prolongation du séjour de l'artiste à Montréal. D'autres spectacles ont lieu au Théâtre Canadien-Français, alors dirigé par Alex Silvio. Pour la circonstance, ce dernier associe De Roche à des vedettes locales.

En avril 1926, deux ans après cette première «tournée canadienne», De Roche revient à Montréal. Son étoile a un peu pâli aux États-Unis, puisqu'il n'a joué dans aucun film depuis un an (il ne jouera d'ailleurs plus au cinéma jusqu'en 1930), mais elle resplendit encore à Montréal où ce creux le rend disponible pour d'autres activités. Jos Cardinal, directeur du Théâtre Saint-Denis, engage la vedette pour jouer un des rôles principaux dans une revue intitulée *La Revue du Printemps* où il incarne son propre rôle sur l'écran et sur la scène. Encore une fois, la présence de la vedette dans un théâtre local soulève l'enthousiasme et la curiosité des Montréalais: «La venue de cette célébrité du cinéma,

---

30. En 1924, quatre films mettant en scène Charles De Roche sortent sur les écrans: *The White Moth* (Maurice Tourneur, É.-U.), *Love and Glory* (Rupert Julian, É.-U.), *La Princesse aux clowns* (André Hugon, France) et *Madame Sans-Gêne* (Léonce Perret, É.-U.).

31. Anonyme, «Charles De Roche paraît en personne au Capitol et parle de ses 10,000 lettres», *La Patrie*, 13 juin 1924, p. 18.

sera une attraction exceptionnelle et, si l'on en juge par le nombre considérable de places qu'on a déjà réservées, une semaine à l'avance, le public manifeste un très vif intérêt à son égard[32]. » Dans les articles entourant la promotion du spectacle et la venue de la star, les journalistes rappellent que Charles De Roche a d'abord été un comédien de théâtre et ne peut par conséquent être qu'excellent dans une revue :

> De Roche, comme personne ne l'ignore, n'est pas seulement un interprète du cinéma. [...] Mais il est avant tout un comédien de théâtre, il chante et danse bien, il sait dire avec arts. Il est l'interprète idéal d'une revue. Avec lui et l'excellente troupe qui évoluera à ses côtés, la « Revue du Printemps », montée avec luxe et grand déploiement de mise en scène, court vers un très grand succès[33].

On rappelle également que De Roche a participé à de grands music-halls parisiens aux Folies Bergères, en soulignant qu'il y a reçu un cachet très important[34]. En plus de la troupe régulière composée d'artistes locaux, on ajoute à la distribution une artiste de « renommée internationale », Jane Cary, soprano à l'Opéra de Lisbonne : « Madame Cary s'est fait entendre ici avec un très brillant succès. Elle a, dès sa première apparition, conquis le public. Les rôles qu'on lui a distribués lui permettront de mettre en évidence ses belles qualités et de manifester ses magnifiques dons vocaux[35]. »

Au lendemain de la première, le critique Jean-Charles LeFrançois ajoute que *La Revue du Printemps* est empreinte d'originalité : « C'étaient des situations scéniques nouvelles, des mots d'esprit nouveaux, des chansons inédites jusque dans leurs genres. Pour un instant, l'on se serait crû dans la Ville Lumière et non à Montréal, dans un "Music-Hall" de Paris et non au théâtre Saint-Denis[36]. » Cette comparaison avec la France peut dévaloriser la qualité des spectacles locaux, mais elle dénote du moins que pour ces critiques, *La Revue du Printemps* avait

---

32. Anonyme, « La revue du printemps la semaine prochaine au Saint-Denis », *La Patrie*, 13 avril 1926, p. 18.

33. *Ibid.*

34. *Ibid.*

35. *Ibid.*

36. Jean-Charles LeFrançois, « Au Saint-Denis *La Revue du Printemps*. La "première" obtient un très grand succès hier, avec M. Charles De Roche », *La Patrie*, 19 avril 1926, p. 18.

des qualités scéniques supérieures aux spectacles que l'on retrouve dans la programmation régulière. La revue est composée de 10 tableaux dont : « M. De Roche et la petite fille », « La jeune fille d'hier et d'aujourd'hui », « Le cauchemar du jazz ».

La performance de Charles De Roche et des autres comédiens, qui agissent en quelque sorte comme des figurants à côté de la grande star, est très appréciée de la critique. Fabrio particulièrement adresse des éloges à Jos Cardinal pour l'embauche de la vedette. De plus, il décrit dans son commentaire la spectaculaire entrée en scène de la star :

> *Sur une toile, faite de simple papier blanc qui a toutes les apparences d'un écran ordinaire pour vues animées, se projettent quelques unes des scènes principales tenues par Chas De Roche. C'est ainsi qu'on le voit dans la plupart des rôles qui ont popularisé son nom. L'appareil nous le montre également en habit de soirée faisant un large geste avec son chapeau haut de forme pour saluer le public, et crac!... à travers le frêle écran de papier tout déchiré, De Roche apparaît à l'ébahissement du public[37].*

Après avoir déchiré littéralement l'écran pour surprendre son public, De Roche vient soudain se matérialiser sur scène, à côté de l'écran où il est représenté, répondant aux fantasmes les plus osés des spectateurs, abolissant soudainement la distance entre la vedette et le public, entre l'imaginaire et le réel. Dans le spectacle, on renchérit en poussant l'idée de ce rapprochement encore plus loin : « On vient annoncer au public que l'acteur qui devait tenir le principal rôle dans le grand drame "Ça sent le sang!" vient d'être écrabouillé par l'autobus de la rue St-Hubert et qu'il est remplacé par M. Chas De Roche de passage à Montréal[38]. » On pourrait nommer cette expérience « la quintessence de la modernité vernaculaire », car Charles De Roche participe même personnellement à la création de spectacles locaux, comme la revue *Hollywood-Montréal-Paris* que nous commenterons dans la dernière partie.

En 1927, De Roche revient à Montréal faire la promotion du film *La Princesse aux clowns* auquel il a contribué à la mise en scène et au montage, et dans lequel il joue les deux personnages principaux. Il a acquis les droits de ce film et se promène à travers les États-Unis et le Canada pour en faire lui-même la promotion. Pour accompagner son film, il a

---

37. Fabrio, « Le Mois théâtral », *La Lyre*, vol. 4, n° 39 (avril 1926), p. 33-34.
38. *Ibid.*

préparé un programme de divertissements variés, dont quelques chansons comme *Dors, mon chéri*[39], une berceuse dont il a composé lui-même les paroles et la musique et qu'il dédie aux Canadiennes françaises. Selon le compte rendu du spectacle, De Roche attire une foule extraordinaire au Saint-Denis : « Le succès de M. Charles De Roche a pris, cette semaine, les proportions d'un triomphe, au théâtre Saint-Denis. C'est par dizaines de milles qu'on a compté les foules de spectateurs et l'on n'a jamais vu autant de monde et si régulièrement à toutes les représentations[40]. » Jos. Cardinal retient la vedette pour une semaine supplémentaire et les amateurs de théâtre voient De Roche jouer dans une pièce du répertoire dramatique français, *Le Roman d'un jeune homme pauvre*, mise en scène par Armand Leclaire. Le directeur artistique a réuni pour l'occasion une importante distribution selon le journaliste de *La Patrie*. Après cette pièce, De Roche repart probablement pour Hollywood ou New York puisque les publicités dans les journaux ne mentionnent plus sa présence dans les théâtres de la métropole.

De Roche revient à Montréal en février 1928 pour présenter ce qui est le clou de sa carrière locale, la revue *Hollywood-Montréal-Paris* que nous décrivons dans le dernier chapitre. Il prend la direction du théâtre Saint-Denis pour la saison et poursuit avec un répertoire dramatique français. Bien qu'on ait annoncé la présence de la célébrité au Saint-Denis pour toute la saison, De Roche ne reste que six semaines environ. Dans ses mémoires, il explique que la raison de son départ est directement liée à l'incendie du Laurier Palace qui avait eu lieu en janvier 1927, l'année précédente, et coûté la vie à 78 enfants qui assistaient aux projections du samedi. De Roche mentionne que ce sinistre et la loi qui a été promulguée, interdisant aux moins de seize ans de fréquenter les théâtres et cinémas, ont eu un impact majeur sur les entrées en salle. Le Saint-Denis, fréquenté principalement par les familles, a perdu une partie de sa clientèle. Malgré les « succès retentissants » rapportés par les journaux, De Roche, qui en tant que directeur artistique perçoit une

---

39. Cette chanson fut enregistrée sur disque le 22 mars 1929 sous l'étiquette Starr (*Le Gramophone virtuel*, Bibiothèque et Archives Canada).

40. Anonyme, « M. Charles De Roche dans "Le Roman d'un jeune homme pauvre" », *La Patrie*, 24 septembre 1927, p. 38.

Le Soleil, 18 mai 1929, p. 18.

partie des recettes, réalise que les profits ne sont pas aussi élevés que les années précédentes et repart pour Hollywood[41].

Il revient pourtant quelques semaines plus tard pour jouer dans une pièce «mondialement populaire[42]», *La Mulâtresse*. Dans le résumé de la pièce, on mentionne l'utilisation d'effets cinématographiques; le nom de Charles De Roche est manifestement indissociable du cinéma. Le célèbre artiste vient officiellement à Montréal une dernière fois en janvier 1929. Il joue avec la comédienne locale Germaine Giroux, pour une troisième fois, au Théâtre Imperial de Montréal dans le drame *A Parisian Thrill*[43]. En mai de la même année, il paraît «en personne», comme on aime le préciser, au Théâtre Impérial de Québec. Il est, à cette occasion, en tournée dans la province pour présenter deux de ses

41. Pierre Andrieu, *Le film de mes souvenirs (secrets de vedettes) de Charles Rochefort*, Paris, Société parisienne d'édition, 1943, p. 202.

42. Anonyme, «Théâtre St-Denis», *Le Petit Journal*, 29 avril 1928, p. 9.

43. Publicité pour le Théâtre Imperial de Montréal, *La Presse*, 8 janvier 1929, p. 8.

films : *Le Roi des cow-boys français* et *La Princesse et le bouffon*[44]. De Roche disparaît ensuite assez rapidement du monde cinématographique, et la suite de sa carrière ne laisse aucun souvenir marquant.

De l'écran à la scène

Cinémaboul

C'est vrai, je suis un fervent du cinéma,
Chaque soir je vais dans ces endroits-là.
 Assis dans un fauteuil,
 On écarquille l'œil
Pour voir mouver les grands artistes.
Il y a un' dam' qui nous joue du piano
Et un monsieur qui agite des grelots,
 Et même, très brutal,
 Tape sur des cymbal's,
Sur un tambour d'un air fatal.
 L' cinéma,
 L' cinéma,
Va me rendre anarchiste,
 L' cinéma,
 L' cinéma,
Me rendra bientôt gaga.
J' suis en train de dev'nir fou,
J' vois du cinéma partout[45].

Vers 1915 apparaît à Montréal une pratique très singulière dont le succès et la récurrence s'expliquent sans doute par l'immense popularité du cinéma, de ses intrigues et de ses vedettes, et sa production presque inexistante au Québec : faute de pouvoir faire des films, des auteurs et des acteurs vont s'inspirer des personnages et des intrigues et les jouer sur les scènes théâtrales. Cette pratique est assez marginale mais permet quand même de produire un bon nombre de textes dont certains connaissent un très grand succès sur scène. Une des premières œuvres du genre, *Allo Chat-Plin,* est une comédie en trois actes sur l'actualité locale, où Charlot est le personnage principal et le lien entre les

---

44. Publicité pour le Théâtre Impérial de Québec, *Le Soleil*, 18 mai 1929, p. 18.
45. Sur l'air de « Le tour de main », dans *Arrête un peu !,* revue de Pierre Cauvin, 1919.

tableaux[46]. Elle est présentée en décembre 1915 ; elle semble avoir été une revue plutôt qu'une comédie ordinaire, le personnage de cinéma étant le centre de la narration. Une autre pièce qui s'inscrit dans cette optique est *Les dopés,* montée en 1918 par Paul Gury. Gury, un Breton vivant au Québec, écrit plusieurs revues d'actualité pendant les années 1920 et de nombreux mélodrames théâtraux entre 1930 et 1950. Il dirige aussi trois films québécois des années 1950[47]. La pièce *Les dopés* est probablement adaptée des nombreux films sur le sujet produits pendant la guerre[48]. Gury écrit aussi *Les esclaves blanches*, peut-être adaptée du populaire film danois de 1911 réalisé par Alfred Lind *La traite des blanches* (*Den Hvide Slavinde*), ou du moins inspiré des mêmes récits et des mêmes thèmes : enlèvements de femmes, prostitution, criminalité et exploitation.

L'exemple le mieux connu et qui attire le plus le public et la critique est la pièce *Le Sheik ou Entre deux civilisations,* écrite en 1923 par Armand Leclaire. La pièce repose de toute évidence sur les mêmes éléments qui ont fait le succès du film *The Sheik* (Georges Melford, 1921) avec Rudolf Valentino, mais aussi sur l'immense popularité dont jouit alors l'acteur.

La pièce raconte les aventures d'un groupe de Québécois rencontrant des Arabes dans le désert nord-africain, où le fils d'un cheik tente de séduire la fille d'un géologue qu'il a rencontrée auparavant à Montréal. La pièce est assez semblable au film, qui raconte l'histoire d'une jeune Anglaise tombée amoureuse du cheik Ahmed, ensuite enlevée par un bandit, plus tard sauvée par le cheik qui révèle son origine blanche et peut alors épouser l'héroïne. Le scénario exploite l'orientalisme à la mode, et laisse transparaître le racisme colonial envers les Arabes. L'histoire d'amour est centrale dans la pièce comme dans le film, et elle suscite une intrigue dynamique où les péripéties se succèdent à un rythme enlevant. Selon l'historien Alonzo Leblanc, cette pièce est de toute évidence créée pour exploiter le succès du film de Valentino, et sa

---

46. Anonyme, « Dans nos théâtres. Allo Chat-Plin », *La Presse*, 18 décembre 1915.

47. Son vrai nom était Loic Le Guriadec. Il dirigea *Un homme et son péché* en 1949 et *Séraphin* en 1950, deux adaptations d'un roman à succès de Claude-Henri Grignon. Il réalisa aussi en 1949 *Le curé de village*. À ce sujet, voir Pierre Véronneau, *Cinéma de l'époque Duplessiste*, Montréal, Cinémathèque québécoise, 1979.

48. Au Québec, cette phobie mena même à la production d'un film probablement inspiré par Hollywood, *La drogue fatale* (J. A. Homier, 1924), produit après la présentation à Montréal d'un film américain intitulé *La pire menace*.

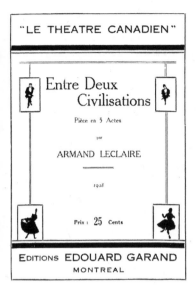

Collection Saint-Sulpice
(fonds L. W. Sicotte).

La Patrie, 30 octobre 1926, p. 40.

forme mélodramatique la destine certainement au public populaire des cinémas. La pièce est présentée à Montréal au Théâtre Chanteclerc et au Théâtre St-Denis[49]. Elle obtient un succès considérable et est jouée plusieurs fois durant les années suivantes.

Les mêmes films avec Valentino inspirent un autre auteur qui se spécialise dans ce type d'adaptations. Pendant deux décennies, Ernest Guimond – qui signe aussi sous les pseudonymes de Jean Bart et de Georges Huguet – écrit plusieurs pièces explicitement adaptées de films américains[50]. En 1927, Guimond profite lui aussi de la grande popularité des histoires arabes pour écrire une pièce sur le sujet, *Le fils du sheik*. Probablement assez proche de la pièce de Leclaire, la pièce de Guimond raconte le conflit entre un cheik et son fils au sujet de l'amoureuse

49. Alonzo Leblanc, « *Entre deux civilisations*, drame d'Armand Leclaire », dans Maurice Lemire (dir.), *Dictionnaire des œuvres littéraires du Québec (1900-1939)*, tome II, Montréal, Fides, p. 441-442.

50. Voir à ce sujet l'article de Germain Lacasse, « American Cinema Adapted in Quebec Theater », *Cinema Journal*, vol. 38, n° 2 (printemps 1999), p. 98-110.

blanche de ce dernier[51]. La pièce semble aussi être une adaptation assez fidèle du dernier film de Valentino, *Son of the Sheik* (1926), réalisé par Georges Fitzmaurice.

Guimond veut évidemment profiter de la popularité de Valentino et des autres pièces inspirées par ces films. Mais il avait déjà écrit des textes semblables, le premier encore inspiré d'un autre film de Fitzmaurice, *The Cheat* (1923). Né en France, Fitzmaurice avait aussi été directeur de théâtre; ses films étaient peut-être d'une facture plus théâtrale et plus facile à adapter pour la scène. Sous la plume de Guimond, *The Cheat* devient une pièce intitulée *La marque d'infamie*, écrite en 1924 et clairement inspirée du film, de l'aveu même de Guimond[52]. La pièce est montée la même année. Nous n'en savons pas plus sur cette pièce, car le texte original a été perdu et les descriptions sont vagues. Le film de Fitzmaurice était lui-même une autre version d'un film fait en 1915 par Cecil B. de Mille[53].

The Cheat raconte une autre histoire raciste, celle d'une riche famille américaine menacée par la présence d'un voisin asiatique qui convoite la femme du héros. Lorsqu'elle est ruinée par un mauvais placement, l'Asiatique propose de lui donner de l'argent si elle accepte de faire l'amour avec lui. Comme elle refuse, il la marque au fer brûlant. Le mari est traîné en cour après avoir tué le coupable, mais il est disculpé lorsque sa femme montre la marque. Ce film a un succès considérable en France à cause de son style soigné et inventif (utilisant beaucoup le gros plan et dosant habilement la lumière et l'ombre). Au Québec, c'est plus probablement son inspiration mélodramatique qui explique son grand succès. Une autre raison est moins visible mais tout aussi plausible : en adaptant les récits chauvins ou racistes des pays dominants, l'auteur canadien-français associe son public à la position «avancée» des pays dits modernes dont le chauvinisme et le racisme sont l'apanage. Le vernaculaire n'efface pas nécessairement les autres prétentions de la modernité...

51. Edouard G. Rinfret, *Le théâtre canadien d'expression française*, tome II, Montréal, Leméac, 1976, p. 147.

52. *Ibid.*, p. 152.

53. Georges Sadoul, *Histoire générale du cinéma : L'art muet*, tome VI, Paris, Denoël, 1975, p. 163.

Cette adaptation identitaire par transfert médiatique semble avoir été une tactique fort populaire. En 1926, Guimond écrit *La vierge blanche*, de toute évidence inspiré du film *White Sister* (1923) lui-même adapté d'une nouvelle écrite en 1909 par F. Marion Crawford. La pièce de Guimond est encore présentée au Chanteclerc, de même qu'au Théâtre St-Denis. Elle semble avoir été assez semblable au film, qui raconte l'amour déçu d'un officier italien pour une jeune couventine. L'officier est rapporté comme mort par la sœur jalouse de la couventine qui entre alors chez les Sœurs Blanches. Revenant plus tard, l'officier désire demander au pape une dispense permettant de libérer et d'épouser la religieuse. Mais le Vésuve fait alors éruption et l'officier est tué en portant secours aux victimes; la couventine retourne alors au «service de Dieu[54]».

Le plus remarquable au sujet de ce film est le fait qu'il a été adapté deux autres fois pour le théâtre, par deux auteurs différents, ce qui porte à trois le nombre total d'adaptations au Québec. La première est faite par un autre auteur dramatique, Marc Forrez, qui en tire un mélodrame en quatre parties, *Vengeance d'amour ou Sœur Blanche,* dont la source est explicite[55]. Une autre pièce ayant le même titre est aussi écrite par un auteur nommé Charles E. Harpe, probablement un pseudonyme de Maurice Beaupré, acteur et dramaturge occasionnel[56]. Le texte, qui a été conservé, ressemble beaucoup à l'histoire du film : une sœur jalouse complote pour éloigner l'amant qui est ensuite supposé mort. La sœur éplorée décide de devenir religieuse; son amoureux s'enrôle dans l'aviation mais, blessé, il meurt dans les bras de la sœur blanche. Ce récit est aussi populaire que celui du *Sheik*, probablement parce qu'il permet d'expérimenter sur le plan symbolique des affects interdits par une société très policée.

Le même goût du public pour le mélodrame suscite d'autres pièces adaptées de films. En 1928, Guimond écrit *Le sinistre fantôme*[57] imitant

---

54. Robert Connelly, *The Motion Picture Guide. Silent Film (1910-1936)*, Chicago, Cinebooks, 1986, p. 306.

55. E. G. Rinfret, *op. cit.*, p. 44.

56. *Ibid.*, p. 191. Le manuscrit, conservé par la Bibliothèque nationale du Québec, est intitulé «Sœur Blanche, par Charles E. Harpe. Tous droits réservés par Maurice Beaupré, 1942.»

57. E. G. Rinfret, *op. cit.*, p. 159.

le célèbre *Phantom of the Opera* (1925). La pièce est présentée en 1928 au Chanteclerc, théâtre alors dirigé par Alex Silvio, «le roi des bonimenteurs de films» qui semble aussi avoir été friand de pièces adaptées de films. L'histoire est aujourd'hui bien connue, mais il importe d'en rappeler l'intrigue profondément mélodramatique qui motive probablement son adaptation au Québec. Un homme défiguré vit secrètement dans les sous-sols de l'Opéra de Paris, où il tombe amoureux d'une jeune étudiante en musique. Il essaie de la garder prisonnière de son souterrain et de se faire aimer d'elle, mais il est tué par les gens venus à la recherche de la fille. Comme dans *Le fils du Sheik*, l'intrigue comporte l'enlèvement de l'héroïne, élément dramatique qui semble avoir beaucoup attiré le public de l'époque; mais il est curieux de constater que ces adaptations à la scène résultaient aussi du piratage de scénarios de films américains par un auteur québécois qui signait Jean Bart, nom d'un corsaire célèbre.

TABLEAU 2

LES REVUES

Nous avons pris des visages connus,
Et d'un trait, nous avons fait des caricatures,
Nous avons composé des types biscornus
Et disproportionnés, sans souci des mesures!
Nous avons mis, dans ce spectacle, un peu de tout.
Le possible y voisine avec l'invraisemblable,
Un tantinet d'émoi, beaucoup de rire fou,
Mais pas un mot de méchanceté véritable[58].

Dans le paysage culturel de l'époque, les revues d'actualité occupent une place à part. Dès l'arrivée des premières revues, vers 1900, les spectateurs se prennent d'affection pour ce nouveau type de spectacles qui reflète leur réalité et leur langue. L'engouement pour les revues se répand comme une traînée de poudre, autant au sein du public ouvrier que des classes bourgeoises, si bien qu'à certains moments les revues occupent presque toutes les scènes de la ville[59]. Sans en avoir pleinement conscience, les auteurs de ces revues et les artistes qui y participent sont en train de créer la première véritable tradition théâtrale québécoise.

Les pages qui suivent sont consacrées à l'histoire des premières revues québécoises, une histoire qui reste largement méconnue dans

---

58. Prologue (extrait), tiré de *As-tu vu la R'vue???*, revue d'Armand Robi et Pierre Christe, présentée au Théâtre National Français, le 31 mars 1913.

59. Comme le mentionne Denis Carrier, « de 1915 à 1923, les revues se multiplient à un rythme qui désole la critique. En 1922, en pleine saison théâtrale aucune pièce du répertoire n'est jouée sur les différentes scènes de la métropole. Elles sont toutes consacrées à la revue. Ernest Tremblay qualifie la situation de "crise des revues" ». Denis Carrier, *Le Théâtre National (1900-1923). Histoire et évolution*, thèse de doctorat, Université Laval, 1991, p. 328.

l'histoire théâtrale. Puis nous aborderons quelques caractéristiques du genre, et un personnage incontournable des revues : l'habitant en visite en ville. Il sera ensuite question d'une revue d'Armand Leclaire dans laquelle l'auteur se lance dans de grandes envolées sur la langue française, *Au Clair de la Lune*. Pour terminer cette partie, nous verrons comment les revues et monologues forment un discours social qui évolue à l'image de la société, en prenant un exemple en particulier, celui de la Grande Guerre.

Mais tout d'abord, quelques précisions s'imposent. La revue d'actualité a longtemps été assimilée au burlesque québécois, mais notre étude nous a permis de constater que des nuances importantes doivent être faites.

Revue et burlesque : quelques distinctions

Chantal Hébert, spécialiste du théâtre québécois, définit le burlesque comme « un spectacle de variétés où les différentes parties ne sont pas liées au tout. C'est un art de l'instant avec du chant, de la musique, de la danse, des sketches, des attractions, des gags, des comédies, du drame, des films et des "filles"[60] !» Le burlesque est ce qu'on pourrait qualifier « d'art de l'acteur », car il est basé sur l'improvisation à partir de canevas, à la fois pour les courts sketches – les *bits* –, ou les comédies plus longues, qui clôturent le spectacle[61]. Hébert montre que le burlesque québécois prend sa source aux États-Unis : avant la Première Guerre, les spectacles burlesques présentés ici sont le fait de troupes américaines en tournées et, plus tard, les artistes d'ici s'approvisionnent chez nos voisins du Sud en gags, qu'ils adaptent pour constituer leur répertoire[62]. Jusqu'aux années 1920, les spectacles burlesques sont joués

---

60. Chantal Hébert, *op. cit.*, p. 9. À propos de la « ligne de filles », Hébert considère que c'est un des traits qui caractérisent le burlesque. Feshotte, dans son livre *Histoire du music-hall* (Que sais-je ?, Paris, Presses universitaires de France, 1965), considère pour sa part que la ligne de filles est une caractéristique propre aux revues de grand music-hall (ou spectacles à grand déploiement). Nous retrouvons aussi des *girls* dans plusieurs revues québécoises. Cela illustre bien la difficulté à définir clairement chaque type de spectacle ; les termes se confondent parfois, et les catégories se sont probablement mélangées par des pratiques hybrides.

61. *Ibid.*, p. 188-197.

62. *Ibid.*, p. 18 et suivantes.

en anglais – ce qui n'empêche pas le public francophone de comprendre les gags, qui sont essentiellement visuels. Ce n'est que vers 1920 que la troupe d'Olivier Guimond père, alias Tizoune, commence à donner des spectacles bilingues, donnant les répliques dans les deux langues[63].

Cette description sommaire du burlesque québécois permet d'identifier des traits importants qui le distinguent des revues : l'absence de fil conducteur, la prédominance de l'improvisation, l'importance de l'influence américaine et l'usage exclusif de l'anglais jusqu'aux années 1920. Dans les revues, à l'inverse, une intrigue simple relie les divers tableaux, les dialogues et les chansons ne sont pas improvisés, et sont exclusivement en français. Levons un peu le rideau.

Un Road Theatre

La revue d'actualité est un spectacle hétéroclite composé de plusieurs sketchs, chansons, saynètes et monologues traitant des événements d'actualité et de la vie sociale et politique. En plus de faire apparaître politiciens et autres personnalités connues de tous, les revues convoquent les personnages les plus insolites, comme la Maison à louer, le Scandale ou l'Électricité. Les divers éléments sont reliés entre eux par un fil conducteur : une intrigue, plus ou moins étoffée, donne une certaine cohérence narrative à l'ensemble des tableaux.

La conduite de la revue est généralement assurée par un « compère » et une « commère », véritables meneurs de jeu, dont la relation repose essentiellement sur un jeu de séduction. À travers une intrigue simple, le compère et la commère vont et viennent dans les différents lieux évoqués, où ils rencontrent divers personnages (réels ou symboliques) et sont témoins d'événements ; ce faisant, ils assurent le lien narratif entre les divers tableaux. Ils représentent en quelque sorte les spectateurs ; comme eux, ils assistent à la revue. L'intrigue varie d'une revue à l'autre, mais il semble bien qu'elle implique toujours des déplacements à travers divers lieux, un peu à la manière d'un *road movie* ; on peut ainsi passer du port de Montréal à l'hôtel de ville, se retrouver rue Sainte-Catherine ou à l'intérieur d'un théâtre, etc. Le synopsis de la

---

63. *Ibid.*, p. 28-44. Tizoune a ensuite poursuivi sa carrière au Théâtre National pendant quelques années. Il y a été l'une des principales vedettes des spectacles burlesques présentés par Silvio dans les années 1920.

revue *Ça m'chatouille*[64], écrite en 1919 par l'un des auteurs les plus prolifiques du genre, Armand Leclaire, donne un aperçu des divers endroits visités, qui sont très souvent des lieux symboliques importants pour les Montréalais : près de la gare du Grand-Nord ; maison à louer rue Vinet ; le parc Lafontaine ; un magasin départemental ; au bord du Saint-Laurent.

Il arrive que d'autres personnages jouent les rôles du compère et de la commère : le père Baptiste et l'âme de Québec, dans *Allô! Québécoise!* (1910), l'Américain et Mademoiselle Montréal dans *La Belle Montréalaise* (1913), deux revues de Julien Daoust, Tarsicius et Louise dans *Au Clair de la Lune* (probablement 1922), d'Armand Leclaire, ou encore le diable et ses acolytes dans *Le Diable en ville* (1924), la revue d'Alex Silvio qui a inspiré le titre de cet ouvrage.

La description du *Diable en ville*, parue dans *La Presse*[65], illustre d'ailleurs très bien ce fil narratif qui permet de relier les éléments les plus disparates. Dans cette revue, c'est le diable revenu sur Terre pour « se rendre compte de ce qui s'y passe, étant donné du grand nombre de mortels qu'on envoie dans son domaine » qui fait le tour de la ville, accompagné de sa dernière recrue, Dollard Sincennes, et de Concordia, personnification de la ville de Montréal. Les trois se rendent d'abord au hall de l'hôtel Mont-Royal, où ils rencontrent « l'heure normale et l'avance de l'heure, l'exposition, l'amateur de radio, tous les sports ». Le diable et ses recrues font ensuite un détour par une salle de théâtre, ce qui permet d'insérer plusieurs sketches et spécialités typiques des spectacles de variétés dans le récit de la revue : « l'héroïque bourgeois, un drame vécu, le petit chaperon rouge, une chanteuse de renom, un petit prodige de 10 ans dansant à la perfection, la petite Alberte Lecompte… ». Le groupe se retrouve ensuite devant une salle de cinéma, le Moulin Rouge, où sont présentés d'autres personnages : « les policemen, les deux commères, l'ouvrier, l'hôtel de ville, le comité des seize, les journaux, le maire », et un numéro de danse « exécuté par M. Ouimet, le champion de la province de Québec ».

---

64. Présentée au Théâtre Family, le 28 juillet 1919.

65. Anonyme, « Canadien-Français », *La Presse*, 18 octobre 1924, p. 30 ; 21 octobre 1924, p. 21.

Cette description montre bien le caractère hétéroclite des revues, qui peuvent effectivement faire penser aux spectacles burlesques. Mais la présence d'un fil narratif, même ténu, est un premier trait qui distingue revue et burlesque. La seconde différence majeure est l'influence américaine et la prédominance de l'anglais dans les spectacles burlesques.

Des spectacles « épicés de ce bon vieux sel gaulois »...

La revue québécoise, à l'inverse, est d'abord héritière de la tradition française. Les premières revues d'actualité locales sont écrites au début du siècle par des artistes français établis à Montréal, formés à l'esprit des cafés-concerts, tels les frères Delville, Numa Blès et Lucien Boyer. Les très nombreuses revues des années 1910 et 1920, écrites par des auteurs français et canadiens-français, sont bel et bien jouées en français ; les chansons, chantées en français, reprennent souvent l'air de chansons à la mode, américaines, françaises ou québécoises. Ces dernières sont plus rares. Par exemple, dans *La grande revue de Lucien Boyer*, de 1922, la chanson de la scène des élections est chantée sur l'air de « Ah va-t-y n'aouer du plaisir », titre qui ne laisse aucun doute sur l'origine de la chanson ! Aussi, plusieurs revues ont une chanson sur l'air de « On est Canayen ou ben on l'est pas ».

Cela dit, il est fort probable que les revues d'actualité soient influencées par les spectacles de variétés ou de burlesque, notamment dans les années 1920, entre autres parce que les comédiens qui jouent dans ces différents spectacles sont souvent les mêmes. Certains programmes ou descriptions de revues semblent de plus confirmer cette hypothèse. Par exemple, le programme de la revue *Y'en a d'dans*, écrite par Silvio et présentée au Théâtre Chanteclerc en 1927, aligne saynètes, spécialités, dialogues, sketches, parodies, chansons en solo ou en duo, en plus d'un « burlesque de la vie moderne » intitulé « Le Progrès en l'An 1950 », d'un numéro par « Les Joyeux Espagnols, Minstrels » et de deux numéros de « vaudeville spécial[66] » ; nous ne connaissons pas l'intrigue ni le contenu des différentes scènes de cette revue, sauf pour la chanson titre, *Y'en a d'dans*, citée plus loin, qui traite de la vie sociale. Il apparaît à première

---

66. *Y'en a d'dans*, revue de M. Eddy et Alex Silvio, présentée au Théâtre Chanteclerc le 12 décembre 1927. Le programme et une chanson ont été publiés dans le *Canada qui chante*, vol. 1, n° 12 (décembre 1927), p. 2.

vue que la revue *Y'en a d'dans* emprunte à la forme des spectacles de variétés, ou de burlesque, mais le manque d'informations nous empêche de le confirmer ; cela montre les limites imposées par la rareté des sources. Si les premières revues d'actualité sont issues de la tradition française, il est fort probable que les revues subséquentes soient influencées par la forme des spectacles américains comme le burlesque. Cette double influence a peut-être donné lieu à des spectacles hybrides, un brin gaulois, un brin américains.

La confusion entre ces deux types de spectacles a selon nous provoqué des problèmes d'interprétation dans les recherches contemporaines. Par exemple, il semble bien que ce soit le fait d'assimiler la revue au burlesque québécois qui fait dire à Jean-Cléo Godin, dans son article sur *La Belle Montréalaise* (1913), qu'il faut réviser les dates proposées par Chantal Hébert dans son livre sur le burlesque québécois. Chantal Hébert, écrit-il,

> situe après 1920 l'utilisation exclusive du français sur les scènes burlesques [...]. Or, exception faite des termes anglais [...] et des anglicismes d'époque, *La Belle Montréalaise* est bien une « revue » écrite en français. Ceci nous amène à reculer d'une dizaine d'années les dates proposées par Chantal Hébert, puisque *La Belle Montréalaise* est créée en 1913[67].

Or, *La Belle Montréalaise* est bien une revue d'actualité et non un spectacle burlesque ; le manuscrit est là pour le confirmer. De plus, Godin écrit ailleurs que « le texte, le *message* de la revue compte moins qu'un certain langage visuel et gestuel » et que la revue « fonde son succès sur la réputation de ses vedettes », dont La Poune, Tizoune et Manda Parent[68]. De tels propos nous semblent démontrer encore une fois une certaine confusion entre revue et burlesque. D'une part, les revues ont clairement un discours critique sur la politique et les affaires sociales, ce qui n'empêche ni l'humour ni une gestuelle propre au vaudeville ; d'autre part, il est vrai que les vedettes comptent pour

---

67. Jean-Cléo Godin, « Une "Belle Montréalaise" en 1913 », *Revue d'histoire littéraire du Québec et du Canada français*, tome V, 1983, p. 57-58.

68. Jean-Cléo Godin, « Les gaietés montréalaises : sketches, revues », *Études françaises*, vol. 15, n°s 1-2 (avril 1979), p. 147-148. Au moment où Godin écrivait ces lignes, il n'avait apparemment pas lu de textes de revues ; c'était avant qu'il ne découvre *La Belle Montréalaise,* qu'il croyait être une des premières revues. Ceci explique certainement la confusion.

beaucoup dans le succès d'une pièce ou d'une revue, mais les trois noms cités par Godin sont clairement ceux de vedettes de burlesque.

La question de l'improvisation

Un autre aspect mérite d'être discuté à propos de la distinction entre revue d'actualité et burlesque : la question de l'improvisation. Dans un passage traitant de *La Belle Montréalaise*, l'historien du théâtre Jean-Marc Larrue écrit que le contexte particulier de 1913, la distribution par emploi, selon des rôles fixes (chaque comédien se spécialisant dans un type de rôle), « explique l'importance croissante, voire l'indépendance, prise par les interprètes dans la genèse des revues. Ils en devinrent les créateurs à part entière, au point que progressivement, leur contribution à la création dépassa celle des auteurs. » Selon Larrue, dans les années 1930, les auteurs de revues « se contentent de préparer un bref canevas, qui ressemble, à s'y méprendre, à ceux utilisés par les interprètes de la Commedia dell'Arte ». Ainsi, selon lui, « la revue devenait, pour l'essentiel, une œuvre collective d'improvisation[69] ». Aucun exemple précis n'est cependant proposé pour appuyer cette affirmation.

Le fait d'affirmer que les revues des années 1930 sont presque entièrement improvisées nous apparaît discutable. En effet, d'après les sources que nous avons pu consulter, les revues des années 1930[70] ne diffèrent aucunement de celles des années 1910 et 1920. En fait, les traces qui subsistent (paroles de chansons et programmes de la soirée) sont très semblables pour toute la période que nous avons étudiée, soit le premier tiers du siècle. Ainsi, tout comme ceux des années précédentes, les programmes des années 1930 s'étendent sur plusieurs pages, présentent les différents tableaux, nomment les scènes et les personnages et comportent les paroles des principales chansons. Il n'est certes pas impossible

---

69. Jean-Marc Larrue, *L'activité théâtrale à Montréal de 1880 à 1914*, thèse de doctorat, Université de Montréal, 1987, p. 928-929.

70. Pour les années 1930, nous avons consulté les programmes (incluant les textes de chansons) de *Il fait froid, Qu'alors y faire !*, de Henry Deyglun, présentée au Monument National en janvier 1938, de *Donne-z-y Maurice !*, de Henri Letondal, présentée au Théâtre Impérial en septembre 1936, de *As-tu vu mes jumelles ?*, de H. Letondal, présentée au Théâtre Stella dans les années 1930. Nous avons aussi les programmes (sans les textes de chansons) de deux autres revues de Letondal : *Stella… tu l'auras !*, saison 1933-1934, et *Stelle-ci, Stella !*, saison 1932-33.

qu'à l'intérieur d'un tableau ou d'une scène, il y ait de l'improvisation – comment pourrions-nous le dire? Mais nous voyons mal comment parler de «canevas».

Toujours à propos de l'improvisation, Jean-Marc Larrue estime de plus que la tendance vers l'improvisation est «très perceptible» dans *La Belle Montréalaise*, notamment parce que, «contrairement aux œuvres de Dumestre et Tremblay[71], *La Belle Montréalaise* ne contient presque pas de didascalies[72]». Il ajoute que «ceci est particulièrement frappant au quatrième tableau quand les femmes doivent parler et couvrir la voix de Baptiste sans aucun texte de l'auteur[73]». Larrue considère de ce fait que *La Belle Montréalaise* «rompt avec la pièce traditionnelle d'actualité[74]», et qu'elle marque «d'une troisième pierre l'histoire de la revue locale[75]».

Nous ne comprenons pas, d'une part, comment parler de «tendance très perceptible» vers l'improvisation à propos de *La Belle Montréalaise*, puisque le manuscrit compte cinquante pages de format légal dactylographiées, qui comprennent plusieurs indications scéniques, des dialogues secondaires, des paroles de chansons et de longues scènes détaillées. De plus, ce manuscrit ressemble en tous points à celui de *Au Clair de la Lune*, revue d'actualité d'Armand Leclaire, écrite au début des années 1920[76]. Certes, dans *La Belle Montréalaise*, certaines indications restent sommaires, tout comme dans les autres manuscrits consultés, mais ce trait pourrait très bien être dû à la rapidité avec laquelle les auteurs devaient produire leurs œuvres, soit en quelques semaines à peine, parfois moins.

D'autre part, nous ne voyons pas comment parler de «point tournant» à propos de *La Belle Montréalaise*, puisque les textes des revues

71. Les revuistes Georges Dumestre et Ernest Tremblay ont signé au moins trois revues à succès: *Ohé! Françoise!* en 1909, *A-E-OU-U! Hein!* en 1910, et *P'sitt! Gare au trou…ble* en 1911, présentées au Théâtre National.
72. Jean-Marc Larrue, *op. cit.*, p. 928-929.
73. *Ibid.*, p. 946.
74. *Ibid.*, p. 929.
75. *Ibid.*, p. 933.
76. Nous ne connaissons pas la date exacte, mais selon les allusions historiques qu'elle contient, cette revue aurait été produite entre 1920 et 1924, soit à une époque où le maire Médéric Martin à Montréal (1914-1924 et 1926-1928) et le maire Samson à Québec (1920-1926) étaient tous deux en poste. Il est fort probable que l'année exacte soit 1922, car des extraits de la revue ont été publiés dans *Le Passe-Temps* cette année-là.

d'Ernest Tremblay et Georges Dumestre, qui servent de point de comparaison à Larrue, n'ont pas été retrouvés. Seul un court extrait de quelques répliques de *A-E-OU-U! Hein?* (1910), paru dans *La Presse*, est cité dans la thèse de Larrue, qui précise que cet extrait est le seul auquel il a eu accès. Cet extrait est d'ailleurs utilisé pour démontrer que «contrairement aux revues plus tardives, *A-E-OU-U! Hein?* reposait sur un texte précis et des indications scéniques nombreuses, ce qui laissait peu de place à l'improvisation[77]». Or, l'extrait publié par *La Presse* ressemble en tous points au manuscrit de *La Belle Montréalaise*.

Comment serait-il possible de déceler dans le manuscrit de Daoust une quelconque tendance ou un point tournant? Selon nous, la rareté des manuscrits rend les comparaisons entre *La Belle Montréalaise* et les revues qui l'ont précédée ou suivie pour le moins hasardeuses. À la lecture des manuscrits comprenant les textes dialogués que nous avons retrouvés, nous ne notons pas de différences significatives entre *La Belle Montréalaise* et les autres revues. Il nous apparaît donc impossible, à la lumière des informations actuellement disponibles, d'affirmer que l'improvisation avait une part importante dans la création des revues, ou de soutenir qu'un point tournant est franchi avec *La Belle Montréalaise* en 1913.

Une fois ces précisions apportées, abordons maintenant l'histoire des premières revues d'actualité québécoises. Ces premières revues nous permettront déjà d'identifier des traits caractéristiques et de réfléchir sur la langue de ces spectacles si particuliers.

Les premières revues québécoises

> Un spectacle «*peignant sur le vif nos mœurs canadiennes, nos types montréalais*[78]».

La revue d'actualité, déjà fort populaire en France, est introduite au Québec par des artistes français au début du siècle dernier, à commencer par les frères Delville et les deux compères Numa Blès et Lucien Boyer. Ce genre nouveau va rapidement trouver son public. La revue d'actualité «québécoise» s'inscrit donc d'abord, comme nous l'avons mentionné,

---

77. Jean-Marc Larrue, *op. cit.*, p. 916.
78. Anonyme, «Théâtre Delville», *La Patrie*, 5 mars 1901, p. 5.

dans les traditions qui ont formé l'esprit de la revue française : celle des cabarets de chansonniers montmartrois, avec leurs diseurs et chanteurs satiriques s'inspirant de l'actualité, et celle des cafés-concerts, débits de boisson proposant un spectacle gratuit pour attirer la clientèle. Les cafés-concerts fleurissent en France et un peu partout à partir du milieu du XIXe siècle. Dans ces lieux très populaires, la chanson d'actualité côtoie la gaudriole, la chanson sentimentale, le monologue satirique et la chanson patriotique, ainsi que les sketches et les attractions[79].

La revue d'actualité française, note l'historien du music-hall Jacques Feschotte, passe en revue les principaux événements de l'année ou de la saison : « événements politiques, artistiques, mondains, judiciaires – voire scandaleux[80] ». Selon Feschotte, ce sont les chansonniers des cabarets qui « ont porté le genre [la revue d'actualité] à son meilleur point » ; les cafés-concerts, en s'appropriant la revue, « ont mélangé cette forme de spectacle avec les éléments dont ils disposaient. Un meneur de jeu : le compère, souvent associé à une partenaire (la commère), assuraient les liaisons entre les tableaux, fréquemment de façon inattendue et arbitraire[81]. » Nous retrouvons dans cette description les principaux ingrédients de la revue d'actualité québécoise.

Numa Blès et Lucien Boyer.
Photo tirée du programme de *Paris-Montréal* (1902), disponible à la BAnQ.

---

79. Sur les cafés-concerts, voir Romi, *La petite histoire des cafés-concerts parisiens*, Chitry, Paris, 1950, 62 p.

80. Jacques Feschotte, *Histoire du music-hall*, Que sais-je?, Paris, Presses universitaires de France, 1965, p. 76.

81. *Ibid.*

LE PASSE-TEMPS

MUSICAL, LITTERAIRE et FANTAISISTE

ABONNEMENTS:	MONTRÉAL, SAMEDI, 19 AOUT 1899	ANNONCES:
Pour l'Amérique : Un an, $1.50 ; six mois, 75 cents	**Vol. V — No 115** Le No, 5c ; anciens Nos, 10c	Première insertion.......... 10 cents la ligne
Pour l'Europe : Un an, 10 frs ; six mois, 5 frs.	J. E. BELAIR, édit.-prop., 58 St-Gabriel, MONTRÉAL, Canada	Insertions subséquentes.......... 5 "
PAYABLE D'AVANCE		Les annonces sont mesurées sur l'agate.

5c le No — Ce numero contient un Supplement musical de 16 pages sans augmentation de prix — 5c le No

NOS PRIMES

Toute personne qui nous enverra le prix d'un an d'abonnement ($1.50) aura droit à l'une des primes mentionnées à la page 295.

NOTRE CATALOGUE

Lire l'annonce intitulée " Catalogue de Musique et de Librairie du Passe-Temps " sur la 16e page du Supplément musical.

LES FRÈRES DELVILLE
(Photographie Laprés à Lavergne, Montréal)

Silhouettes Artistiques

LES FRÈRES DELVILLE

Il ne faut pas prendre à la lettre la qualité fraternelle que s'accordent ces messieurs, et que nous leur accordons également. Au sens absolu du mot, les Delville ne sont pas frères ; mais, au sens idéal, ils le sont beaucoup plus que si la consanguinité avait scellé leur fraternité de choix, libre et raisonnée.

Il y a plus de douze ans que ces deux charmants artistes se sont associés, sans que jamais, durant cette période, le moindre nuage, la moindre dissension se soient élevée entre eux. On les a vus, on les a jugés, on les a appréciés, depuis cinq mois qu'ils se produisent chaque soir à l'Eldorado. Ce qu'ils offrent aux yeux et aux regards, c'est de la nouveauté, de la bonne humeur, de la fantaisie. Euterpe, Erato et Terpsichore, c'est-à-dire les muses qui président à la musique, à la poésie et à la danse, sont les trois souveraines qui inspirent et dirigent les deux excellents artistes. Leur jeu, leur expression, leur mimique, tout est subordonné à un aimable, convenable surtout, et leur chorégraphie, légère, aérienne, mécanique et gracieusement fantaisiste, réalise le triple problème de la grâce dans l'art, de la fantaisie dans les règles et des convenances dans le chahut discret et savant des jarrets.

La tenue de ces artistes est, certes, des plus séduisantes. Mais cette tenue, c'est-à-dire cette grâce particulière, ce "chic" spécial qui les a consacrés "enfants gâtés" du public, se complète d'une qualité ignorée : ces messieurs sont des bardes d'une espèce inconnue ou méconnue. Ils font eux-mêmes les paroles et, la plupart du temps, la musique des petites œuvres délicates ou hilarantes qu'ils interprètent en public. C'est grâce à cette particularité très remarquable, que les

QUELQUES ARTISTES DANS LEUR RÉPERTOIRE

CARTAL   RITA DE SANTILLANE   LES DELVILLE   FRÉJUST   JEANNE BLONCK

A L'ELDORADO — Croquis instantanés pris par M. Ed. J. Massicotte.

Le Passe-Temps, 19 août 1899.

L'Oncle du Klondyke

C'est dans le premier café-concert de Montréal, l'Eldorado, situé rue Cadieux, qu'est produite une pièce qualifiée par Jean-Marc Larrue de « première revue » locale[82] : *L'Oncle du Klondyke*. Selon Larrue, « la pièce était constituée d'une série de scènes qui fournissaient à chaque interprète l'occasion d'exécuter un numéro particulier, d'où le terme revue. [...] L'unité du spectacle dépendait pour l'essentiel de la qualité de l'enchaînement et, surtout, de la présence des chansons et de la musique[83]. »

L'Oncle du Klondyke, « vaudeville en un acte[84] », est présenté à l'inauguration du café-concert, le 15 mars 1899, tient l'affiche pendant deux semaines et revient à l'affiche pour la semaine du 22 mai 1899[85]. C'est une courte pièce locale, mettant en scène des personnages canadiens, écrite par le régisseur de l'Eldorado, le Français Alfred Durantel. C'est bien là, dans son caractère local, que semble résider toute la nouveauté et tout l'attrait de *L'Oncle du Klondyke*.

La pièce s'inscrit dans un programme varié : duo par les frères Charles et Fleury Delville, « duettistes excentriques », chansons comiques et autres chansonnettes par divers chanteurs, et opérette, selon les informations données par *La Patrie* au lendemain de la première. Le chroniqueur, ce jour-là, ne dit rien de plus sur *L'Oncle du Klondyke*. Il écrit cependant avoir remarqué parmi les spectateurs « un grand nombre de notabilités qui ont paru s'en donner à cœur-joie [*sic*] pendant toute la soirée » et que « pour rehausser l'éclat de cette soirée inaugurale,

---

82. Jean-Marc Larrue, *op. cit.*, p. 613. Aussi dans « Entrée en scène des professionnels 1825-1930 » dans R. Legris, J.-M. Larrue, A.-G. Bourassa, et G. David, *Le théâtre au Québec, 1825-1980 : repères et perspectives*, Montréal, VLB éditeur, 1988, p. 52. Des passages de la thèse concernant les débuts de la revue sont repris dans l'article « Les véritables débuts de la revue québécoise : anatomie d'un triomphe », dans *L'Annuaire théâtral*, n° 3 (automne 1987), p. 39-70.

83. Jean-Marc Larrue, *op. cit.*, p. 613.

84. C'est ainsi que le journal *La Patrie* qualifie *L'Oncle du Klondyke*, dans la chronique du 16 mars 1899, p. 6. Dans la chronique du 24 mars 1899, p. 3, il est question de « comédie-vaudeville ». Le chroniqueur du *Passe-Temps* parle de « petite pièce à couplets », ou « pochade » (« Théâtres, concerts, etc. », vol. 5, n° 105 [1er avril 1899], p. 66), ou de « petite pièce locale » (« Théâtres, concerts, etc. », vol. 5, n° 109 [27 mai 1899], p. 130 et « Théâtres, concerts, etc. », vol. 5, n° 110 [10 juin 1899], p. 154).

85. Après vérification dans les journaux de l'époque, nous devons réviser les dates données par Jean-Marc Larrue (soit le 31 mars 1899, pour trois semaines). De même, dans tous les journaux consultés, l'Eldorado s'écrit bien en un mot et non El Dorado.

un bon nombre de dames étaient présentes et ont paru s'amuser agréablement ». Il explique aussi que « la salle est joliment décorée, contient environ 500 sièges confortables, est éclairée artistiquement par l'Impériale Électrique ». Mais l'attrait principal de ce nouvel établissement, outre le prestige d'être un digne représentant des cafés-concerts parisiens, est probablement le fait de pouvoir boire et fumer à l'intérieur. Le chroniqueur note en effet que « la galerie est pourvue de plusieurs loges où l'on peut causer dans l'intimité tout en dégustant un bon verre de vin, en fumant un excellent cigare et en assistant à un agréable spectacle[86] ».

Le succès est important et immédiat pour l'Eldorado ; le 18 mars 1899, soit trois jours après l'inauguration du café-concert, *La Patrie* signale qu'« aux représentations du soir, l'administration s'est vue dans l'obligation de refuser un millier de personnes, faute de place[87] ». Le 24 mars, *La Patrie* note que l'enthousiasme qui accueille l'ouverture de l'Eldorado « se transforme en véritable délire[88] ». La formule du café-concert trouve rapidement des adeptes, et il semble bien que la trouvaille des propriétaires, consistant à mettre au programme des pièces canadiennes « spécialement écrites pour leur Concert », rencontre un auditoire favorable : « Les chaleureuses ovations qui accueillent chaque soir *L'Oncle du Klondyke* sont un gage de succès de cette innovation[89]. » Devant le succès extraordinaire de leur établissement, les propriétaires de l'Eldorado décident d'imposer un prix d'entrée à partir du 25 mars 1899.

C'est au chroniqueur du journal *Le Passe-Temps* que l'on doit des descriptions plus détaillées de *L'Oncle du Klondyke*. Pour lui, cette « innovation » consistant à mettre à l'affiche des pièces canadiennes, bien qu'en apparence insignifiante, revêt une « importance considérable ». Il y voit la preuve qu'il est possible d'écrire des pièces locales, sans être « incessamment tributaire de l'étranger, surtout de Paris ». Il apprécie surtout le contenu local de cet « amusant vaudeville », qui « fourmille de traits piquants, d'allusions locales où la finesse et la bonne humeur percent à chaque réplique et partent comme des fusées » :

86. Anonyme, « Nos théâtres : A l'Eldorado », *La Patrie*, 16 mars 1899, p. 6.
87. Anonyme, « Nos théâtres : A l'Eldorado », *La Patrie*, 18 mars 1899, p. 12.
88. Anonyme, « A l'Eldorado », *La Patrie*, 24 mars 1899, p. 3.
89. *Ibid.*

Au lieu d'entendre parler constamment d'un vicomte millionnaire ou d'un baron décavé, nous sommes en présence de Télésphore Pigeonneau, un dur à cuire «qu'a du poil aux pattes», de la gaieté au cœur et du courage au ventre. Au lieu de parcourir les grands boulevards parisiens, inconnus du public et dont le nom fantastique revient comme une obsession dans toutes les pièces, les chansons ou les romans qui nous sont livrés, il est question de la côte Saint-Lambert ou de la place Jacques-Cartier[90].

L'anti-impérialisme culturel qui transparaît dans les propos de ce chroniqueur est bien présent dans le discours social au tournant du siècle. Léon Gérin, un sociologue cité par Yvan Lamonde dans son *Histoire sociale des idées*, écrit en 1901 qu'il n'y a pas d'avenir possible pour le poète au Canada, et il ajoute, à l'intention de ceux qui voudraient tout de même tenter une carrière artistique :

> Mais si vous avez résolu de chanter quand même, alors ne vous faites pas l'écho des décadences d'outre-mer. Soyez Canadiens et soyez vous-mêmes. Parlez-nous de notre pays, de sa grande nature, de sa flore, de sa faune, de ses groupements humains, de sa vie sociale. Observez, apprenez à voir toutes ces choses à travers votre propre tempérament et non à travers la mentalité des maîtres que vous admirez[91].

C'est sensiblement la même posture qui sera adoptée par l'abbé Camille Roy trois ans plus tard, en 1904, dans sa conférence intitulée «La nationalisation de la littérature canadienne». Mgr Roy y exprime clairement le souhait de voir se développer une littérature canadienne originale, qui ne soit pas une «imitation servile» de la littérature française contemporaine. Il veut que la littérature d'ici traduise mieux la «conscience», «l'âme» canadiennes, et qu'elle soit remplie, «jusqu'à déborder, de toutes les choses qui sont comme le tissu lui-même de l'histoire et de la vie nationale[92]». Bien sûr, Camille Roy n'a pas du tout

---

90. Silvio, «Chronique de la quinzaine», *Le Passe-Temps*, 1ᵉʳ avril 1899, p. 66. Notez que ce Silvio n'était pas Alexandre, mais le pseudonyme d'un chroniqueur.

91. Léon Gérin, «Notre mouvement intellectuel», dans *Mémoires de la Société royale du Canada*, 1901, cité dans Yvan Lamonde, *Histoire sociale des idées au Québec (1896-1929)*, *op. cit.*, p. 107-108.

92. Camille Roy, «La nationalisation de la littérature canadienne», conférence donnée en 1904 à l'Université Laval à l'occasion de la séance publique annuelle de la Société du Parler français au Canada, publiée dans *Essais sur la littérature canadienne*, 1925, p. 187-201.

en tête les revues d'actualité quand il appelle de ses vœux une littérature plus en lien avec «l'âme canadienne». Il ne veut pas de ces «choses nouvelles», les nouvelles réalités liées à l'urbanisation et à l'industrialisation, et considère que l'âme réelle des Canadiens français, leur identité à préserver, est celle d'un peuple catholique, francophone, attaché à la terre et à la France d'avant la Révolution.

Il est tout de même intéressant de souligner qu'au moment où les intellectuels canadiens notent l'importance de développer des œuvres mieux ancrées dans la réalité locale, qui reflètent la vie sociale et les sensibilités canadiennes, un spectacle populaire, la revue d'actualité, se développe justement dans ce sens et conquiert immédiatement le public.

Pour le chroniqueur du *Passe-Temps*, la création d'une pièce locale, mettant en scène des personnages d'ici et des lieux connus des Montréalais, est un signe encourageant que l'indépendance artistique est possible ici, ce que l'accueil chaleureux du public de L'Eldorado tend à confirmer. Le fait que l'auteur soit un Français ne semble pas faire de différence dans le jugement qu'il porte sur la pièce. Comme ce sera le cas lors des revues subséquentes, c'est plutôt le fait que l'action se passe ici et que les personnages soient Canadiens qui permet à cette pièce de s'arroger le qualificatif de «canadienne».

L'Oncle du Klondyke est marquant à l'égard, notamment, des rapports de la culture québécoise avec celle de la France. C'est une pièce écrite par un Français d'origine, jouée dans un lieu imité de la vie parisienne (le café-concert) selon une formule popularisée en France (la revue d'actualité), mais avec des personnages canadiens-français et mettant en scène des lieux montréalais. Cette pièce est jouée par des artistes d'origine française, qui l'interprètent probablement dans leur langue et avec leur accent. Cependant, le sujet d'intérêt local et leur connaissance de la vie montréalaise permettent de supposer qu'ils y introduisent le vocabulaire et l'accent local, comme on pourra le constater dans les revues suivantes écrites par des Français, dont des textes subsistent et appuient cette hypothèse. Le compte rendu du chroniqueur du *Passe-Temps*, cité plus haut, tend aussi à confirmer cela puisqu'il est question de «Télésphore Pigeonneau, un dur à cuire "qu'a du poil aux pattes"», de «la côte Saint-Lambert ou de la place Jacques-Cartier» et que la pièce «fourmille de traits piquants, d'allusions locales...».

Si l'on se fie à la description du *Passe-Temps*, *L'Oncle du Klondyke* fait effectivement penser à une revue, entre autres par le fait que l'action semble se déplacer d'un lieu à un autre. Mais les textes n'ayant pas été retrouvés à ce jour, plusieurs questions demeurent sans réponse. Cette pièce passe-t-elle en revue les événements marquants de l'actualité ? Est-il question de la vie sociale et politique ? On ne saurait le dire, mais on peut penser qu'elle est inspirée de l'actualité locale, puisqu'on est encore dans la période de la ruée vers l'or au Klondyke, où tentent leur chance plusieurs Canadiens français[93]. La pièce comprend-elle des chansons ? Probablement, puisqu'on l'a qualifiée de pièce « à couplets ».

Il n'existe cependant, à notre connaissance, aucune trace qui permette d'affirmer que la pièce est composée « d'une série de scènes qui fournissaient à chaque interprète l'occasion d'exécuter un numéro particulier[94] ». Ceci vaut peut-être davantage pour le programme complet de la soirée qui, on l'a vu, est composé de numéros divers, chansons, opérette, et *L'Oncle du Klondike*. Deux mois avant l'inauguration du café-concert, le 7 janvier 1899, le chroniqueur du *Passe-Temps* utilise certes le qualificatif de « revue », mais il n'est pas certain qu'il parlait effectivement de *L'Oncle du Klondyke*[95].

Il subsiste donc quelques zones d'ombre à propos de *L'Oncle du Klondyke*, mais cette pièce mérite néanmoins d'être mentionnée, au moins pour son contenu local et l'accueil qui lui est réservé par le public. En l'ovationnant, le public de l'Eldorado incite sûrement les artistes à produire d'autres pièces canadiennes – revues, opérettes et autres.

Montréal à la cloche *et* Montréal-Printemps

Si nous ne pouvons affirmer hors de tout doute que *L'Oncle du Klondyke* est bel et bien une revue d'actualité, il en va autrement pour *Montréal*

---

93. Le Klondyke sera très longtemps un point d'attraction, et il demeurera dans la mémoire populaire, comme le montre par exemple la « Chanson du Klondyke » enregistrée par Conrad Gauthier pendant les années 1920. Cette chanson est disponible en ligne sur les sites du *Gramophone virtuel* (BAC) et de la BAnQ.

94. Jean-Marc Larrue, *op. cit.*, p. 613.

95. Le chroniqueur annonce seulement que « la pièce d'ouverture sera une revue locale, due à la collaboration d'une demie-douzaine de nos bons écrivains ». La pièce en question était-elle bien *L'Oncle du Klondyke*, comme semble le penser l'historien Jean-Marc Larrue ? Peut-être, mais elle a pourtant été écrite par un seul auteur, et non par une demi-douzaine.

à la cloche, écrite en 1901 par Charles Delville, un autre artiste français établi au Québec. Charles et Fleury Delville s'illustrent en duo sur la scène du Parc Sohmer, puis participent aux débuts de l'Eldorado, avant d'ouvrir leur propre théâtre, le Théâtre Delville, le 31 décembre 1900[96]. Le théâtre Delville est situé rue Sainte-Catherine, au coin Montcalm, dans l'ancien Klondyke Music-Hall[97]. C'est là qu'ils présentent *Montréal à la cloche*, «grande revue fantaisiste et locale[98]», le 4 février 1901. Les frères Delville insistent sur le côté «local» de la pièce; le programme de la soirée mentionne que «*Montréal à la cloche* est une pièce composée de choses locales dans laquelle seront représenté[s] des personnages très connus».

Montréal à la cloche tient l'affiche deux semaines, celles du 4 et du 13 février 1901, et deux semaines supplémentaires, celles du 5 et du 12 mars 1901 au Monument National, pour un total de 52 représentations – un exploit à cette époque. Cela fait de *Montréal à la cloche* «le plus grand succès de tout ce qui a été joué jusqu'à ce jour sur nos scènes montréalaises. [...] C'est la première fois que nous voyons une pièce qui puisse tenir quatre semaines au programme : et le public ne s'en est pas plaint, bien au contraire, puisque c'est sur sa demande qu'on a donné et redonné 52 fois *Montréal à la cloche*[99].» Un véritable triomphe!

Les commentaires des chroniqueurs de journaux à propos de *Montréal à la cloche* ne laissent aucun doute quant au fait qu'il s'agit effectivement d'une revue d'actualité. Déjà, dès le 19 août 1899, le chroniqueur de la revue *Le Passe-Temps* mentionne que les frères Delville préparent une revue de fin d'année :

> Ces messieurs ont bâti une *Revue* de fin d'année, concernant la vie montréalaise – la vie dans la rue – et [...] cette œuvre humoristique, pleine d'observations et de faits qui échappent pour la plupart à notre vision, est frappée au bon coin de la gaieté, de la philosophie aimable, de la critique bon enfant et de l'esprit gaulois[100].

---

96. Jean-Marc Larrue, *op. cit.*, p. 602.
97. C'est dans ce théâtre que Léo-Ernest Ouimet a ouvert en 1906 son Ouimetoscope.
98. C'est en ces termes que *Montréal à la cloche* est présentée dans le programme.
99. Anonyme, «Notes d'Art», *Les Débats*, 17 mars 1901, p. 2.
100. H. R., «Silhouette artistique. Les Frères Delville», *Le Passe-Temps*, vol. V, n° 115 (19 août 1899), p. 273-274.

Le chroniqueur estime que la création d'une revue locale est une excellente nouvelle pour Montréal, qui pourra ainsi affirmer son «omnipotence artistique»: «Ce qui est certain, c'est qu'elle sera jouée à Montréal, et que le jour où le public lui accordera ses bravos sera un jour mémorable, parce qu'il marquera la date d'une décentralisation artistique[101].»

Il n'est pas clair, cependant, si la revue dont il est question ici est effectivement *Montréal à la cloche*, puisque cette chronique est écrite en août 1899, soit 18 mois avant la représentation de *Montréal à la cloche*. Il est du moins certain que les frères Delville sont familiers avec le genre et préparent bel et bien une revue d'actualité. Cela sera confirmé par les articles entourant les premières représentations de *Montréal à la cloche*.

Jules Jéhin-Prume, chroniqueur du journal *Les Débats*, à la veille de la première, estime que «ce sera la première fois que nous aurons l'occasion de voir ce genre de spectacle si parisien[102]». Le chroniqueur de *La Patrie* souligne pour sa part que les Delville donnent «quelque chose de réellement nouveau[103]». Jéhin-Prume prédit le succès de cette revue, qui représentera «cinquante personnages montréalais des plus connus» et qui sera composée de «32 morceaux de chant dont la plus grande partie restera populaire[104]». *La Patrie* ne manque pas de signaler l'intérêt d'un tel spectacle, «peignant sur le vif nos mœurs canadiennes, nos types montréalais[105]». Le chroniqueur semble avoir particulièrement apprécié les «calembours bien trouvés» et les «jeux de mots et phrases à double entente dont quelques-uns sont épicés de ce bon vieux sel gaulois qui les rend si français», et précise bien qu'ils ne sont pas immoraux[106].

L'histoire, en quatre actes, se déroule dans quatre endroits de Montréal: une place publique, le Théâtre Delville, la place Jacques-Cartier et la place d'Armes. Le rôle du compère est joué par Fleury Delville; il incarne «un Français qui arrive à Montréal pour retrouver un sien cousin et finalement vient demander des renseignements à la belle "Commère" qui lui donne des explications sur les mœurs et les

---

101. *Ibid.*
102. Jéhin-Prume, «Notes d'Art», *Les Débats*, 3 février 1901, p. 2.
103. Anonyme, «Théâtre Delville», *La Patrie*, 6 février 1901, p. 3.
104. Jéhin-Prume, «Notes d'Art», *Les Débats*, 3 février 1901, p. 2.
105. Anonyme, «Théâtre Delville», *La Patrie*, 5 mars 1901, p. 5.
106. Anonyme, «Montréal à la cloche», *La Patrie*, 9 février 1901, p. 5.

coutumes de notre population montréalaise[107] ». Le rôle de la commère, qui dans l'intrigue est une Canadienne française, est tenu par une Française, Rita de Santillane. Ensemble, le compère et la commère se déplacent à travers les divers lieux évoqués par l'intrigue et rencontrent au passage « les types que nous croisons chaque jour sur les rues[108] », des personnages symboliques, comme la grippe ou le pont Victoria, et des personnalités connues, tel « le célèbre violoneux Forget, que tout Montréal a connu », incarné par Charles Delville, « applaudi à outrance et rappelé plusieurs fois », selon le chroniqueur de *La Patrie*[109].

Durant les années suivantes, cette intrigue fort simple – une visite de la ville qui permet de passer en revue les personnages typiques, les personnalités connues et les événements récents – sera déclinée de plusieurs façons différentes. Quand une revue obtient un certain succès et reste à l'affiche plus d'une semaine, ce qui est souvent le cas, de nouveaux types et de nouvelles scènes sont ajoutés et d'autres retranchés, pour demeurer au plus près de l'actualité et, surtout, pour mousser l'intérêt des spectateurs, qui retournent voir la revue plus d'une fois.

Avec *Montréal à la cloche*, le succès est complet pour les Delville, qui font salle comble tous les soirs et doivent même refuser des gens à quelques reprises[110]. Le public venu acclamer ce nouveau type de spectacle est diversifié et comprend aussi des gens de la haute société, à en croire le chroniqueur de *La Patrie* : « Nous avons remarqué parmi l'assistance, ce que Montréal compte de plus sélect, entr'autres [*sic*] : deux juges, des avocats éminents et plusieurs fonctionnaires publics. Tous se sont déclarés enchantés du travail accompli par Charles Delville et ses compagnes et compagnons[111]. »

Charles Delville récidive avec *Montréal-Printemps*, une nouvelle revue créée le 17 juin 1901 au Théâtre Delville. « Véritable feu d'artifice de bons mots et de calembours[112] », *Montréal-Printemps* est composée de « spirituels croquis de notre ville, des scènes d'actualité prises sur le

---

107. Anonyme, *La Presse*, 5 février 1901, p. 3.
108. *Ibid.*
109. Anonyme, « Théâtre Delville », *La Patrie*, mercredi 13 février 1901, p. 5.
110. Anonyme, « Théâtre Delville », *Les Débats*, 10 février 1901, p. 2 ; Anonyme, « Théâtre Delville », *La Patrie*, 13 février 1901, p. 5.
111. Anonyme, « Théâtre Delville », *La Patrie*, 13 février 1901, p. 5.
112. Anonyme, « Théâtre Delville », *La Patrie*, 18 juin 1901, p. 7.

PROGRAMME

..MONTREAL a la CLOCHE..

Grande revue fantaisiste et locale en 4 actes de Charles Delville

— 1er ACTE —

Les pompiers montréalais, la bande de musiciens ambulants, la diseuse de bonne aventure, le trottoir en bois, un hôtelier un charretier, un barbier, la bière Salvador et les Étudiants de l'Université Laval.

— 2me ACTE —

Au théâtre Delville, le constable, le caissier, Pyr et Rossaldo, un habitant, une habitante, un marchand de parapluies, un marchand de pommes et les loteries.

— 3me ACTE —

Une marchande d'ice cream, un pêcheur, un bicycliste, l'ambulance, un violoneux, un blanchisseur chinois, deux victimes du whisky, 2 policemans et la patrouille.

— 4me ACTE —

Les cambrioleurs, la police, la grippe, le pont Victoria, une marchande d'almanachs, le roi de la Longue-Pointe, les journaux français, La Presse, La Patrie, Le Journal, Le Samedi, Le Passe-Temps, Le Canard.

1er ACTE : Une place de Montréal. 2me ACTE : Le Théâtre Delville. 3me ACTE : La place Jacques-Cartier. 4me ACTE : La place d'Armes.

Costumes fournis par la maison Landolf de Paris et Ponton de Montréal.

MONTREAL à la CLOCHE est une pièce composée de choses locales dans laquelle seront représenté des personnages très connus. La mise en scène, la musique et le poème dépassent tout ce que l'on a pu voir jusqu'à ce jour dans les théâtres français de Montréal.

Après le lever du rideau les Messieurs sont priés d'enlever leurs chapeaux.

vif, toujours d'un si puissant intérêt pour les Canadiens, amateurs de l'*étoffe du pays*[113] ». *Montréal-Printemps* est composée de trois actes, dans lesquels défilent personnalités connues, personnages typiques et personnages symboliques, et des scènes évoquant l'actualité récente. L'ensemble des tableaux est annoncé par *La Patrie* :

[La revue] se composera de 3 actes. Dans le 1er défilera [*sic*] Montréal, le Printemps, une fleuriste, un propriétaire, le géant Beaupré, les lutteurs Pons et Petit, les cafés-concerts, des déménageurs et les rues de Montréal. 2e acte – La grève des musiciens et des acteurs, un amateur, un intrus, un spectateur mécontent, l'hypnotiseur, Grossmite, dans ses nouvelles expériences d'hypnotisme. 3e acte – Lacuite et Brosseur, un conducteur de chars, un bourgeois, une marchande du marché Bonsecours et des mendiants[114].

Quatre artistes canadiens-français participent à cette revue, comme le souligne Jean-Marc Larrue : « Pour la première fois selon toute vraisemblance, des artistes canadiens-français participaient à une revue. Ce furent Germaine Duvernay, Eugénie Verteuil, Villeray et Madame Duplessis[115]. » *Montréal-Printemps* remporte un franc succès, et les Delville font salle comble « toute cette semaine, deux fois par jour[116] ». De nouvelles scènes sont ajoutées pour les nouvelles représentations. On ne connaît pas l'intrigue qui permet de lier les différents tableaux, mais il est plausible de croire qu'Eugénie Verteuil, qui personnifie Montréal, tient aussi le rôle de la commère. En effet, le personnage de Mademoiselle Montréal sera la commère de quelques revues qui suivront, dont *La Belle Montréalaise*[117] et *En veux-tu? En V'là!*[118], et Mlle Verteuil sera la commère d'autres revues. Dans ce cas, le compère était peut-être Le Printemps?

À en croire les chroniqueurs de l'époque, les frères Delville obtiennent la faveur du public avec ces deux revues. Cela ne les empêche toutefois pas d'avoir des problèmes financiers et de fermer les portes de

113. Mimi Sollaré, « Notes d'art », *Les Débats*, 16 juin 1901, p. 3.
114. Anonyme, « Théâtre Delville », *La Patrie*, 17 juin 1901, p. 6.
115. Jean-Marc Larrue, *op. cit.*, p. 621.
116. Mimi Sollaré, « Notes d'art », *Les Débats*, 23 juin 1901, p. 3.
117. Julien Daoust, 1913.
118. Mme Damase Dubuisson, sans date.

leur théâtre en juin 1901[119]. On sait que les Delville sont engagés par la suite au Ouimetoscope, en 1909. Le chroniqueur du *Montréal qui Chante*, en annonçant leur retour, témoigne du fait que ces premières revues avaient laissé leur marque dans l'imaginaire du public :

> Les joyeux Delville, de l'Eldorado, les *vrais* annoncent les affiches sont revenus. M. Ouimet, toujours à l'affût de bonnes attractions, les a engagés pour la saison. Certes « *Les Delville* » est justement l'attraction que voulait le public du Ouimetoscope mais à condition que les frères Delville nous donnent « *les Delville* ». C'est à dire [*sic*] que dans l'idée des spectateurs ces deux mots, formant un nom, évoquent « *Montréal à la cloche* » et des chansons d'actualités[120].

La description de *Montréal-Printemps* donnée par Mimi Sollaré, la chroniqueuse des *Débats*, comme étant composée de « spirituels croquis de notre ville » et de « scènes d'actualité prises sur le vif » nous renvoie au cinéma naissant, qui « croquait » des petites scènes, des tranches de vie. Cette observation nous ramène au propos de Jean-Cléo Godin qui, dans un article consacré aux revues et autres « gaietés montréalaises », cité précédemment, voit dans cette esthétique décousue « un effort pour contrer l'influence du cinéma naissant », d'où « une parenté évidente, des influences perceptibles[121] ». Dans un autre article analysant *La Belle Montréalaise* de Julien Daoust, Godin voit encore un lien entre cinéma et revue, et remarque que les « scènes décousues, tranches de vie, séquences rapides et animées » du premier acte semblent « conçues pour le cinéma plutôt que pour le théâtre[122] ».

Cette intuition est intéressante, dans la mesure où elle identifie une parenté entre le cinéma et les revues. Toutefois, nous ne percevons pas tant l'influence du cinéma sur la revue, mais plutôt deux manifestations simultanées d'une forme d'appropriation vernaculaire de la modernité. Apparus presque en même temps, au tournant du siècle, le cinéma et les revues d'actualité répondent tous deux à un besoin de nommer la modernité. Leur rythme traduit la nouvelle perception de la modernité,

---

119. Jean-Marc Larrue, *op. cit.*, p. 604.

120. René Ducan, *Montréal qui Chante*, « Les Delville au Ouimetoscope », vol. 2, nº 3 (30 août 1909).

121. Jean-Cléo Godin, « Les gaietés montréalaises : sketches, revues », *op. cit.*, p. 145.

122. Jean-Cléo Godin, « Une "Belle Montréalaise" en 1913 », *Revue d'histoire littéraire du Québec et du Canada français*, nº 5, 1983, p. 57.

et la fragmentation, l'errance et les scènes de rues correspondent à l'«esthétique de la distraction» décrite précédemment.

Les critiques de l'époque soulignent eux-mêmes la nouveauté de ce genre de spectacle à Montréal, en rappelant qu'il est à la mode à Paris depuis un certain temps. Il y a donc aussi une sorte de fierté à se mettre au diapason du monde culturel européen et à constater que le genre plaît au public local.

La langue de ces premières revues était probablement un mélange de français parisien et de vernaculaire québécois, à l'image des personnages mis en scène. Les personnages de Canadiens français sont souvent des gens de condition modeste, tels le «conducteur de chars», la «marchande du marché Bonsecours» et les «mendiants» cités plus haut.

Dans *Montréal-Printemps*, la scène des cafés-concerts et celle de la grève des musiciens et des acteurs font référence à des événements de l'actualité concernant le monde du théâtre et les artistes. On peut imaginer sans effort que les revuistes sont sympathiques à ces causes qui les concernent directement. L'histoire entourant les cafés-concerts est assez bien documentée. Une forte opposition, alliant autorités municipales et religieuses, se mobilise rapidement contre ces lieux dont plusieurs font l'objet de plaintes pour immoralité et incitation à la débauche. On tente de repousser le démon du sexe et de la boisson hors des limites de la ville! Et ça fonctionne: à peine deux ans après le début des cafés-concerts, en mai 1901, un décret municipal ordonne leur abolition pure et simple. Tous les cafés-concerts doivent fermer leurs portes, même ceux qui n'ont jamais fait l'objet de plainte, dont l'Eldorado[123]. Or, il faut savoir que sous l'appellation de cafés-concerts, on trouve aussi les *dime museums*, *varieties* et autres lieux d'attractions pour les classes populaires, qui demandent une licence de café-concert pour pouvoir vendre de l'alcool. Cette formalité administrative crée une confusion dans les termes, ce qui finit par nuire à l'ensemble des établissements. Les Delville, anciens de l'Eldorado, ne peuvent qu'être sensibles à toute cette affaire.

On peut croire cependant que c'est la formule américaine des *dime museums* qui est réprouvée par l'autorité, et que la formule française des cafés-concerts aurait pu être tolérée. Il en sera de même plus tard avec

123. Jean-Marc Larrue, *op. cit.*, p. 590-603.

le cinéma américain qui domine les écrans : il sera critiqué agressivement par le clergé catholique, tandis que le théâtre sera beaucoup moins dénoncé, même si on y trouve assez souvent un contenu aussi critiquable. Le théâtre est écrit par des auteurs locaux qui s'autocensurent, tandis que le cinéma est produit ailleurs et est toujours considéré comme suspect, même s'il est amputé par une censure impitoyable. Tout ce qui est américain est plus soupçonnable que ce qui vient de France, et les textes et les spectacles en français, et surtout en français local, facilitent la diffusion en atténuant les soupçons.

Paris-Montréal *et* Alonzo, Allons-y ! ! !

L'année suivante, deux autres revues sont créées à Montréal : *Paris-Montréal, le tour du monde en chantant* et *Alonzo, Allons-y ! ! !*, par les Français Numa Blès et Lucien Boyer, présentées respectivement en septembre et en décembre 1902 au Théâtre du Palais-Royal, situé rue de La Gauchetière. Blès et Boyer, deux chansonniers montmartrois qui ont participé aux débuts du cabaret des Quat'z'arts, sont véritablement en train de faire un « Tour du Monde professionnel, […] exécuté par les seules ressources d'une profession librement exercée[124] », quand ils écrivent la revue *Paris-Montréal*.

À l'origine de cette grande tournée autour du monde, qui durera près de trois ans, est la rencontre de Boyer avec Gaston Calmette, le directeur du *Figaro*. Boyer propose à ce dernier de soutenir son « tour du monde » par une couverture de presse, ce qu'il accepte[125]. Il est intéressant de noter le rôle des grands journaux dans cette entreprise. Au Canada, le journal *Les Débats* s'intéresse à leur aventure et publie à la une, le 6 juillet 1902, une longue entrevue dans laquelle les deux hommes relatent leur voyage. Ainsi, après avoir chanté dans plusieurs villes de France, sillonné la Belgique – où, disent-ils, Sarah Bernhardt a assisté à un de leurs spectacles – et visité l'Angleterre, Blès et Boyer font

---

124. Cyrille Trudeau, « Le Tour du Monde en Chantant », *Les Débats*, 6 juillet 1902, p. 1.

125. Paul Dubé, « Lucien Boyer », sur le site *Du Temps des cerises aux Feuilles mortes* <http://www.chanson.udenap.org/fiches_bio/boyer_lucien.htm> (site consulté en janvier 2007).

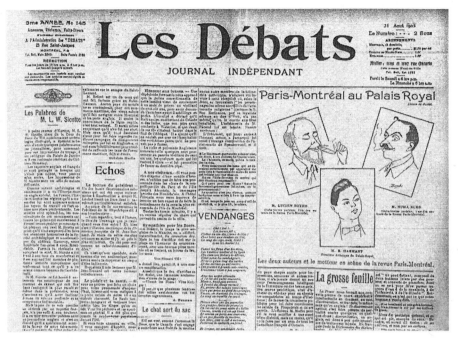

Les Débats, 31 août 1902.

le grand saut au Canada. Ils s'arrêtent d'abord à Rimouski, avant de se rendre à Montréal où, selon leurs mots, c'est le coup de foudre.

Paris-Montréal, écrite à la demande des directeurs du Théâtre du Palais-Royal, est composée de trois actes, qui se déroulent respectivement au cabaret des Muses de Montmartre à Paris, au square Viger et à la place d'Armes, à Montréal. Dans les parties qui se déroulent à Montréal, «nos célébrités canadiennes sont habilement présentées par ces maîtres satiristes. Les événements des derniers mois, qui ont suscité tant d'intérêt et qui ont fait couler des flots d'encre se dérouleront devant les yeux des spectateurs, agrémentés de saillies des plus spirituelles[126]. »

L'intrigue reprend le thème de la rencontre des cultures française et canadienne: «C'est le voyage de Napoléon Tranchemontagne à Paris et la promenade de ses amis parisiens au Square Viger et à la Place d'Armes. Ce que Tranchemontagne en voit de curieuses choses à Paris, à partir des caissières en carton jusqu'aux soubrettes plus authentiques,

126. Anonyme, «Au Palais-Royal», *Les Débats*, 31 août 1902, p. 3

et ce que nos visiteurs ciceronés par Tranchemontagne s'épatent des choses canadiennes[127]. » D'une certaine façon, *Paris-Montréal* fait voyager les spectateurs qui, pour la vaste majorité, n'auraient jamais les moyens d'aller à Paris.

La production de cette nouvelle revue attise l'intérêt des journaux et du public, et ce, bien avant le soir de la première, le 8 septembre 1902, signe que le genre est déjà connu et goûté du public. Le 31 août, le chroniqueur des *Débats* indique que lors d'une lecture de la revue, « nos journaux français étaient dignement représentés, preuve évidente que leurs directeurs avaient confiance dans l'œuvre de nos deux joyeux globe-trotters. Ils ne se sont pas trompés[128]. » La veille de la première, un article des *Débats* parle de *Paris-Montréal* comme de la revue « tant discutée dernièrement par nos journaux et impatiemment attendue par le public[129] ». Au terme de la première semaine de représentations, *La Patrie* note que *Paris-Montréal* « n'a pas laissé inoccupé un seul fauteuil », et prédit autant de salles combles « puisque tant de personnes n'ont pas encore pu se procurer des places et que celles qui ont déjà assisté à ce désopilant spectacle tiennent à y retourner plusieurs fois[130] ».

Le chroniqueur des *Débats* note également ce succès populaire, qu'il attribue bien sûr à la qualité de la revue et au talent des comédiens, mais aussi à la parfaite morale de l'ensemble : « Aux rares personnes, qui ne l'ont pas vue encore, nous répétons qu'elles peuvent y conduire sans crainte leurs jeunes filles, car jamais représentation théâtrale fut à la fois plus morale et plus divertissante[131]. » Le même journal notait la semaine précédente que « dans cette revue où la vive et franche gaieté gauloise abonde, il n'existe pas une seule phrase, qui puisse blesser les oreilles les plus scrupuleuses[132] ». À cette époque, et pour les décennies suivantes,

---

127. Anonyme, « Au Palais Royal », *La Patrie*, 6 septembre 1902, p. 16.

128. Scaramouche, « Au Palais Royal », *Les Débats*, 31 août 1902, p. 3.

129. Scaramouche, « Au Palais Royal », *Les Débats*, 7 septembre 1902, p. 3.

130. Anonyme, « Palais-Royal », *La Patrie*, 13 septembre 1902, p. 9.

131. Scaramouche, « Au Palais Royal », *Les Débats*, 14 septembre 1902, p. 3.

132. *Les Débats*, 31 août 1902, p. 3. Notons que ce journal n'était pas particulièrement moraliste ni conservateur. Le manifeste publié lors de la parution du premier numéro, le 3 décembre 1899, déclare que « *LES DÉBATS* verront l'art dans l'art, […]. Nos journaux moralisateurs mettent une chemise à la Vénus de Milo et consacrent dans la même édition deux ou trois pages aux complots des bandits. Nos idées sur la morales ne sont pas celles-là », et qu'ils s'intéresseront « sans bégueulerie ni intérêt financier à tous les événements artistiques quels qu'ils soient. »

il n'est naturellement pas rare de voir les chroniques théâtrales se préoccuper de morale, soit pour blâmer les directeurs de théâtre ou, plus souvent, pour rassurer le public.

Contrairement à *Montréal-Printemps* cependant, les comédiens de *Paris-Montréal* sont tous des Français d'origine : Blès et Boyer, les auteurs, mais aussi les chanteurs comiques parisiens Henri Cartal, René Harmant et l'épouse de ce dernier, Rhéa, qui feront tous une longue carrière au Québec. L'accent parisien ne semble pas nuire au succès de l'œuvre. L'important est que la revue parle de sujets d'actualité qui concernent les spectateurs, et leur permette de voir «les événements qui ont suscité tant d'intérêt et qui ont fait couler des flots d'encre» se dérouler devant leurs yeux. Les spectateurs peuvent s'approprier collectivement l'histoire récente et en rire ensemble.

Comme pratiquement tous les théâtres à l'époque, le Palais-Royal finit par éprouver des difficultés financières et doit fermer ses portes[133]. Numa Blès et Lucien Boyer poursuivent alors leur «tour du monde en chantant» aux États-Unis[134]. Puis, à la fin du mois de novembre 1902, *La Patrie* annonce «une nouvelle inattendue : Numa Blès et Lucien Boyer reprennent le Palais-Royal.» Interrompant leur tournée américaine, ils reviennent à Montréal avec l'intention d'«ouvrir au public les portes d'un théâtre aussi canadien que possible. Ce qu'ils joueront, ce sera des revues canadiennes, des chansons canadiennes, des fantaisies canadiennes[135].» Ils débutent leur saison avec *Alonzo, Allons-y!!!*, revue «entièrement nouvelle» où trouvent place «toutes les actualités politiques, toutes les choses de la vie quotidienne intéressant la métropole, [qui] défilent sous les yeux du spectateur, en jolis costumes et en couplets pétillants d'esprit[136]». Cette revue est présentée du 3 au 13 décembre 1902. L'intrigue

133. Selon toute vraisemblance, puisqu'on annonce en novembre 1902 la réouverture du théâtre. Pour certains détails sur le Palais-Royal en 1902, voir Jean-Marc Larrue, *op. cit.*, p. 683-694.

134. Selon les informations contenues dans le site *Du Temps des cerises aux Feuilles mortes*, cité plus haut, ils auraient ultérieurement poursuivi leur tour du monde à Hawaï, Saïgon, Calcutta, Téhéran, Le Caire, Athènes et Rome! Paul Dubé, «Lucien Boyer» <http://www.chanson.udenap.org/fiches_bio/boyer_lucien.htm> (site consulté en janvier 2007).

135. Anonyme, «Une nouvelle inattendue. – Numa Blès et Lucien Boyer reprennent le Palais-Royal», *La Patrie*, 29 novembre 1902, p. 4.

136. Anonyme, «Au Palais Royal», *La Patrie*, 6 décembre 1902, p. 15.

est simple, et bien que plutôt originale, elle reprend la thématique de la rencontre des cultures : « Un roi de l'Amérique du Sud, [Dane, le compère] arrive au Canada, il achète "quelques arpents de neige" et là, après s'être marié à une gentille canadienne [Eugénie Verteuil, la commère], il fonde un nouveau royaume pour se consoler d'avoir perdu l'autre[137]. » C'est ce cadre qui permet d'évoquer les événements qui ont marqué l'actualité récente, de les faire « revivre » aux spectateurs. Cette fois-ci, le visiteur étranger n'est pas un Français, mais un Sud-Américain.

Selon le chroniqueur des *Débats*, c'est un « succès complet, indiscutable » pour Blès et Boyer : « *Alonzo Allons-y*, dépasse en fantaisie, en gaîté, en esprit tout ce que les deux chansonniers nous ont donné jusqu'à ce jour. Durant trois actes, on rit aux larmes des actualités bien canadiennes qui défilent en musique[138]. » Ce chroniqueur ajoute que « par ces temps de luttes électorales, rien n'est plus amusant que d'aller se former une opinion au Palais-Royal où l'on distille ce que la politique a de plus folâtre[139]. »

Le même chroniqueur note aussi que « tout Montréal » assiste à ce spectacle. À ce propos, il est frappant de voir l'empressement des chroniqueurs à signaler la présence de notables aux représentations. Que ce soient les « notabilités » présentes à l'Eldorado, les « deux juges, des avocats éminents et plusieurs fonctionnaires publics » qui assistent à *Montréal à la cloche*, ou ici le « tout Montréal » qui se présente aux guichets du Palais-Royal, il semble bien que la popularité de ce type de spectacle dépassait le public ouvrier[140].

La semaine suivante, les deux directeurs continuent dans la veine politique, et mettent à l'affiche ce qui semble être une autre revue, quoique plus modeste, une « folie électorale » intitulée *Au clair de l'urne*, qui doit traiter « les événements politiques les plus récents et les élec-

---

137. Anonyme, « Au Palais Royal », *Les Débats*, 7 décembre 1902, p. 3.

138. *Ibid.*

139. Anonyme, « Au Palais Royal », *Les Débats*, 7 décembre 1902, p. 3.

140. C'est pourquoi il nous est difficile d'admettre d'emblée l'affirmation de Larrue, selon laquelle « les intellectuels, "les gens de bon goût", l'élite sociale, économique et politique de la ville [...] avaient ignoré les tentatives de Durantel et des Delville ». Larrue estime que la production de *Ohé! Ohé! Françoise!* sur la scène du National, en 1909, marque un tournant en donnant « au genre une légitimité qui, jusqu'alors, lui avait fait défaut » (Jean-Marc Larrue, *op. cit.*, p. 913).

tions qui viennent d'avoir lieu[141] ». Nous n'avons pas d'autres détails sur cette pièce, mais il semble bien qu'elle s'inscrive dans le même esprit.

Une chose semble claire : Numa Blès et Lucien Boyer, et avant eux les frères Delville, avaient perçu l'intérêt soutenu du public pour les pièces « canadiennes », traitant des actualités et des réalités locales. Ils avaient fait preuve d'audace et joué un rôle novateur en introduisant dans le monde du spectacle la satire politique, ce que les auteurs locaux semblent n'avoir jamais fait auparavant. Mais ils avaient bien compris également – et le sort des cafés-concerts était là pour le leur rappeler – qu'au Québec, mieux valait s'assurer de faire bonne figure au plan de la morale, autant pour s'éviter les foudres des forces conservatrices et la censure que pour s'attirer la clientèle des familles. À ce chapitre, Blès et Boyer, en reprenant le Palais-Royal, insistent sur le fait que « "tout le monde" pourra toujours assister aux spectacles du Palais-Royal, car les nouveaux directeurs considèrent le théâtre comme devant être un délassement honnête et non pas une école de grivoiserie et de mauvais goût[142] ». En somme, ils ont compris qu'il vaut mieux ne jamais s'aventurer trop loin sur les terrains minés du religieux.

Malgré toutes ces précautions, et après des débuts forts prometteurs, la revue d'actualité disparaît des scènes québécoises pendant quelques années. Ainsi que le souligne Jean-Marc Larrue, « le durcissement de la position des autorités diocésaines à l'égard des théâtres légers, et une opposition croissante et sourde au laisser-aller du début du siècle avaient entraîné la fermeture, ou le recyclage, des salles dynamiques qui avaient permis les débuts du genre[143] ». Ceci n'empêchera pas la revue d'actualité de revenir en force et de s'épanouir plus tard pleinement, jusqu'à générer une véritable tradition ; le public avait goûté ce type de spectacles et l'enthousiasme avec lequel il avait rempli les salles laissait entrevoir un avenir florissant. De fait, des premières revues en 1901 jusqu'aux années 1930, on dénombre facilement plus de cent cinquante titres de revues.

Plusieurs auteurs feront pratiquement leur carrière comme auteurs de revues, tels Pierre Christe, Armand Robi, Almer Perrault et Paul

---

141. Anonyme, « Palais Royal », *La Patrie*, 13 décembre 1902, p. 15.
142. Anonyme, « Au palais Royal », *La Patrie*, 6 décembre 1902, p. 15.
143. Jean-Marc Larrue, *op. cit.*, p. 905.

Gury. Lucien Boyer, un des «fondateurs» du genre, poursuivra sa carrière à Montmartre et reviendra au Québec à quelques reprises, en 1909, 1914 et 1922. Enfin, certains auteurs, comme Armand Leclaire et Julien Daoust, pratiquaient ce «curieux compromis culturel» et écrivaient toutes sortes de pièces, sur différents registres, autant des revues que des drames.

Traits caractéristiques du genre

À partir de ces premières revues des Delville, Blès et Boyer, il est déjà possible d'identifier certains traits qui demeureront caractéristiques du genre et pourront être observés dans les revues des années 1910 et 1920. En premier lieu, le trait le plus significatif est évidemment le fait que les revues proposent un point de vue sur l'actualité, et se mêlent de commenter la vie sociale et politique. Lors de représentations prolongées, de nouveaux tableaux et personnages sont ajoutés et d'autres retranchés, pour mieux coller à l'actualité et attirer les spectateurs plus d'une fois.

D'autres traits singuliers sont la réflexivité, soit le fait pour le milieu théâtral de se prendre comme sujet, ainsi que la présence de personnages symboliques et de personnages types. Certains personnages deviennent rapidement les favoris du public, et sont des incontournables, dont le personnage de l'habitant en visite en ville. Certains sujets apparaissent centraux, notamment la Grande Guerre.

Réflexivité

> *Je suis l' théâtre d' la gaîté;*
> *Pendant un mois j' fus réputé*
> *Pour avoir fait pleurer les gens*
> *Qui m'apportaient leur bel argent!*
> *Sur eux je déversais l'ennui*
> *Et quand venait le coup de minuit,*
> *L' public dormait si fort, si fort,*
> *Qu'on n' pouvait plus le mett' dehors*[144] *!*

144. *Paris-Montréal*, revue de Numa Blès et Lucien Boyer, présentée au Palais-Royal en septembre 1902.

Dans de nombreuses revues, le milieu théâtral devient un sujet et se met lui-même en scène. Dès les premières revues, et dans toutes les revues étudiées, on en remarque de nombreuses manifestations. Non seulement plusieurs chansons évoquent le théâtre et les questions d'actualité s'y rapportant, comme celle des cafés-concerts, mais aussi de multiples scènes se déroulent dans un théâtre, et provoquent une interaction entre la salle et la scène, jouant avec les paramètres de la représentation. Un des tableaux de *Montréal à la cloche* se déroule au Théâtre Delville, tandis que *Montréal-Printemps* comprend la scène du «spectateur mécontent». De plus, les «expériences d'hypnotisme», qui ont lieu durant cette revue, sont faites avec les spectateurs, selon la description donnée par *La Presse*[145].

Dans *La Belle Montréalaise*, de Julien Daoust, présentée au Théâtre Canadien en 1913, Baptiste Canayen, un habitant de passage à Montréal, dit être venu en ville pour voir «une revue qui se joue au théâtre Canadien». Dans un tableau qui se passe au théâtre, La Poune et son cavalier, Tit-Coq Sansette[146], remplacent à pied levé l'actrice principale et le souffleur dans ce qui s'avère être une parodie du *Midnight Express*. Comme ils n'ont pas eu le temps de répéter la pièce, cela donne lieu à plusieurs problèmes de communication dont on exploite à fond l'effet comique: La Poune se tue deux pages trop tôt et doit donc se «détuer», etc.[147].

Les comédiens s'adressent parfois directement aux spectateurs, comme le font d'ailleurs souvent les personnages des films de cette période. Dans les revues, la scène typique serait sans doute celle de la commère perdue. Avant que la revue ne commence, le compère, désemparé, apparaît sur scène et cherche une remplaçante parmi les spectatrices, en lui promettant qu'elle verrait défiler «bien mieux qu'aux petit's vu's, tout's les actualités d' l'année»:

---

145. Anonyme, «Théâtre Delville», *La Presse*, 18 juin 1901, p. 3, cité dans Jean-Marc Larrue, *L'activité théâtrale à Montréal de 1880 à 1914, op. cit.*, p. 620.

146. Comme l'a noté Jean-Cléo Godin dans son article sur *La Belle Montréalaise*, ces deux personnages, La Poune et Tit-Coq, ont peut-être quelque chose à voir avec les noms de personnages qui seront bien connus: La Poune sera le nom de scène de Rose-Alma Ouellette et Tit-Coq, celui de Gratien Gélinas dans ses *Fridolinades* et le nom de son personnage dans la pièce du même nom.

147. *La Belle Montréalaise* [manuscrit], revue de Julien Daoust, 1913, p. 20-27.

Vous, Madame aux cheveux blonds,
Voulez-vous v'nir ici?
Comment? Vous osez dir' non?
Laissez-vous tenter, v'nez donc!
Vous, Mam'zelle aux cheveux bruns,
Ma commère la voici,
Allons, faites un geste…Aucun?
Suis-je donc importun?
Alors, c'est bien décidé,
Pas d' commèr', je ne puis en trouver[148].

D'autres facettes du monde du théâtre sont aussi abordées. Dans *La Belle Montréalaise*, Julien Daoust fait apparaître un critique dramatique. Un «faux critique», un «docteur ès-sciences-ès-lettres» hautain, méprisant, bref, antipathique à souhait, conseille à Baptiste, s'il veut voir de grands artistes, d'aller plutôt au «Théâtre Anglais». À Baptiste qui se fâche, le faux critique répond par un petit chant, par lequel Daoust exprime ses doléances:

Je déteste, c'est mon affaire,
Tout ce que font les Canadiens!
De beaucoup, certes, je préfère
L'Art Anglais, l'art Américain!
De ma plume, j'égratigne
Toutes les Œuvres Nationales.
Mon nom, jamais je ne signe;
Masqué, j'intrigue et je cabale (bis)[149].

Dans sa revue *N' fais pas ton P'tit Prince*, en 1920, Pierre Christe écorche lui aussi un critique de théâtre, Victor Barbeau, qui signait à l'époque de sévères critiques dans ses *Cahiers de Turc*:

Dans un journal, chaque soir
Tout l' mond' peut voir
Un' p'tit' Histoir'
Qu' j'écris toujours sans m'émouvoir
Ma plum' tel un yatagan

---

148. Sur l'air de «All Alone», dans *As-tu vu la R'vue???*, revue d'Armand Robi et Pierre Christe, présentée au Théâtre National Français, le 31 mars 1913.

149. Sur l'air de «Le Pendu», dans *La Belle Montréalaise* [manuscrit], de Julien Daoust, 1913, p. 17-18.

Fait très souvent
En écrivant
Des victim's et des mécontents
Je n' suis pas pourtant
Un homme bien méchant
Mais j' dis c' que pens': V'lan…

Refrain :
On ignor' qui je suis
Un Turc de quell' Turquie
De cell' d'Europe ou d'Asie
Ou bien un Turc du pays…
Mais j' peux avouer pourtant
Pour que nul n'en ignore
Qu' j'ai pas d' sérail ni d' Bosphore
J' suis pas l' grand Turc ni l' Sultan[150].

Le «photographe des artistes», Lactance Giroux, le père des comédiennes Antoinette et Germaine Giroux, devient lui aussi un personnage dans la revue de Pierre Christe *En avant…marche!*, de 1914. Christe y va d'une critique sévère du photographe en écrivant que son «passe-temps le plus folâtre, c'est d' démolir les directeurs, et d' mettr' le troubl' dans les théâtres» :

Quand il débarque à Montréal,
Pour qu'en moi chaque artist' se fie.
En tête, en pieds et en oval,
Tendrement je l' photographie.
J' lui dis s'il entre au National
Qu'au Canadien c'est bien plus chouette,
Que l' National est sans rival
Si au Canadien il répète.

Je suis tellement influent,
C'lui qui m' confi' sa destinée,
J'en fais une grosse étoile…instantanée ;
Qu'une femme au talent fictif
Se considère une virtuose,
Je vois de suit' son objectif
Et sur un piédestal j' la pose.

---

150. *Turc*, sur l'air de «La Tizi-Ouzo», dans *N' fais pas ton P'tit Prince!*, revue de Pierre Christe, présentée au Théâtre Canadien-Français (direction Silvio), le 12 janvier 1920.

> *Chez moi je reçois un mond' fou,*
> *Des tas d'acteurs, des tas d'acteuses,*
> *Gandrill', Dhavrol, et même Daoust.*
> *Des tragédienn's et des chanteuses.*
> *Mon charme chacun l'a subi*
> *Et me doit la reconnaissance.*
> *Y'a que c' maudit Christ' de Robi*
> *Qu'a pas voulu d' mon influence*[151].

Dans cette chanson pas banale, Pierre Christe se mentionne lui-même comme l'un des rares à refuser l'influence du photographe. Le « de Robi » fait certainement référence à sa complicité avec Armand Robi, avec qui Christe a signé au moins une revue, *As-tu vu la R'vue???* (1913)

Les revues nomment régulièrement le spectacle en train de se dérouler, parfois au milieu de la représentation, par exemple lors du retour d'un entracte, mais le plus souvent au début, lors d'un prologue. Par exemple dans *As-tu vu la R'vue???*, un comédien s'adresse au public pour le mettre dans de bonnes dispositions et l'enjoindre d'abdiquer son sérieux :

> *Ce soir plus de visages renfrognés.*
> *C'est tout son sérieux qu'on abdique,*
> *Les airs tristes sont dédaignés,*
> *Même, et surtout, par la musique.*
>
> *Nous voulons que tout soit pimpant :*
> *Gestes, propos et chansonnettes,*
> *Et que les mots en s'envolant,*
> *Aient des airs malins de grisettes*[152].

D'une manière un peu différente, Jules Ferland joue lui aussi avec le public en faisant dire à ses personnages que tel aspect, ou telle action, est voulue par l'auteur. Ainsi, dans *Les Débuts d'Octave (Pousse-toué!)*, Octave souhaite qu'un des personnages aille se laver le visage avant de

---

151. Sur l'air de « Musique de chambre », dans *En avant…marche!*, revue de Pierre Christe, présentée au Théâtre National Français, le 21 décembre 1914.

152. *As-tu vu la R'vue???*, revue d'Armand Robi et Pierre Christe, présentée au Théâtre National Français, le 31 mars 1913.

lui parler. La commère lui répond : « Ah ça ! C'est impossible. L'auteur tient absolument à ce maquillage[153]. »

Ainsi, le monde du théâtre est un des sujets prisés des auteurs de revues d'actualité. Cette réflexivité installe un jeu avec les spectateurs, qui ne sont pas seulement des sujets passifs devant un spectacle fini et clos, mais deviennent d'une certaine façon des participants à un événement unique, qui se répète soir après soir mais avec des variations. Cette forme d'interaction est similaire à celle apportée par le bonimenteur de vues animées, qui ajuste en direct son propos aux réactions de la salle.

Personnages symboliques et archétypes

Un autre trait caractéristique est la présence de personnages symboliques : Montréal, le Printemps, le pont Victoria, les journaux, la Maison à louer, la croix du Mont-Royal, l'Électricité, etc. Par exemple, dans la revue *As-tu vu la R'vue ???*, de 1913, la montagne devient un personnage et se plaint d'être mutilée par un projet d'aménagement urbain :

> *Ah ! vraiment, Monsieur, c'est affreux !*
> *On veut détériorer mon site,*
> *Car voilà que l'on m' fait un creux*
> *Un grand creux à la dynamite.*
> *Hélas ! déjà depuis quéqu' mois*
> *On m'a percée de plusieurs milles,*
> *Dans un certain petit endroit.*
> *C'est effrayant ce qu'on m' mutile[154] !*

Cette chanson fait probablement référence au projet de construction d'un tunnel sous le mont Royal, imaginé par les dirigeants du Canadien Nord, une entreprise ferroviaire, qui souhaitaient obtenir un accès rapide au centre-ville[155].

Dans une chanson de Lucien Boyer, différents alcools deviennent des personnages, de même que le *ginger ale* :

---

153. *Les Débuts d'Octave (Pousse-toué !)* [manuscrit], revue-vaudeville de Jules Ferland (après 1927), p. 16. Aussi d'autres mentions de ce type p. 9-10 et p. 17.

154. *As-tu vu la R'vue ???*, op. cit.

155. Paul-André Linteau, *Histoire de Montréal depuis la Confédération*, op. cit., p. 144-145.

> *Moi j' suis le ginger ale*
> *Boisson pour demoiselle :*
> *On m'ordonne, c'est tout indiqué*
> *À tous les intoxiqués*[156] *!*

Il y a aussi de nombreux personnages types, ou même stéréotypes : un propriétaire, des marchands, des mendiants, des ivrognes, des cambrioleurs, le recorder[157] et, surtout, les habitants en visite dans la grande ville.

Le personnage de l'habitant

> *Vous connaissez pas Jules*
> *Qu'a jamais inventé*
> *La poudr' ni les pendules*
> *Ni les cuillers à thé.*
> *Un jour il vint en ville*
> *Et fut ben épaté*
> *D' voir des automobiles*
> *Sans « wô wô » s'arrêter*[158].

Le personnage de l'habitant en visite dans la grande ville est certainement l'un des favoris du public, un incontournable des revues d'actualité. Sa présence est presque toujours le prétexte pour parler des nouvelles inventions, et opposer, d'une certaine façon, tradition et modernité. L'habitant de la campagne est un bon *canayen*, un peu naïf, mais un brave homme. Il s'étonne de ce qu'il voit à *Morial*. Dans *La Famille Croustillard*, comédie-bouffe écrite par Almer en 1912, Gugusse Croustillard, le fils de la famille, voit Montréal pour la première fois :

> *C'est beau en pépère, mais y a trop d' monde, pis d' chars électriques, on est seulement pas capable de traverser les rues, on a ben raison d' dire qui y a ben des voleurs à Montréal quand on pense presque toutes les maisons sont attachées aux poteaux de télégraphe avec des fils de fer pour pas qu'on les emporte.*

156. *La Revue en bateau*, revue de Lucien Boyer, présentée au Théâtre Canadien du 27 avril au 2 mai 1914.

157. Le recorder était le juge du tribunal municipal, aujourd'hui disparu. Le monde du spectacle était de son ressort.

158. *Prends su' toé!*, revue de Ch. E. Gauthier et G. Legrand, présentée au Théâtre Canadien-Français, le 17 mars 1919.

La famille Croustillard au Théâtre Bellevue
Comédie de mœurs canadiennes. — Finale du premier acte

Le Passe-Temps, n° 490, 3 janvier 1914, p. 506.

Croustillard (père)
C'est pas pour les voleurs ça, c'est des fils de téléphone, ça rentre dans les maisons[159].

Dans la même scène, Gugusse a peur quand il entend le téléphone sonner. Il tremble, les mains jointes, et s'écrie: «Mon dieu un avertissement». Cette scène comique joue sur le fait que Gugusse ne connaît pas le téléphone, et se demande où est la personne qu'il entend parler à l'autre bout du fil. Il se demande aussi comment font les gens pour monter dans «les grandes maisons sur la rue St-Jacques». Sa mère, Pétronille, lui répond qu'ils prennent «des recenseurs. Y montent le monde rien qu' d'une sweep.» Croustillard rectifie et précise qu'on «appelle ça des élévateurs» et que «les recenseurs c'est les Jacks qui prennent les noms pour envoyer les enfants à la guerre dans la marine canadienne».

Dans certaines revues, le personnage de l'habitant se perd dans la grande ville, ou perd sa compagne, ou encore se fait rouler, comme dans cette chanson à répondre de 1919, dans laquelle Pancrace, l'habitant typique, arrive en ville pour voir son neveu:

159. *La Famille Croustillard*, comédie-bouffe de mœurs canadiennes en trois actes, d'Almer, avril 1912. Manuscrit disponible dans le fonds Rinfret.

> *Nous autres, on est des vrais habitants canayens,*
> *Comme on r'soud d'la campagne, icitt' on connait rien.*
> *On était v'nus pour rendr' un' visit' à mon n'veu,*
> *Mais j'ai pardu l'adress', c'est ça qu'est embêteux.*

Pancrace demande l'aide d'un charretier, qui lui propose «d' char-
cher son adress' dans le Directory»:

> *En attendant que j'aille pour vous cri votre affaire,*
> *Trois écus d'garantie, ça va faire mon affaire.*
> *Au bout d'un' heur', ben plein, le v'là qu'y r'soud-y pas,*
> *Y avait bu mes écus, l'adress'y l'avait pas[160].*

Si, à première vue, on se moque du personnage de l'habitant, de sa
naïveté candide, on le décrit aussi comme un brave travailleur, franc et
honnête. Par ce personnage, qui dit tout haut ce que tout le monde
pense tout bas, les revues véhiculent une certaine critique sociale. Dans
La Belle Montréalaise de Julien Daoust, Baptiste Canayen ne se laisse
pas impressionner par la «belle société» – «des juges, des avocats, des
médecins, des députés… Et un ministre!» – rassemblée à une soirée
donnée chez son neveu, M. de Lahaute, échevin parvenu, pour fêter la
nouvelle année. Il arrive au milieu de ce groupe avec son franc parler
campagnard, qui fait tressaillir de honte Mme de Lahaute. Celle-ci,
bien que ne l'ayant jamais rencontré auparavant, redoutait sa venue car
«on lui a dit» que «ses gestes, sa démarche, son langage, tout chez lui
est vulgaire!» Elle lui reproche d'être «trop franc», de dire ce qu'il
pense «à tort et à travers»; avec dédain, elle le traite de «fils d'habitant[161]». Il est effectivement franc et parle sans retenue:

M. de Lahaute
Ah! que je suis content de vous voir! Je vous souhaite une bonne et heureuse
année!

Baptiste
Moé, pareillement: que le Bon Dieu te conserve et qu'y t' donne toutes sortes
de bénédictions, du bonheur plein tes poches et qu'y t' jette dans l' chemin du
paradis à la fin de tes jours[162]!

---

160. *Prends su' toé*, revue de G. Legrand et Ch. E. Gauthier, présentée le 17 mars 1919
au Théâtre Canadien-Français (direction Castel-Legrand).
161. *La Belle Montréalaise* [manuscrit], revue de Julien Daoust, 1913, p. 30.
162. *Ibid.*

Au cours de la soirée chez M. et Mme de Lahaute, les femmes rient et parlent fort, les politiciens font de l'esprit, on cultive «le parfum des fleurs de rhétorique», etc. Julien Daoust illustre clairement la vanité des gens présents chez M. de Lahaute. À un moment, Baptiste fait sursauter l'assistance en disant tout haut qu'il doit changer de culotte et de caleçon. Son neveu lui explique les convenances, l'étiquette, ce à quoi il répond un peu plus tard :

> Baptiste
> *C'est que, voyez-vous, par chez nous, on est accoutumé de parler franchement. On s'occupe pas des étiquettes, comme dit mon neveu, mais on remplace pas la politesse par l'hypocrisie et les manières convenables par des singeries. On rougit pas d'appeler un caleçon un caleçon, pis une culotte une culotte ; mais par exemple, on cherche pas de savoir si les caleçons de sa voisine sont en soie ou en coton et on n'enlève pas sa culotte plus souvent qu'à son tour.*
> (À part :) *J'ai été poli mais ils l'ont eu pareil !*

> Madame de Lahaute, ne sachant quoi dire
> *Mes chers amis… en place pour …* (l'orchestre joue les premières mesures d'un Lancier) *… pour un Lancier…*

> Baptiste, à part
> *C'est ça, lancez-vous, espèces de pimbêches !*

> (Les invités sortent par couple après les invitations d'usage)

> *S'il fallait faire toutes ces singeries-là, nous autres, la moisson serait ben p'tite*[163].

L'histoire racontée dans *La Famille Croustillard*, de Almer, est aussi un exemple des valeurs attribuées aux personnages de la campagne, en opposition aux personnages de citadins parvenus. Cette pièce s'ouvre sur un décor d'un «salon bourgeois à Montréal, assez bien meublé, avec un «Vitriola téléphone», où nous découvrons M. et Mme Escoufflant, mariés depuis 20 ans. Nous apprenons rapidement que ceux-ci sont d'anciens paysans, qui ont passé les 19 dernières années sur leur terre au Sault-Récollet : «dix-neuf ans parmi ces cultivateurs, ces ouvriers, gens de la basse société…[164]», dit avec dédain Mme Escoufflant. Leur vie a changé radicalement le jour où leur terre fut rachetée par des

163. *Ibid.*
164. *La Famille Croustillard*, comédie-bouffe de mœurs canadiennes en 3 actes d'Almer, avril 1912. Manuscrit disponible dans le fonds Rinfret.

agents d'immeubles, ce qui leur a permis de s'installer rue Sherbrooke, où ils ne fréquentent plus que la haute société, au sein de laquelle a toujours été, selon eux, leur place véritable. Ils attendent le sénateur Quillemboit et sa femme pour une «partie de pont» (lire: bridge). Almer en profite ici pour se moquer du ridicule de ces nouveaux riches qui tentent de bien paraître en société en francisant le nom de ce jeu de cartes.

Le mari fréquente le Club Saint-Denis et fraye parmi les sénateurs, les échevins, les juges et les députés. On voit tout de suite qu'il se fait avoir par les flatteries de cette belle société à laquelle il veut tant appartenir: «Si tu voyais comme on s'empresse autour de moi… Mr. Escoufflant par ici… Mon cher Escoufflant par là: on ne me lâche pas. J'ai payé le champagne à tout le monde, on est si aimable pour moi», raconte-t-il à sa femme. Il se fait emberlificoter par le «ministre des grands projets» qui lui promet même de le faire nommer maire! Quand elle apprend cela, Mme Escoufflant se réjouit d'abord pour elle-même: «Mairesse!», s'exclame-t-elle, fière et vaniteuse.

Elle songe alors que sa sœur Pétronille et Croustillard, son mari, des paysans, seraient bien étonnés de voir comment ils vivent à présent: «Ça ne connaît rien à ça eux autres qui vivent dans le fin fond de Ste-Marie Salomé ce qu'il y a de plus habitant au monde.» Elle ajoute: «Heureusement qu'ils ne prennent pas l'envie de venir nous voir, rien qu'à y penser, j'en tremble. Qu'est-ce que diraient nos amis?» M. Escoufflant approuve: «Ce serait abominable s'il fallait qu'ils se rencontrent avec nos connaissances d'aujourd'hui. Ces Croustillard qui ne connaissent rien dans l'étiquette de la haute société.» On voit donc que ces nouveaux bourgeois ont coupé les ponts avec leur famille par vanité.

Juste à ce moment, on sonne à la porte. Qui peut bien arriver? Eh, oui! Vous l'aurez deviné: Pétronille, la sœur, Croustillard, son mari, et Gugusse, leur fils, qui ont «justement» eu l'idée de leur rendre une visite surprise. Cette situation donne lieu à des manœuvres comiques de la part des Escoufflant, dans la plus pure tradition du théâtre de boulevard. Ils tentent de se débarrasser de leurs importuns visiteurs, qui constituent une source de honte pour eux – surtout qu'ils attendent la visite d'un sénateur d'un instant à l'autre! Ils finissent par leur faire préparer des lits, pour qu'au moins, ils ne soient pas vus par leurs distingués visiteurs. Entre-temps, alors que les Croustillard sont seuls dans le salon (et donc seuls à pouvoir répondre au téléphone), le sénateur Quillemboit appelle pour se décommander. Les Croustillard imaginent alors une farce: leur fille Sophranie et son cavalier, Timothée, (qui étaient «aux vues» et viennent à peine d'arriver) se présenteront aux Escoufflant en se disant envoyés par le sénateur et sa femme pour les excuser.

Se croyant débarrassé pour la soirée, M. Escoufflant souffle enfin: «Ah, quelle situation, mon Dieu. Quel malheur que d'avoir des parents campagnards. [...] Mon Dieu! Que d'émotions.» Alors, Timothée sonne à la porte et se présente comme «Aristide Créchard, ministre des travaux publics à perpétuité». Il se conduit en goujat: il se sert lui-même à boire et garde le flacon, prend tous les cigares dans la boîte à cigares qui lui est tendue et il emprunte même de l'argent à son hôte, qui lui, bonne poire, accepte tout sans broncher. À ce moment, les Croustillard entrent dans la pièce «en négligé» et saluent le faux minis-tre et sa femme. M. Escoufflant, cherchant à les empêcher de parler, s'écrie: «Ne faites pas attention M. le ministre, ce sont des étrangers qui nous ont demandé à coucher.» Sa femme ajoute: «Oui on les connaît pas.» Le faux ministre, lui, à la grande surprise des hôtes, connaît bien les Croustillard et les salue chaleureusement. Après quel-ques moments, mise au courant de la supercherie, Mme Escoufflant finit par déclarer: «Au fond j' crois qu'on est encore mieux à s'amuser avec sa famille que d'attendre de la visite distinguée qui ne vient pas.» La pièce s'achève ainsi, sur des airs de violon joués par Croustillard («ça joue bien mieux que votre boîte», dit-il en parlant du gramophone), et sur une bonne «tourquière» mangée en famille.

Ainsi, les valeurs associées à l'habitant – simplicité, franchise, famille – triomphent encore une fois sur les valeurs superficielles attribuées aux bourgeois parvenus, chez qui l'apparence et le qu'en-dira-t-on sont plus importants que la famille. L'opposition se dessine entre ville et campa-gne, tradition et modernité, mais plus encore entre les gens «ordinaires», auxquels le public modeste des théâtres de la ville peut certainement s'identifier, et les riches bourgeois, les parvenus dont on dresse un portrait très caricatural.

Si les revuistes se moquent parfois des personnages de paysans et d'habitants, en soulignant leur méconnaissance des nouveautés de la modernité et leur naïveté face à la réalité urbaine, il demeure tout de même que ces personnages sont porteurs de valeurs importantes, et que ces valeurs finissent par triompher. Les critiques de l'époque, cependant, ne semblent pas voir les personnages canadiens de cet œil. Au contraire, ils y voient (eux aussi) plutôt une source de honte. Un critique cité par Carrier «tombe à bras raccourcis sur la langue des personnages qui "nous ridiculisent, nous rendent grotesques en nous faisant passer pour une population d'illettrés, tout en se servant d'un langage d'une vulgarité et d'une grossièreté exagérées et en émaillant leurs phrases de "véreux", de "vlimeux" et autres épithètes aussi malsonnantes"[165] ».

Henri Letondal, sous le pseudonyme de Fabrio, dénigre pour sa part, dans un article de 1925, les *Veillées du Bon Vieux Temps*, dédiées au folklore canadien :

> Il est grand temps que l'on mette fin à cette ridicule et inutile parade de «canayens» en perruques carotte, en pantalons rapiécés, en chemise d'étoffe du pays, et en souliers de bœuf (prononcez «bœuf» si vous voulez!). À quoi bon nous ridiculiser davantage? Comme si Ladébauche ne nous suffisait pas! Encore, je pardonnerais à M. Conrad Gauthier et à ses joueurs d'os de se présenter sur la scène du Monument National s'ils venaient nous donner une véritable soirée de folklore. Mais Dieu me garde d'appeler folklore les inutiles pitreries qui sont exécutées au cours de ces séances du mauvais vieux temps!... On y parle une langue farcie des plus atroces anglicismes et si vraiment nos pères avaient cette grossièreté de langage et de tenue, je demanderais à M. Conrad Gauthier d'en priver désormais la scène canadienne-française. Il y a de quoi rougir. Ce qui m'apparaît encore plus dangereux pour notre réputation, c'est que des étrangers aux cerveaux préjugés pourraient assister à de semblables épluchettes de langue française. Ils emporteraient de nous un souvenir qui les ferait rigoler pendant de longues années[166]!...

Ces deux critiques, à l'instar de Jean Béraud qui décriait «le règne du canadianisme, de la langue torturée pour amuser par le ridicule jeté sur ceux qui parlent bien», expriment donc un dédain de la langue populaire, mais surtout de ce qu'elle signifie. Avant toute considération artistique, ou linguistique, il semble bien que ce soit précisément la réalité que cette langue populaire traduisait qui posait problème aux

---

165. Cité par Denis Carrier, *Le Théâtre National (1900-1923). Histoire et évolution*, thèse de doctorat, Université Laval, 1991, p. 319.

166. Fabrio, «Le mois théâtral», *La Lyre*, vol. 3, n° 29 (mars 1925), p. 11.

élites qui se réclamaient volontiers de la tradition française. Ce n'est donc peut-être pas tant la représentation exagérée du type «canayen» qui dérangeait, mais la réalité d'un peuple largement paysan, peu instruit, s'exprimant dans un français populaire, émaillé d'anglais et de joual. L'élite littéraire semblait avoir honte de cette réalité, qui la ramenait au Québec et non en France, vers laquelle elle aspirait tant. Il est frappant de constater que les trois critiques cités parlent du *ridicule* qui est jeté sur eux par les personnages de *canayens*. Le milieu du théâtre veut se donner un répertoire canadien-français, mais en se basant sur les normes du théâtre français, en regardant vers leurs grands auteurs comme modèles. En fait, pour l'élite culturelle et la «bonne société», il s'agit peut-être plus de «transplanter» la tradition théâtrale française en sol canadien.

Une revue à la défense du français

La question de la langue parlée dans les revues n'est pas seulement évoquée par les critiques. Armand Leclaire, «agent double» travaillant sur plusieurs registres, se lance dans un discours sur la langue dans sa revue *Au Clair de la lune*, écrite au début des années 1920.

Cette revue met en scène une famille de campagnards franco-américains. Parmi les membres de cette famille, le registre est fort différent. Louise, la jeune fille éduquée au couvent, parle un français soutenu. Ses parents, Philémon et Élizabeth, ainsi que son oncle Tarsicius (le compère) qui habite au Québec, émaillent la langue de toutes les expressions populaires possibles: «Eh Viande!», «C'est t'y Dieu possible!», «J' cré ben...», «Que l' diable d'ousque tu sors?», «C'est pas mal tough...», «Ça r'vire», «Les criatures...», et ainsi de suite.

Le cavalier de Louise est un Franco-américain qui s'appelait Noël Sarrasin avant d'angliciser son nom: Christmas Buckweat. Il parle franglais:

> J'avais des business importantes et pour comble de bad luck, le shaft de mon char s'est dérinché à matin en même temps qu'un tire s'est busté. [...] J'ai dû walker toute la journée parce que les tramways sont en strike. Une chance que j'ai l'expérience des streets parce qu'il y en a qui sont closées pour les réparages[167].

---

167. *Au Clair de la Lune* [manuscrit], revue d'Armand Leclaire, entre 1920 et 1924, p. 8.

En entendant ce langage, Tarsicius s'indigne, se fâche : « Coûte donc, c'est un canayen ça ? […] Quelle sacrée langue qui parle là donc lui ? » Philémon lui répond : « Il y a quelques mots d'anglais par ci par là, mais nous autres on est habitué à ça, on n'en fait plus de cas[168]. »

Tarsicius s'élance alors dans un grand discours sur la langue française, qui dépasse largement la question des Franco-américains :

> *Oui ? ben c'est pas pour te faire de la peine, mais nous autres mon vieux, dans la Province de Québec, on endurerait pas ça. On parle peut-être pas le français comme des dictionnaires, mais dans tous les cas, on fait pas exprès pour la parler mal. Tu vas me dire que les Français de France qui viennent chez nous rient du gros peuple au lieu de l'encourager et de l'aider à purifier son langage et que c'est une seconde trahison comme celle de la Cession du Canada, mais c'est pas une raison. La langue française est assez belle pour qu'on l'aime pour elle-même. Pis, remarque ben, que dans le fond, les Français qui rient de nous autres sont justement ceux qui ne savent pas leur langue et qui la parlent plus mal que les canayens. Ils graseillent ? C'est pas une qualité, c'est un défaut qu'on n'a pas. Faut pas prendre l'argot des apaches ou le charabia provincial pour le français de l'académie. Eux autres, ils n'ont pas d'excuses de mal parler français. Nous autres on en a.*

Philémon :
Lui aussi.

Tarsicius :
Oui, mais il n'en a pas de parler moitié anglais moitié français. Attends un peu. Écoute donc, Christmas, qu'est-ce que tu dirais d'un américain qui speakerait l'anglais comme tu speak le français ?

Louise :
Mon oncle !

Élizabeth :
Voyons Tarsicius.

Christmas :
Vous voulez rire de moi, monsieur Tarsicius ? Vous avez tort. Je suis né dans l'Ontario, dans un village aux trois quarts anglais, où l'on enseignait pas le french. Qu'est-ce que vous voulez ? Je le parle comme je peux, comme je le sais. C'est pas de ma faute.

---

168. *Ibid.*

THEATRE FAMILY

..Album Souvenir..

B. OUELLETTE

A. LECLAIRE

J. P. FILION

Au Clair de la Lune
Grande Revue de M. Armand Leclaire

FRED. BARRY

A. DUQUESNE

LA CIE NATIONALE DE FEUILLES MOBILES, MONTREAL   10043

Programme disponible au centre de conservation de la BAnQ.

Louise:

Non, mon oncle, pour être juste c'est moins sa faute que celle de Voltaire et de ses «arpents de neige» que Louis XV dédaigna, que la France entière méconnut et qui laissa l'Angleterre s'en emparer au profit de son commerce et de sa langue. Aussi la seule chose dont on ait justement le droit de s'étonner, c'est d'entendre encore aujourd'hui, après deux siècles et demi de domination anglaise et de contact quotidien avec les saxons, c'est d'entendre, dis-je, trois millions de descendants des abandonnés de jadis parler encore, envers et contre tous, la langue française[169]!

Cet extrait illustre bien le fait qu'Armand Leclaire, comme d'autres auteurs de revues, était à cheval entre deux mondes; fin lettré, intellectuel, ayant étudié l'art dramatique, il n'en connaissait pas moins le milieu populaire et son langage. Cet extrait démontre aussi la volonté de Leclaire d'utiliser sa revue comme moyen d'éducation populaire. Par la voix de Louise, qui détonne quelque peu par son éloquence et sa connaissance de l'histoire, Leclaire prodigue conseils, morales et leçons d'histoire au public du théâtre. Un autre passage est encore l'occasion d'une tirade en l'honneur de la langue française et de la nation canadienne-française. Louise et Tarsicius, à l'Île d'Orléans, voient la ville de Québec au loin. Louise, qui la voit pour la première fois, s'exclame:

C'est merveilleux. Ô berceau de mes ancêtres, foyer de la langue et de la pensée françaises sur la terre canadienne, je te salue!

Puis elle entame une chanson:

Le Cap Diamant, voyez l'histoire,
Fut le rempart du Canada.
Il se dresse encore dans la gloire
Pour dire au présent: «Je suis là!»
Il a gardé pour notre race
Les souvenirs des premiers jours
Et c'est au fond de ses crevasses
Que les Canadiens lient toujours
Car il a su, dans ses parois
Garder notre langue et nos droits[170]!

---

169. *Ibid.*, p. 8-9.
170. *Ibid.*, p. 20-21.

Armand Leclaire était visiblement un nationaliste et un ardent défenseur de la langue. Cela ne l'a pas empêché, à l'instar des autres revuistes, de mettre en scène des personnages qui parlent une langue crue et populaire, une vraie langue parlée. *Au Clair de la lune* est à la fois un portrait vivant de son époque et une trace importante de la pensée de son auteur. En constatant la richesse des manuscrits que nous avons retrouvés, on ne peut s'empêcher de déplorer qu'ils soient si peu nombreux.

Exemple d'un discours social : la Grande Guerre

La Grande Guerre est l'un des sujets qu'on ne manque jamais d'aborder dans les revues, et pour cause : elle bouleverse profondément la société pendant des années. Hommes envoyés au front, mourant au combat, femmes et enfants devant se débrouiller sans eux pour survivre… Les sujets liés à la guerre sont forcément plus sombres et abordés avec respect ; en fait, c'est pratiquement le seul sujet traité sans humour ou ironie. Mais tout de même, les revuistes se font parfois critiques et avec les monologuistes et bonimenteurs, ils produisent ce qu'on pourrait qualifier de contre-discours.

L'opinion publique évolue entre 1914 et 1918, à mesure que les années passent, et que l'effort de guerre exige de plus en plus de sacrifices. Tel que le signale l'historien Yvan Lamonde, au moment de la déclaration de guerre, la presse francophone est majoritairement favorable à l'effort de guerre, à l'exception du *Devoir* dirigé par Henri Bourassa. De son côté, Mgr Bruchési encourage l'engagement volontaire dans le régiment des Carabiniers du Mont-Royal, tout en faisant de cet engagement une question de devoir. À l'opposé, la conscription de 1917 suscite de vives protestations chez les Canadiens français. La presse est cette fois farouchement contre, à l'exception de *La Patrie*. La loi sur le service militaire obligatoire est adoptée par le gouvernement fédéral conservateur de Robert Borden, qui renie ainsi sa promesse de ne pas recourir à la conscription[171]. Cette évolution de l'opinion se retrouve jusqu'à un certain point dans les textes de revues.

171. Yvan Lamonde, *op. cit.*, p. 38-42.

Au début de la guerre, en 1914, les chansons à saveur religieuse et patriotique se multiplient. Elles font la promotion de l'effort de guerre, incitent les hommes à s'enrôler, dénoncent l'ennemi et vantent le courage des soldats et le dévouement des mères qui donnent leurs fils pour la patrie. Dans la revue *En Avant... Marche!...*, écrite par Pierre Christe en 1914, le tableau de la Cathédrale de Reims met en scène une réfugiée et un soldat. C'est l'occasion de dénoncer l'ennemi allemand et toutes les atrocités commises et de réaffirmer la force morale de ceux qui le combattent. Les textes (récités) de ce tableau ont été publiés dans le programme de la revue. Les extraits qui suivent illustrent bien le ton lorsqu'il est question de la guerre :

> Le Soldat de Reims
> *Unis en rangs serrés contre la barbarie...*
> *On peut nous en tuer des milliers par combat ;*
> *Un individu meurt... un peuple ne meurt pas.*
> [...]
>
> La Réfugiée
> *Criblez de coups de feu les antiques vitraux*
> *Transpercez les Rubens, visez les chapiteaux.*
> *Incendiez aussi nos vieilles cathédrales,*
> *Vous avez tous les droits, ô sinistres vandales !*
> *Poursuivez votre tâche et volez du butin...*
> *Saoûlez-vous de champagne et buvez notre vin...*
> *Fusillez nos vieillards et nos chers petits êtres...*
> *Achevez les blessés, les femmes et les prêtres.*
> *Mais lorsque vous aurez répandu tant d'horreurs,*
> *Vous aurez mis la haine au fond de tant de cœurs,*
> *Que nous vous livrerons la bataille féconde*
> *Où vous disparaîtrez de la carte du monde...*[172]

Si, dans cet extrait, on vise à galvaniser les troupes et à provoquer l'indignation face à l'ennemi, celui qui suit, de 1916, est d'un tout autre ordre. Ce qui commence par un hommage au drapeau se termine sur une note critique qui a de quoi surprendre :

---

172. *En Avant... Marche!...*, revue de Pierre Christie, présentée au Théâtre National Français, le 21 décembre 1914.

Petit chiffon en couleur, ou guenille
Symbole, image ardente du pays
Pour te chanter tout mon être pétille
D'émotion, d'avance je pâlis.
Toi dont l'effet produit tant de merveilles
Tu n'es pourtant, parfois, qu'un oripeau
Mais ton nom seul suffit à nos oreilles
Car en français on t'appelle Drapeau.

Refrain
Flotte petit drapeau,
Flotte, flotte bien haut !
Image si chérie,
Symbole de la patrie ;
Toi qui conduis nos gars dans les combats
L'Angleterre, La France, Le Canada !

Allons debout car le clairon résonne
L'acier reluit là-bas dans le vallon
Et le canon, écoutez, vous entonne ;
À gueule ouverte un air de sa chanson.
Une âcre odeur vous saisit à la gorge ;
Vous saoule enfin, vous passe dans la peau.
On marche, on court, on écume, on égorge ;
On fait des morts partout pour le drapeau[173].

À mesure que les années passent, on sent un certain essoufflement. On rend toujours hommage aux soldats, mais l'élan de solidarité qui anime les textes de revues du début de la guerre laisse aussi une place à la douleur et la désolation, ainsi qu'à un certain sentiment d'avoir fait sa part. La conscription et l'hostilité qu'elle suscite ne sont certainement pas étrangères à ce sentiment mitigé qui se dégage de certains textes. Dans la revue de Julien Daoust *Mam'zelle Printemps*, de 1917, une chanson dédiée « à Sir Wilfrid » [Laurier] dénonce le projet de conscription par les voix d'une veuve et de sa fille, déjà suffisamment éprouvées par la guerre :

---

173. « La France », sur l'air de « Pour le Drapeau » dans *Vive le Plaisir !*, revue d'Almer, présentée au Théâtre Chanteclerc en février 1916.

La veuve
Je pleur' voyez-vous, parc' qu'on parl' maintenant
D'envoyer de forc' nos fils à la guerre!
Cette guerre est just' faut abattr' l'Allemand.
Puisque ces bandits font pleurer les mères!
Mais n' trouvez-vous pas que notre pays
A fait son devoir et sans défaillance,
Puisqu'il a donné, et d' bon cœur aussi,
Son or et son sang pour aider la France!
[...]

L'enfant
Sir Wilfrid, j' vous prie, écoutez maman.
Et n'envoyez pas mon frère à la guerre,
Faut tuer les All'mands, ce sont des méchants
Qui tortur'nt les p'tits sous les yeux des mères!
J'ai vu mon papa partir en soldat
Il était bien beau et j'étais bien fière,
Mais j' l'ai plus revu, il est mort là-bas!
Sur sa tomb' j' peux pas mêm' dir' un' prière!

Refrain
Pensez aux enfants, aux tout p'tits enfants
Qui n'ont plus d' papa à caus' de la guerre!
Ceux dont les mamans n'ont pas de l'argent
Auront ben d' la peine à s' tirer d' misère!
Voyez-vous, maint'nant la vie est si dure!
Laissez not' grand frèr' pour gagner not' pain!
Si vous fait's des lois, je vous en conjure,
Pensez aux tout p'tits pour pas qu'ils aient faim[174]!
[...]

Une pièce de résistance à propos de la conscription est le monologue écrit en 1917 par Armand Leclaire et intitulé simplement «Le conscrit Baptiste». Ce monologue, publié dans *Le Passe-Temps*, une revue à fort tirage, raconte les bévues commises par un campagnard québécois incapable d'exécuter les exercices que lui commandent les officiers

---

174. «À sir Wilfrid», sur l'air de «Pensez aux mamans», dans *Mam'zelle Printemps*, revue de Julien Daoust et Paul Gury, présentée au Théâtre Arcade, le 28 mai 1917. Textes publiés dans *Montréal qui Chante*, mai-juin 1917.

recruteurs; habile aux travaux des champs, il ne comprend rien aux manœuvres militaires et décourage les recruteurs qui le renvoient:

> «Baptiste, que m' dit l' z'officier, t'es mieux d'aller travailler dans tes champs. T'es déchargé, tu feras jamais un soldat…» – «Ben, j' vas dire là, toé que j'y répercute, j'aime mieux rester habitant que d'être soldat pis faire des singeries avec des fusils qui sont tant seurement pas capables de quer [tuer] une mouche! Pis r'viens pas me badrer cheu nous, toé, parce que j'en ai un fusil moi itou, pis j' t'avertis qu'y est chargé c'lui-là!» Là-dessus, j'ai pris le bord. Quand les criatures m'ont vu arriver, vous parlez qu'y m'ont fait une fête! Faut vous dire qu'y avait pus rien que moé pis mossieu le curé dans la paroisse en fait d'hommes, les autres ont été conscriptionnés ou ben y sont morts[175].

Le monologue de Armand Leclaire ironise adroitement sur l'habileté du paysan québécois pour les travaux agricoles et son indifférence aux manœuvres militaires; il valorise les travaux civils au détriment de l'esprit guerrier, qu'il ridiculise. Dans un registre plus dramatique, Leclaire revient sur la guerre et la conscription dans sa revue citée précédemment, *Au Clair de la Lune*, présentée au début des années 1920. Un long passage de cette revue met en scène un chemineau qui a fui la civilisation et la barbarie des hommes, qu'il compare à des bêtes féroces. Il déteste la guerre et la conscription, qui ont détruit sa vie:

Louise
Vous semblez avoir beaucoup d'amertume au cœur; vous avez donc bien souffert?

Chemineau
Oui. C'était pendant la guerre. Vous vous rappelez, n'est-ce pas? Cette guerre maudite, cauchemar de cinq longues années, qu'on excusait et qu'on entretenait avec de grands mots pour que les peuples ne se fatiguent pas de s'entrégorger entre eux. J'étais marié. J'avais un garçon de vingt ans. À Québec où nous vivions, nous peinions dur, mon fils et moi, pour arriver à joindre les deux bouts car le coût de la vie augmentait sans cesse. Ma femme était malade. Les soins du docteur, les remèdes, à eux seuls faisaient une fameuse brèche à nos salaires. Enfin, on se débrouillait tant bien que mal. Puis soudain, ce fut le coup de massue qui vint ébranler notre pauvre chaumière: la conscription! On nous arracha notre fils qui eût à peine le temps d'embrasser

---

175. Armand Leclaire, «Le conscrit Baptiste», *Le Passe-Temps*, vol. 23, n° 586 (8 septembre 1917), p. 357.

sa mère et on l'envoya là-bas où on se battait, disait-on, pour l'humanité...
[...] Six mois après, alors que, minée par la maladie et l'angoisse, ma femme
était mourante, on vint nous apporter une dépêche. C'était fait. Ceux qui
m'avaient pris mon fils me donnaient un bout de papier en échange : «mort
au champ d'honneur»! C'était tout simple, tout naturel, qu'est-ce qu'il nous
fallait de plus? L'innocent était sacrifié comme jadis au Calvaire[176]*!*

Le chemineau dit ensuite l'immensité de sa douleur et, surtout, sa
haine profonde des hommes et de leur sauvagerie. Louise, par qui passe
le discours moral de la revue, prie le malheureux de laisser la haine
sortir de son cœur en pleurant sur la tombe de sa femme. Pour ce
personnage, la rédemption passerait donc par «l'amour et la prière».
Ces paroles ont un effet immédiat sur le chemineau :

Merci, mademoiselle, vous m'avez rendu à moi-même, vous m'avez fait
retrouver mon cœur! Soyez bénie! Soyez bénie[177]*!*

Si ce retournement soudain de l'état d'esprit du personnage est
quelque peu maladroit, il n'en reste pas moins que ce passage de la revue
illustre bien un besoin présent au sein de la société de se remettre de ces
années de guerre. Comment vivre après l'horreur, comment faire son
deuil, refermer les blessures et passer à autre chose? La réponse est ici à
l'image du Québec de l'époque : elle réside dans l'amour et la prière.

Après la victoire des Alliés, les chansons de revues sont très nombreuses à saluer les soldats morts au combat, et des hommages sont
même récités au courant de la soirée. Par exemple, dans la revue *Pss't!*
On y va t'y?, de Paul Gury, le septième tableau présente un hommage
vibrant aux Canadiens, sous la forme d'une lettre intitulée «Les Deux
Tombes». Signée par Paul Gury dans le programme de la revue, la
lettre se termine par de chaleureux remerciements, au nom de la justice,
de la liberté et de l'humanité[178].

Si la religion et les grands discours patriotiques sont très importants
dans le cheminement collectif d'après-guerre, ils ne sont pas seuls. La
gaieté est aussi proposée en réponse aux sombres années de guerre.
Dans une autre revue de 1919, *Prends su' toé!*, on ne manque pas de

---

176. *Au Clair de la Lune* [manuscrit], revue d'Armand Leclaire, entre 1920 et 1924, p. 4.
177. *Ibid.*, p. 5.
178. *Pss't! On y va t'y?*, revue de Paul Gury, présentée au Théâtre National le
17 novembre 1919.

saluer le courage des soldats, mais on fait aussi l'éloge de la gaieté et de la joie :

> *Chassons la noir' mélancolie*
> *Pleurer n'est bon que pour les saules et les marmots.*
> *N'allons pas gâter notre vie*
> *En y semant, au lieu des rires, des sanglots.*
> *La tristesse est un hôte insupportable*
> *Que nous devons toujours bannir de notre table.*
> *Vive la joie, le vin et les bons mots*
> *Afin d' vivre vieux*
> *Faut pas êtr' trop sérieux.*
> *Douleurs, chagrins,*
> *Ne valent rien*[179].

Les textes de revues à propos de la guerre sont donc assez diversifiés et présentent des points de vue qui peuvent diverger selon les auteurs et le moment de leur écriture. Il faut tout de même souligner que les textes que nous avons pu consulter sont majoritairement patriotiques et font appel à la religion pour comprendre et assimiler cet événement traumatique.

Mais ces textes, même les plus patriotiques, s'éloignent sérieusement de la propagande gouvernementale que l'on sert au public en d'autres occasions. Le propos qui suit illustre bien l'écart entre ces deux types de discours. C'est celui d'un conférencier militaire montrant des films à un auditoire montréalais en 1916. Son discours est destiné sans doute à encourager l'enrôlement dans l'armée :

> Toujours au grand air, la vie d'un soldat est saine et réconfortante. Le conférencier a rencontré d'anciens employés de bureaux qui traînaient jadis une santé chancelante et sont aujourd'hui plus forts et plus virils qu'ils ne l'ont jamais été après un an ou six mois de vie dans les tranchées. La nourriture est bonne et saine et on a le grand air continuellement. Rien de meilleur pour rendre à un homme la vitalité éteinte et perdue[180].

---

179. Sur l'air de «La St-Boute en Train», dans *Prends su' toé!*, revue de Chs. E. Gauthier et G. Legrand, présentée au Théâtre Canadien-Français (direction Castel-Legrand), le 17 mars 1919.

180. Anonyme, «Une jolie soirée au Monument», *La Presse*, 8 octobre 1915, p. 2.

La santé par la guerre, fallait-il sans doute conclure. De telles conférences étaient organisées par le Canadian Government Motion Picture Bureau, mis sur pied durant la guerre. Doit-on se surprendre d'une telle propagande étatique?

Ce discours gouvernemental était cependant atténué ou contré par d'autres discours, non officiels, qui pourraient être qualifiés de résistants, tel le monologue et les chansons de revues cités plus haut. Les théâtres populaires, nous en avons ici une autre illustration, étaient le lieu où les bonimenteurs, monologuistes, chanteurs et comédiens pouvaient prendre le contre-pied du discours officiel et s'opposer à la guerre. Les propos antibellicistes étaient d'ailleurs une des hantises du contrôleur de la presse, le chef-censeur Ernest J. Chambers. Son rapport final de 1920 met particulièrement en cause les «numéros» et pièces de théâtre: «des hommes haut placés et de jugement [...] ont fait remarquer que les chansons de certains vaudevilles exprimaient une envie pathétique de la paix à tout prix et visaient de toute évidence à provoquer un sentiment de lassitude à l'égard de la guerre[181]. »

---

181. Ernest J. Chambers, «Rapport sur le service de la censure de la presse canadienne», reproduit dans les *Cahiers d'histoire politique*, n° 2 (hiver 1996), p. 276.

ACTE III

LA MODERNITÉ SOUS
LA PLUME DES REVUISTES

Les inventions moi ça m' dégoute,
D'abord ça met tout en déroute,
Ça coup' les bras d' pauvr's travailleurs
Pour engraisser des tas d' farceurs.
Tout ceux qu' invent'nt des mécaniques,
Entre nous ça n' vaut pas un' chique ;
Afin qu'ils soient bien moins nombreux
On d'vrait leur z'y percer les yeux.
C'est comm' [ces] voitur's à pétrole,
En v'là encore des sal's bricoles !
Sur leur passag' faut s' boucher l' nez
Si l'on n' veut pas être asphixié.
Faut tout l' temps garer son pauvr' naze
Ou, sans prévenir, ça vous écrase ;
Ceux qu' inventent ces saprés autos
On d'vrait leur z'y crever l'tuyau[1] !

À la lecture des nombreuses chansons d'actualité et des monologues que nous avons pu retracer, un aspect en particulier nous a fascinés : tout ce que les revues avaient à dire sur la modernité. Modernité technologique, d'une part, peut-être la plus frappante et la plus évidente par les nombreuses références à toutes les inventions récentes : électricité, gramophone, phonographe, cinéma, automobile, etc. Mais aussi, d'autre part, modernité des idées, à travers toutes les chansons comiques en

1. *Guerre aux inventeurs*, interprétée par Fertinel au Théâtre National et Darcy au Théâtre des Variétés de Québec. Chanson publiée dans *Montréal qui Chante*, n° 16 (30 mars 1909).

apparence inoffensives mais qui finissent par former un contre-discours : critique des élus et de la politique, description de situations équivoques ou grivoises, etc.

Les pages qui suivent proposent d'explorer les diverses facettes de la modernité telle que vue à travers les chansons et textes de revues. Le discours qui émane de cette lecture est parfois étonnant, souvent comique et, surtout, pertinent. Cette parole entendue sur les scènes des théâtres populaires des années 1900, 1910 et 1920 montre clairement que « le peuple » avait sa propre façon d'absorber les changements liés à la modernité.

TABLEAU 1

TECHNOLOGIES

Si dans la chanson de 1909, «Guerre aux Inventeurs», citée en en-tête, les progrès technologiques sont vus d'un mauvais œil, ce n'est pas le cas dans la plupart des revues. En général, ils sont reçus avec un mélange d'émerveillement et de méfiance, d'étonnement et de prudence. On souligne souvent les perturbations occasionnées par les nouvelles inventions. Il est clair que toutes les inventions ont marqué l'imaginaire collectif, à voir le nombre de mentions les concernant dans les revues d'actualité.

L'électricité

L'électricité est peut-être la chose qui suscite le plus ce mélange d'étonnement et de prudence caractéristique de l'esprit et de l'attitude de l'époque. Différentes chansons soulignent les merveilles qu'elle accomplit, y compris dans le monde du spectacle, mais rappellent aussi sa maîtrise encore parfois aléatoire et les inconvénients qui en résultent. Dans *Paris-Montréal*, de 1902, les «Couplets de l'électricité» évoquent les aléas de cette invention encore récente:

> *Au théâtre ainsi lorsque le machiniste*
> *Veut changer l' décor dans l'ombre, à l'improviste,*
> *Crac, ça s'allume.*
> *Pour l'apothéos' qui s' passe en plein soleil,*
> *Vous avez besoin d'un éclat sans pareil,*
> *Crac, ça s'éteint.*
> *Pour les amoureux c'est encore la même chose,*
> *Ils ne veulent pas qu'on les voie, je suppose,*
> *Crac, ça s'allume.*

> *Mais deux jeun's époux veul'nt montrer en plein jour*
> *Qu'ils brûl'nt tous les deux d'un effroyable amour*
> *Crac, ça s'éteint²…*

L'électricité est un sujet qui fascine, et les auteurs de revues continuent à en parler bien après 1902. Dans une chanson de la revue *Boum!!!…Ça y est!*, de 1917, on ironise sur les pannes fréquentes du système électrique. Dans cette chanson, l'électricité est un personnage, ce qui permet des jeux de mots à double entente :

> L'électricité
> *Pour m'allumer, messieurs, je vous assure,*
> *Il faut un rien, il faut un rien.*
> *Mais pour m'éteindre aussi, je vous assure,*
> *Il en faut moins, il en faut moins.*
> *Après une panne, la chose est sûre,*
> *Une autre vient, une autre vient.*
> [...]
>
> Refrain :
> *Cette lumièr' là, Ah! Ah!*
> *C'est beau quand ça va.*
> *Les ampéri, on les paiera.*
> *Les courts-circuits sont longs parfois,*
> *À part ça, ma foi.*
> *Tout marche dans un parfait état³.*

L'électricité devient également un personnage dans une scène de *La Belle Montréalaise* de Julien Daoust. L'extrait qui suit est particulièrement intéressant, car en plus de personnifier la force électrique, on y convoque les nouveaux appareils qu'elle fait fonctionner, téléphone et gramophone, mots fréquents dans le vocabulaire urbain, et les «petits chars», mots populaires pour les tramways électriques, autre grande innovation de la vie citadine. L'apparition du personnage de l'électricité est aussi un prétexte pour des effets électriques qui semblent plaire au public friand de nouveauté. En effet, les indications scéniques du

---

2. Sur l'air de «Ah! mes enfants», dans *Paris-Montréal, le tour du monde en chantant*, revue de Numa Blès et Lucien Boyer, présentée au Palais-Royal en septembre 1902.

3. Sur l'air de «Funiculi, Funicula», dans *Boum!!! Ça y est!*, revue d'Almer, 1917. Cette chanson est reprise à peu près textuellement et sur le même air dans une autre revue d'Almer (et Léo), *Ça marche!* (sans date, vers 1919).

manuscrit précisent au début de la scène que «l'Électricité, couverte de lumières de toutes sortes, paraît. Ces lumières s'éteignent et se rallument à la façon des éclairs. Nulle autre lumière ne doit éclairer durant ce jeu de scène.»

Baptiste
Qui êtes-vous?

L'Électricité
L'Électricité

Baptiste
Vous êtes puissante?

L'Électricité
Oui, j'ai beaucoup de pouvoir.

Baptiste
Vous l'employez à éclairer la ville?

L'Électricité
Non! Je l'emploie à la faire payer.

Baptiste
Et ceux qui ne paient pas?

L'Électricité
Je les plonge…

Baptiste
Dans le Saint-Laurent?

L'Électricité
Non!… Dans les ténèbres. (Obscurité complète.)

Baptiste
Aie!… Rendez-moi la lumière!

L'Électricité
Ne touchez pas, vous pourriez prendre un choc.

Baptiste
Un choc?

L'Électricité
Oui, je suis l'Électricité! (Éclair.)

Baptiste
Ne vous choquez pas, mademoiselle l'Électricité!

L'Électricité

Air : « Bonne Aventure »

Je suis l'Électricité,
La force, la lumière.
C'est moi qui fait tout marcher
Dans la ville entière.
Aux petits chars en détresse
C'est moi qui donne la vitesse.
Je fais marcher le téléphone (bis)
Et le Gramophone.

(Elle disparaît dans les ténèbres après quelques éclairs très brillants[4].)

Julien Daoust semble avoir accordé une importance particulière à la modernité technologique dans les revues qu'il écrivait. En plus de l'électricité, *La Belle Montréalaise* évoque aussi, en toile de fond, le ballon dirigeable, l'aéroplane, l'automobile et les tramways. Ces thèmes reviennent dans la plupart de ses revues. Il a également écrit une revue intitulée *L'Aéroplane*, vers 1913.

Les allusions grivoises ou les mentions des amoureux sont fréquentes dans les chansons qui traitent de l'électricité ou des progrès technologiques. Tout comme les amoureux qui ne souhaitent pas être vus dans *Paris-Montréal*, et l'Électricité personnifiée par une jeune comédienne chantant « Pour m'allumer, messieurs, un rien suffit » dans *Boum! Ça y est!*, les chansons associent fréquemment la technologie et l'amour, comme le font, dans la revue *C'est Moi qui Rame* d'Armand Leclaire, de 1928, les « Couplets aux nouveaux mariés » :

Quand on se met en ménage
On d'vrait tâcher d's'endurer ;
Rapp'lez-vous, malgré l'orage
Que vous êtes nouveaux mariés !
[…]
Sans en rien dire à personne
On ferm' l'électricité
Dans la noirceur on frissonne
Quand on est nouveaux mariés[5].

---

4. *La Belle Montréalaise* [manuscrit], revue de Julien Daoust, 1913, p. 28-29.
5. Sur l'air de « O'Glory », dans *C'est Moi qui Rame*, revue d'Armand Leclaire, présentée au Théâtre Chanteclerc le 9 décembre 1928.

Les « p'tits chars », l'automobile

> *On dit qu' les chars de Montréal*
> *Vont bien plus vit' qu' les chars à ch'val,*
> *Qu'ils filent ainsi que l' mistral :*
> *C'est un bluff phénoménal !*
>
> [...]
>
> *L'autr' jour on me téléphona*
> *Qu' ma bell' mère était dans l' coma ;*
> *Je pris les chars, mais quand j' fus là,*
> *En terre, elle était déjà[6] !*

Apparus à partir de 1892 dans les rues de Montréal, les tramways électriques, appelés « p'tits chars » (les trains étaient nommés « gros chars »), sont rapidement devenus un moyen incontournable de déplacements urbains[7]. Dès 1894, la conversion des tramways hippomobiles aux tramways électriques est terminée. Signe de l'expansion rapide, la Montreal Street Railway, qui avait transporté un peu plus de 1 000 000 de passagers en 1863, en accueille plus de 11 600 000 près de vingt ans plus tard, en 1892. Symbolisant le progrès industriel, les tramways modifient profondément les rapports des Montréalais à leur ville en facilitant les déplacements sur de plus grandes distances, favorisant ainsi l'étalement urbain et permettant de nouveaux rapports sociaux. Les tramways occupent une place importante dans l'imaginaire collectif de l'époque, ce qui se traduit par un nombre considérable de mentions à leur sujet dans les revues d'actualité. Déjà en 1902, dans la revue *Paris-Montréal*, on trouve les « Couplets de la dispute des tramways », qui illustrent la féroce concurrence entre deux compagnies, le Terminal et le Montreal Street Railway :

> *Ah ! c'est donc toi, le Terminal,*
> *Qui veux me voler Montréal,*
> *T'as vraiment pas trop de toupet*
> *Et j' te pri' de m' ficher la paix.*
> *Et toi, Montreal Street Railway,*
> *Tu voudrais tout garder pour toué*

---

6. *R'donne-moi ma bague !*, revue d'Ernest Tremblay et Pierre Christe, présentée au Théâtre National Français, le 21 avril 1919.

7. Paul-André Linteau, *Histoire de Montréal depuis la Confédération, op. cit.*, p. 132.

> *T'as pas besoin d'fair' le malin,*
> *On mettra d'l'eau dans tes pots d'vin*[8].

Les tramways, s'ils changent considérablement le rapport au territoire et la façon de s'approprier la ville, apportent inévitablement leur lot d'inconvénients, ce que les revuistes ne manquent pas de souligner. Il est régulièrement question des *p'tits chars* qui sont toujours bondés, en retard, ou qui arrêtent à chaque coin de rue, et du prix des billets qui augmente sans cesse. Dans la revue *As-tu vu la R'vue???*, de 1913, la chanson du «conducteur de char» évoque plusieurs doléances des citadins, comme le fait de ne pouvoir trouver une place à l'heure de pointe, la lenteur du service due aux arrêts nombreux et rapprochés pour laisser entrer et descendre les gens, ainsi que les accidents fréquents:

> *I*
> *Il paraîtrait que l'public nous reproche*
> *D'être grossiers, nous dont, c'est enrageant.*
> *Le motor-man jamais n'accroche*
> *Quelqu'un sans lui dire pardon avant;*
> *Et si parfois il arriv' qu'on l'écrase,*
> *Comm' nous le f'sons toujours en souriant,*
> *La victime devrait bien mourir dans l'extase,*
> *Ce serait charmant*[9].

Dans cette chanson l'opérateur de tramway est appelé «conducteur de char» et l'employé qui s'occupe du moteur est le «motor-man» probablement un anglicisme fréquent pour désigner un mécanicien; souvent les anglicismes étaient importés avec les machines qu'ils désignaient. La chanson rapporte la cohue et la bousculade dans les tramways, mais avec un humour suggérant que la chose fait partie des inconvénients autant que des avantages de la ville:

> *II*
> *Et puis l'on dit aussi qu'vers les six heures*
> *On ne peut trouver d'place dans nos chars.*
> *Rien qu'd'y penser, moi ça m'écœure,*

---

8. Sur l'air de «Mme Angot», dans *Paris-Montréal, le tour du monde en chantant*, revue de Numa Blès et Lucien Boyer, présentée en septembre 1902 au Palais-Royal.

9. Sur l'air de «La loterie», dans *As-tu vu la R'vue???*, revue d'Armand Robi et Pierre Christe, présentée au Théâtre National Français le 31 mars 1913.

De voir que l'public est tell'ment gueulard.
Car, enfin, si dans nos chars y a pas d'place,
Est-c' de notre faut' non, certainement.
Si l'public voulait qu'ils se désencombrassent…
Qu'i' n'mont' pas dedans[10].

Les tramways sont également un lieu propice aux rencontres galantes. Dans *As-tu vu la R'vue???*, la «dame du p'tit char» cherche parmi les spectateurs celui qu'elle a rencontré auparavant :

L'autre jour, j'étais dans le p'tit char,
Un homm' s'assied près d'moi,
Je le regarde à part,
Mais la lumièr', juste à ce moment
S'éteignit subitement.
Moi, tout' effrayée, Je m'jett' dans ses bras.
Affolé, il m'embrasse, et d'puis ce jour-là
Je l'ai cherché en vain et plein d'émoi,
J'dis à chaque homm' que j'aperçois :

Refrain
Est-c' vous, le p'tit monsieur, qu'était l'autr' jour très tard,
Près d'moi dans l'p'tit char?
Comm' nous passions
Visitation
Je n'ai pas pu vous voir,
Car il faisait trop noir,
Mais j'voudrais savoir,
Est-ce vous? Est-ce vous?
Dont le baiser si doux
M'fit passer un frisson fou[11].

Un autre aspect de ce nouveau mode de déplacement est la promiscuité entre les classes. Dans *La Belle Montréalaise*, le Faux Critique se plaint de côtoyer la masse populaire : «C'est assommant de voyager avec tout le monde. S'il y avait deux classes dans les tramways, première et seconde, les gens de qualité ne coudoieraient pas le "populo"[12]. »

---

10. *Ibid.*
11. Sur l'air de «La P'tite dame du métro», dans *As-tu vu la R'vue???, op. cit.*
12. *La Belle Montréalaise* [manuscrit], revue de Julien Daoust, 1913, p. 16.

AS-TU VU LA R'VUE ?

GRANDE REVUE
EN
I PROLOGUE, 3 ACTES ET 9 TABLEAUX DE
MM. ARMAND ROBI ET PIERRE CHRISTE
Représentée pour la première fois au
Théâtre National Français
de Montréal, (direction Gauvreau) le 31 mars 1913.

M. ARMAND ROBI   **M. PIERRE CHRISTÈ**
AUTEURS DE LA REVUE

Cette promiscuité n'est évidemment pas le lot de ceux qui se déplacent en automobile. Pendant longtemps, en effet, seuls les plus fortunés peuvent s'en procurer une, ce qui leur permet d'éviter les transports en commun. Dès son apparition, l'automobile fait rêver de mobilité et de voyage et frappe l'imaginaire collectif. Objet urbain par excellence, l'automobile symbolise non seulement la liberté et le voyage, mais aussi, et peut-être avant tout, le progrès et la modernité. Néanmoins, on a retrouvé assez peu de chansons portant directement sur l'automobile, mais celle-ci est présente, ou mentionnée, dans plusieurs scènes de revues. Par exemple, au début de la revue *Au Clair de la Lune*, de Armand Leclaire, Philémon et sa femme font le projet d'aller aux vues en automobile, et leur fille, Louise, se fait courtiser par un Franco-Américain qui l'amène presque tous les soirs faire des promenades en automobile.

L'automobile séduit, mais elle rebute également par le bruit et la pollution qu'elle laisse sur son passage. Certaines chansons jouent sur l'opposition entre l'ancien et le nouveau, comme celle-ci de 1911, *Le Chauffeur et le Cocher* :

Le cocher
En filant tu laiss' derrièr' toi
La peste de la gazoline

Le chauffeur
Oui, quand je te vois devant moi
J' voudrais démolir ta machine.

Le cocher
Rien n' me vaut pour se promener
Dans les bois aux belles verdures

Le chauffeur
Avec moi, l'on est vit' mené
On ne trouve pas que le temps dure

Refrain

Le cocher
J'aime bien mes chevaux

Le chauffeur
J'aime bien mes autos
[…]

Le chauffeur
Non, l'avenir est à l'auto
Et ma voiture est immortelle[13].

L'aéroplane, le ballon

Dans les revues, l'aéroplane est parfois traité un peu comme l'électricité et le tramway. Il suscite l'admiration mais aussi une certaine crainte, du moins dans ses phases expérimentales. Dans *As-tu vu la R'vue???*, Armand Robi et Pierre Christe saluent le pionnier de l'aviation, Louis Blériot, le premier à traverser la Manche en 1909, mais ils rappellent aussi que ce moyen de transport est encore bien fragile :

> *Monsieur Blériot,*
> *Pan pan, pan pan,*
> *Vous fait's du monoplan,*
> *Pan pan, pan pan,*
> *Mais quand il fait du vent,*
> *Pan pan, pan pan,*
> *Vous ne fait's plus l'oiseau*[14].

L'aéroplane, tout comme le tramway, l'automobile et les salles de cinéma, devient rapidement, dans l'imaginaire populaire, un objet associé aux rencontres amoureuses. Dans la revue *La fée du Nord*, de 1910, une chanson évoque cet aspect :

> *Montons dans l'aéroplane*
> *Qui dans les nuées se pavane*
> *Là-haut je vous donnerai mon cœur*
> *Et nous filerons le parfait bonheur*
> *Et nous ferons en chantant*
> *Un rêve des plus charmants*
> *Et tous les deux pour toujours*
> *Nous chant'rons l'amour*[15].

---

13. *P'sitt! Gare au trou...ble*, revue de Ernest Tremblay et Georges Dumestre, présentée en 1911. Textes publiés dans *Montréal qui Chante*, 3ᵉ année, n° 32 (11 mars 1911).
14. Sur l'air de « Il a tout du ballot », dans *As-tu vu la R'vue???*, *op. cit.*
15. Sur l'air de « La Valse du Prince de Monaco », dans *La fée du Nord*, revue de J. R. Tremblay, 1910.

Une autre nouveauté technologique qui est évoquée dans quelques revues est le ballon de Leclercq, du nom de son inventeur. Ce ballon ne voyageait que de nuit, à en croire ce monologue comique de Raoul Collet, chanté par Wilfrid Villeraie en 1909 :

> À Québec il y a bien des choses
> Des p'tits chars, des scop's, des autos
> Des p'tit's Québecquois's aux nez roses
> Des députés, mêm' des poivrots
> Mais c' qui manquait en votre ville
> On vient d' le trouver récemment
> Et tous les passants à la file
> Le soir s'écrient le nez au vent
>
> Y a quéqu' chos', quéqu' chos' dans l'air
> Qui circule
> Véhicule
> Y a quéqu' chos', quéqu' chos' dans l'air
> Qui pass' comm' l'éclair
> Foi d' Prosper
> Ça m'a l'air
> Du ballon d' Leclercq
>
> L' fameux ballon très taciturne
> Ne peut se montrer que la nuit
> Le jour comme les oiseaux nocturnes
> Il se cache jusqu'à minuit[16]

Le cinéma

> Dans le temps j'étais employé
> Dans la cinématographie
> Mais j'y ai bien vite attrapé
> Une drôle de maladie
> À force de voir trépider
> Les vues que l'on donne en cadence

---

16. *Le Ballon de Québec*, monologue comique par Raoul Collet, interprété par M. Villeraie au Théâtre Populaire de Québec en octobre 1909. Publié dans *Montréal qui Chante*, 2ᵉ année, n° 8 (20 octobre 1909). On indique que «ce monologue comique peut être aussi mis sur l'air de "J'ai quéqc'chose" dans le cœur».

> *J' peux pas m'empêcher de remuer*
> *J'ai tout le temps quelque chose qui danse*[17].

Un autre sujet lié à la modernité technologique est le cinéma, dont tous les éléments sont matière à chansons et sketches, que ce soit les films eux-mêmes, les vedettes et même les spectateurs. Le traitement des sujets montre clairement que le cinéma est considéré comme un vecteur de la modernité, mais qu'il perturbe profondément les valeurs et les besoins. Ces nombreuses allusions au cinéma dans des spectacles comiques peuvent être considérées comme faisant partie d'un processus d'adaptation symbolique face à un divertissement qui plaît, mais qui semble inquiéter même ceux qui en raffolent.

La chanson citée ici, « La Cinématomagite », chantée dans les scopes et publiée dans le *Montréal qui Chante* en 1909, ironisait sur le rythme et la trépidation des vues animées, interrogeant d'une certaine manière cette habitude nouvelle de regarder des images sombres dans une salle obscure.

« La Cinématomagite » fut d'abord composée et chantée en France dans les cabarets de Montmartre en 1907 par le « comique épileptique » Darius M. Elle appartient à un genre qui fut très populaire à l'époque, appelé « chanson épileptique », genre lié à l'intérêt très grand à l'époque pour les danses africaines très souvent montrées au Moulin Rouge (on y associe même le French Cancan) et aussi pour les recherches très médiatisées sur l'hystérie, qu'on menait à l'hôpital La Salpêtrière. Dans un article très intéressant et original, la chercheuse américaine Rae Beth Gordon écrit que l'épilepsie et l'hystérie furent alors longtemps exploitées comme éléments érotiques associés à une sexualité féminine exacerbée, associés aussi aux danseuses africaines que la mode coloniale avait fait amener plusieurs fois sur les scènes parisiennes vers la fin du XIXe siècle[18].

---

17. « La Cinématomagite », chanson comique publiée dans *Montréal qui Chante*, vol. 1, n° 9 (1er janvier 1909), p. 4.

18. Rae Beth Gordon, « Natural Rhythm : La Parisienne Dances with Darwin (1875-1910) », *Modernism/Modernity*, vol. 10, n° 4 (novembre 2003), p. 626. L'auteure de l'article a traduit les paroles en anglais, mais cette traduction correspond assez exactement à la version de la chanson interprétée et éditée au Québec presque au même moment qu'en France.

Le thème de la névrose cinématographique est repris en 1913 à Montréal dans *As-tu vu la R'vue???*, cette fois sous le titre «Le kinéma-toscopomane». Les paroles sont différentes, mais le sujet est le même, soit l'agitation provoquée par les vues animées:

> *Y a des gens qui aim'nt le cheval*
> *Et d'autr's qui préfèr'nt le théâtre,*
> *Y'en a qui aim'nt, c'est plus banal*
> *Aller à la campagn' s'ébattre.*
> *Tel qu' vous m' voyez, j'ai un' passion,*
> *Chez moi, c'est plus qu'une manie,*
> *V'là qu'un docteur m'a dit le nom,*
> *Le tout p'tit nom d' ma maladie.*

> (Parlé)
> *Oui, c'est vrai, il a trouvé ce que j'ai; j'ai... j'ai... j'ai...*

> Refrain
> *J'ai la kiki... j'ai la néné,*
> *J'ai la kiné, kinématoscopo,*
> *J'ai la ma ma, j'ai la ni ni,*
> *J'ai la kiné ma tosco po ma nie. (bis)*[19]

Cette chanson exprime encore sur le ton de la parodie le choc que constitue l'arrivée des vues animées dans l'univers culturel. Le personnage constate qu'il souffre d'une névrose résultant de l'exposition fréquente à des séquences d'images animées, mais cela est traité sur le mode humoristique, et la chanson devient une construction métaphorique adaptant le sujet à cette nouvelle pratique.

---

19. Sur l'air de «La maladie du sommeil», dans As-*tu vu la R'vue???*, *op. cit.*

TABLEAU 2

IDÉES

Parallèlement à cette façon de s'approprier les progrès technologiques, les revues permettent aussi au public de se faire une idée sur des sujets liés à la vie quotidienne, la politique ou la morale. La lecture de ces extraits permet de comprendre en quoi la revue pouvait être dédaignée – ou même redoutée – de l'élite littéraire et des autorités religieuses. En plus d'utiliser une langue vernaculaire, la revue se faisait un lieu de critique et de résistance face au conservatisme religieux et politique. Divers thèmes permettront clairement de cerner ce discours critique.

Dimanche et prohibition

> *Ô bouteilles,*
> *Ô merveilles,*
> *Vous savez rendre tout charmant,*
> *Bien suprême*
> *Que l'on aime*
> *Jusqu'à l'enivrement*[20]

Dans *Paris-Montréal*, en 1902, Numa Blès et Lucien Boyer font, avec humour et ironie, l'apologie des différents alcools et critiquent les partisans de la prohibition, prenant ainsi part au débat public relayé par les grands journaux. Ils dénoncent les lois et les pressions visant à empêcher les activités dominicales dans le « Couplet des marchands du dimanche » :

---

20. *Paris-Montréal, le tour du monde en chantant*, revue de Numa Blès et Lucien Boyer, présentée au Palais-Royal en septembre 1902.

> *Sous l'influenc' des idées d'Outre-Manche,*
> *Nous ne devions pas vendre le Dimanche;*
> *Non, jamais on n'a vu*
> *Pays soumis à de pareils abus.*

En 1902, la question du « respect du dimanche » est discutée depuis au moins un quart de siècle. La Ville de Montréal avait adopté, dès 1876, un règlement interdisant l'ouverture le dimanche de tout théâtre, cirque, ménagerie ou autre lieu où l'on présentait des attractions. Ce règlement ne fut pas tellement respecté, et cet état de fait suscita de vives protestations de la part du clergé catholique et de l'Association de ministres protestants, et provoqua un débat politique et social qui a duré plusieurs années[21]. Blès et Boyer auraient eux-mêmes eu quelques démêlés avec la justice pour avoir enfreint ce règlement. En effet, les deux chansonniers auraient été arrêtés pour avoir chanté un dimanche, et emprisonnés « pour avoir dit le mot de Cambronne devant le juge », appelé à l'époque « recorder ». À leur sortie de prison, « des centaines d'étudiants les attendent et les revoilà repartis pour la gloire[22] ». Cette arrestation trouve écho dans une chanson de *Paris-Montréal*, les « Couplets de la fermeture des théâtres », chantés par Numa Blès sur l'air des « Deux gendarmes » :

> *Nous chantons, même le Dimanche,*
> *Sans la plus petite hésitation;*
> *Moi, j' possède un filet d' voix blanche,*
> *Et Prosper un' voix d' baryton.*
> *Mais ici, Madam' la police*
> *Voit les chos' d'une autre façon:*
> *Recorder, soit dit sans malice!*
> *Recorder, vous avez raison! (bis)*
>
> *Notre métier, je vous assure,*
> *C'est le métier du jardinier:*
> *La chanson, c'est une poir' mûre,*
> *Qu'il faut cueillir sur le... Poirier.*

21. Sur la question du dimanche, voir Yvan Lamonde et Raymond Montpetit, *Le parc Sohmer de Montréal (1889-1919). Un lieu populaire de culture urbaine*, op. cit., p. 197-203. Est-ce à cause du rôle joué par les protestants que Blès et Boyer écrivirent « sous l'influence des idées d'Outre-Manche » ?

22. Paul Dubé, « Lucien Boyer », *Du Temps des cerises aux Feuilles mortes* <http://www.chanson.udenap.org/fiches_bio/boyer_lucien.htm> (site consulté en janvier 2007).

> *Or ici, ce fruit symbolique*
> *Parfois se récolte en prison ;*
> *Recorder, viv' la République,*
> *Recorder, vous avez raison ! (bis)*

À cette époque, le respect du jour du Seigneur concerne non seulement les lieux d'amusement, qui concurrencent directement la messe, mais probablement avant tout la vente d'alcool. Dans le « Couplet des marchands du dimanche » cité précédemment, il est non seulement question d'interdire aux marchands de vendre « cigares, tabacs, fruits, *cream soda*, tartelettes, bière d'épinette, tire, macaron, peanuts et bonbons », mais surtout « toutes les boissons » :

> *Ah ! quel triste sort,*
> *C'est vraiment trop fort,*
> *Pour s' rincer l' coco*
> *On n'aura que d' l'eau ;*
> *Au Parc à sa mère*
> *On boit de la bière,*
> *Mais ceux du public*
> *Qu'aim'nt pas la musiqu'*
> *Pour boir', sans faire de potins,*
> *Attendront le lundi matin.*

La référence au parc Sohmer (souvent nommé de façon humoristique *parc à sa mère*) n'est pas anodine ; les propriétaires de ce haut lieu du divertissement populaire, où étaient présentés concerts, vaudevilles, fanfares et attractions les plus diverses, avaient réussi une véritable « percée », en 1893, en triomphant de la loi interdisant les spectacles et la vente de la bière « lager » le dimanche[23].

Ce n'est pas sans malice que la chanson dit que ceux qui n'aiment pas la musique attendront au lundi *matin* pour boire ; n'est-ce pas une façon de noter l'hypocrisie de cet interdit ? Ne pas boire le dimanche, jour saint, mais commencer dès le lundi matin... Les auteurs, avec ce couplet et d'autres dans lesquels différentes liqueurs canadiennes – gin, whiskey, scotch – et les vins de France sont des personnages, se placent très clairement contre les *buveurs d'eau*, les partisans de la prohibition.

---

23. Yvan Lamonde, et Raymond Montpetit, *Le parc Sohmer de Montréal (1889-1919). Un lieu populaire de culture urbaine, op. cit.*, p. 197-203.

Une telle posture s'oppose aux diktats de l'Église et au conservatisme, et ce de manière assez directe. Ici, par contre, et comme dans l'ensemble des revues étudiées, les revuistes ne s'en prennent jamais directement aux membres du clergé. Ils se contentent de défendre des idées qui viennent en contradiction avec ce qui est prêché à l'église, sans jamais nommer des membres du clergé.

L'alcool et la prohibition occupent une bonne place parmi les sujets discutés dans les revues. Vingt ans plus tard, Lucien Boyer, dans sa *Grande Revue* de 1922, revient à la charge avec quelques chansons sur la prohibition en Ontario et les débits de boisson illégaux au Québec, appelés alors « *blind pigs* ». Dans la « scène de l'alcool », il oppose un Ontarien et un Québécois :

> Jean qui pleure
> *J'habite l'Ontario*
> *Et je suis toujours triste…*
> *Je n' suis pas rigolo*
> *Car je n' bois que de l'eau.*
>
> Jean qui rit
> *La province de Québec*
> *Est bien moins pessimiste…*
> *On a pour s' rincer l' bec*
> *Tout's les liqueurs qui existent.*
>
> Refrain
> *Lan, dérira dérira dérirette*
> *C'est bêt' la prohibition*
> *Lan, dérira dérira dérirette*
> *Quell' sale invention.*
> [...]
>
> Jean qui pleure :
> *Ceux qui n' boivent rien du tout*
> *Ont le cœur plein de bile*
> *Ils deviennent jaloux*
> *D' ceux qui peuv'nt boire un coup.*
>
> Jean qui rit :
> *Mais l' soir, pour boir' du schnick*
> *Dans Hull, notre bonn' ville*

> *Ils font l' tour des blind pigs*
> *Et c'est fou c' qu'ils s'enfilent*[24].

Un autre revuiste semble avoir été plutôt favorable à la liberté en matière de consommation d'alcool: Armand Leclaire. Dans sa revue *Au Clair de la Lune*, écrite au début des années 1920, le personnage de Tarsicius, un Montréalais, visite son frère Philémon et sa famille, qui habitent dans la campagne américaine. Quand on lui offre un thé, il dit préférer le whisky. Ils n'en ont pas:

Tarsicius
Oui, vous êtes dans un pays de prohibition, vous autres. Heureusement on a encore un peu de liberté dans la Province de Québec. J'ai fait ma provision avant de partir. (Il sort un flacon de sa poche.)

Philémon
Ah! On va toujours bien prendre un coup à ta santé.

Tarsicius
Un coup? J' vas en prendre plus qu'un, j'ai le gosier sec comme le cœur d'un policeman de Toronto[25]!

Un autre passage d'*Au Clair de la Lune*, dans une scène se déroulant à l'Île d'Orléans, montre une rencontre entre Tarsicius et un prohibition-niste ontarien:

Prohibitionniste (lisant son journal)
La prohibition est une farce et un traquenard pour les ouvriers... Imbécile!

Tarsicius
Hein? C'est moi que vous traitez d'imbécile?

Prohibitionniste
Pardon, monsieur, ce n'est pas vous, c'est l'auteur de cet article.

Tarsicius
Quel article?

Prohibitionniste
Un article traitant de la prohibition.

---

24. *La Grande Revue de Lucien Boyer*, présentée au Théâtre Canadien-Français (direction Lombard et Schauten) le 16 janvier 1922. Dans une autre revue des années 1920, la «revue-vaudeville» *Les Débuts d'Octave (Pousse-toué!)* de Jules Ferland (après 1927), un acte se passe dans «une chambre dans un Blind-Pig».

25. *Au Clair de la Lune* [manuscrit], revue d'Armand Leclaire, entre 1920 et 1924, p. 10.

Tarsicius
Ah? Quoisqu'il dit?

Prohibitionniste
Il dit que la prohibition est une farce.

Tarsicius
C'est plus qu'une farce, c'est un crime.

Prohibitionniste
Un crime?

Tarsicius
Oui, contre les pauvres qui ont de la boisson tant qu'ils en veulent mais qui doivent payer trois ou quatre fois le prix que ça vaut aux favoris du gouvernement.

Mais le prohibitionniste, venu de «Toronto, la sainte» dans le but de «porter un peu de sa vertu à ses sœurs de la Province de Québec, les brebis galeuses de notre pays», s'avère être un escroc:

Prohibitionniste
Toronto est aimée du Seigneur parce qu'elle a chassé de ses murs le démon tentateur qui règne en maître à Montréal et à Québec. Elle est bénie du ciel et les siècles futurs l'auront en exemple.

Tarsicius
Amen! (à part:) *Faut dire comme lui, c'est un sacré fou!*

Prohibitionniste
Je suis un prohibitionniste venu chez les Canadiens Français pour les ramener dans la voie du bien et de la prohibition. Car toute bouteille de liqueur renferme un démon dont le seul but est de perdre et d'avilir l'homme.

Tarsicius
Amen!

Prohibitionniste (sortant un flacon de sa poche)
Ainsi, mon ami, dans ce flacon de gin le démon de l'ivresse est là qui veille.

Tarsicius
Amèn..e!

Prohibitionniste
Vous le boiriez après ce que je vous ai dit?

Tarsicius
J'cracherais pas dedans, certain!

Prohibitionniste (se récriant)
Et la prohibition, monsieur! (bas, après avoir regardé de tous côtés) *Je vais vous le laisser pour cinq piastres.*

Tarsicius
Cinq piastres?

Prohibitionniste
Ça vaut ça. Je m'expose à payer l'amende.

Tarsicius
All right. Tenez, monsieur, voilà cinq piastres pour continuer votre campagne. Vous êtes un sacré de bon prédicateur, vous!

Prohibitionniste
Oui, je sais comment pousser ma marchandise. J'ai appris ça à Toronto.

Tarsicius
Allez donc voir Médéric Martin à Montréal (le maire Samson à Québec), il en prendra peut-être un.

Une fois le prohibitionniste parti, Tarsicius découvre que le flacon est à moitié vide:

> [...] *Le crapoussin, il en a bu la moitié puis il me vend ça cinq piastres! Je me suis fait jouer ça dans les trois X. N'importe, je vais toujours bien boire ce qui reste. À la santé des prohibitionnistes*[26]*!*

Armand Leclaire, dans cette scène, dénonce le conservatisme qui règne à Toronto, et la volonté de certains d'imposer la prohibition au Québec – ce qui ne se réalisera jamais. Il y eut, au Québec, des «ligues de la tempérance», qui prônaient la modération ou même l'abstinence, mais ces actions n'ont pas dépassé le niveau moral. Cela peut-il être lié au fait que certains élus ne voyaient pas l'alcool d'un si mauvais œil? Dans une chanson de la revue *C'est moi qui rame!*, écrite en 1928, Leclaire évoque justement le goût de certains politiciens pour l'alcool:

> *J' suis prêt à fair' le fou*
> *Pourvu qu'on m' paye un coup!*
>
> Refrain
> *Il vaut mieux moins d'argent*
> *Rire et boire plus souvent! (bis)*

---

26. *Ibid.*, p. 22-24.

Un coup ça fait du bien,
Ça r'mont' le Canayen!

En buvant du whisky
On se donne de l'esprit!

Le mair' Camélien
Crach' pas d'dans, c'est certain!

Pis ya monsieur Tasch'reau
Qui n'aim' pas beaucoup l'eau[27]!

La politique

Y a des gens qui s'figurent
Que le métier d'éch'vin
Est une sinécure
Ousqu'on touche des pots d'vin
Ousqu'on a rien à faire
Qu'à lire des prospectus,
Pour toucher son salaire
Avec du beurr' dessus.
Et bien, c'est pas vrai
Personn' ne connait
C' qui s'fait dans not' cabinet[28].

Si, comme nous le mentionnions plus haut, les revuistes évitent de s'en prendre directement aux membres du clergé, ils ont beaucoup moins de réserve face aux politiciens et n'hésitent pas à les critiquer ouvertement. Dans toutes les revues dont les textes ont été conservés, on ne manque pas de railler la langue de bois des hommes politiques, leur incompétence et leur grande aptitude à la manipulation. On dénonce aussi la corruption et le patronage qui fleurissent à l'Hôtel de Ville[29].

---

27. Sur l'air de «Il vaut mieux moins d'argent», dans *C'est moi qui rame!*, revue d'Armand Leclaire, présentée au Théâtre Chanteclerc, le 9 décembre 1928.

28. *As-tu vu la R'vue???*, revue d'Armand Robi et Pierre Christe, présentée au Théâtre National Français le 31 mars 1913.

29. Une enquête publique sur l'administration de Montréal, présidée par le juge Cannon, en 1909, avait d'ailleurs mis en lumière «le régime de corruption et de favoritisme» qui régnait à Montréal. Paul-André Linteau, *Brève histoire de Montréal, op. cit.*, p. 102. D'ailleurs Médéric Martin, alors échevin de Papineau, fut éclaboussé par cette enquête. Paul-André Linteau, *Histoire de Montréal depuis la Confédération, op. cit.*, p. 261.

Une chanson de 1911, « Le Télégraphe », évoque d'ailleurs des pratiques illégales qui entachent le déroulement des élections :

> *Dans toutes les luttes électorales*
> *Je fais l'affaire des candidats*
> *Je travaill' mieux qu' la cabale*
> *Et donn' de meilleurs résultats*
> *C'est moi qui vote pour les morts*
> *Je remplace aussi les absents*
> *Je suis le plus précieux support*
> *J' vot' de bonne heure et j' vot' souvent*
>
> *J' suis l' télégraph' (bis)*
> *Pour se faire élire*
> *Il suffit d' me l' dire*
> *J' suis l' télégraph' (bis)*
> *Jamais mon coup n' rate*[30].

En fait, on dénote généralement dans les revues un certain cynisme à l'égard de la classe politique, mais aussi à l'égard des élites et de l'autorité en général. Dans *Paris-Montréal*, les « Couplets de l'élection du maire » sont un bon exemple de ce cynisme :

> *Dans notre bonn' ville,*
> *Il faut être habile ;*
> *Pour être élu,*
> *Faut avoir plu,*
> *Puis au bon moment discouru,*
> *Et si l'on parle un peu français,*
> *On est sûr du plus grand succès !*
>
> Refrain :
> *C'est pas celui qui gagn' le foin*
>   *Qui l' mange*
> *C'est celui qui gagn' le foin qu'en mange*
>   *Le moins*[31].

---

30. « Le Télégraphe », sur l'air de « Passons la monnaie », dans *Acréyé! Le «Sacre» de Georges 5*, revue de P. M. Bernard et N. Lafortune, présentée au Théâtre des Nouveautés en octobre et novembre 1911.

31. *Paris-Montréal*, revue de Numa Blès et Lucien Boyer, présentée au Palais-Royal en septembre 1902.

Médéric Martin.
Photographe anonyme, c. 1925.
©Ville de Montréal.

Déjà en 1902, Numa Blès et Lucien Boyer notent l'importance stratégique pour un politicien faisant campagne à Montréal de parler français. Médéric Martin, politicien populiste issu du quartier ouvrier Sainte-Marie, sera élu maire de Montréal en 1914 en s'appuyant justement sur les masses populaires canadiennes-françaises. Jouant des tensions entre anglophones et francophones, il se présente alors «comme le candidat des ouvriers canadiens français face aux riches hommes d'affaires anglophones, comme le défenseur des intérêts de l'est de la ville contre ceux de l'ouest[32]». Cette stratégie fonctionne et Médéric Martin remporte une victoire éclatante. Il sera réélu tous les deux ans jusqu'en 1924, puis de 1926 à 1928, un record de longévité à l'époque. Il a ainsi mis fin à la tradition de l'alternance, à la mairie de Montréal, entre francophones et anglophones. Les revuistes ont souvent aiguisé leur plume pour parler de lui et critiquer son côté populiste, comme dans la chanson «Sympathique Médéric», écrite par Julien Daoust en 1917:

> *Quand j' me r'présenterai*
> *Je sais qu' vous vot'rez*
> *Pour moi comme par le passé!*
> *Lorsque je dis un' bêtise,*
> *Par vous tous elle est comprise!*
> *Quand le mair' Martin*
> *Parle en canayen*
> *Tout l' mond' dit: Y est ben fin!*
> *Tout d' suite on m' saisit!*
> *Et quand j' vous emplis*
> *Vous l' comprenez mieux aussi!*
>
> *C'est qu' j' parle un' langue sympathique,*
> *Langue ouvrièr', langu' bon enfant, un' langu' comique!*
> *C' n'est peut-être pas aussi beau*

32. Paul-André Linteau, *Brève histoire de Montréal, op. cit.*, p. 108. Voir aussi Paul-André Linteau, *Histoire de Montréal depuis la Confédération, op. cit.*, p. 406-407.

> Qu' l' Parisian French d' Toronto!
> Mais c'est moins antipathique!
> On est c' qu'on est mais on est pas des fanatiques.
> Vaut mieux être empli en Canayen
> Qu'en Anglais, ça choqu' ben moins[33]!

Julien Daoust, clairement, n'est pas dupe des manœuvres populistes de Médéric Martin et se permet d'en rire. Armand Leclaire dénonce pour sa part la tendance autocratique du maire Martin dans la revue *As-tu vu Gédéon?*:

> Écoutez, messieurs j' vous avertis,
> C'est moi qui suis le grand boss ici!
> Je n'ai null'ment besoin d'expertise,
> Je suis ma guise
> Sans autre avis!
> J'aim' mieux agir selon ma conscience,
> Car j' suis l' seul homme en qui [j'ai] confiance
> Quand on bris' le décorum,
> Vit' j' pose un ultimatum.
> Du conseil à moi seul j' suis l' quorum[34].

Dans sa revue de 1922, Lucien Boyer y va lui aussi de sa satire du maire Martin. Dans les «Couplets en l'Honneur de Son Honneur Médéric Martin», Lucien Boyer écrit:

> C'est extraordinaire
> Dans ce beau Montréal
> Tout change sauf… le maire…
> Ça d'vient phénoménal
> […]
>
> Quand il pass' dans la rue
> À tous les p'tits garçons
> Médéric distribue
> Des candies, des bonbons
> En se disant tous ces sacrés moutards
> Vot'ront pour moi plus tard

---

33. Sur l'air de «Sympathique», dans *Mam'zelle Printemps*, revue de Julien Daoust, 1917. Extraits publiés dans *Montréal qui Chante*, mai-juin 1917.

34. «La profession de foi du Maire», sur l'air de «La souris d'Hôtel», dans *As-tu vu Gédéon?*, revue d'Armand Leclaire, 1916.

Refrain
Oh! Médéric, il est toujours élu
C'est un malin, j' vous jur' qu'il sait y faire
Aux élections il n'est jamais battu
Il a vraiment une vein' de pendu[35].

D'autres politiciens sont également montrés du doigt, comme le premier ministre du Canada Robert Borden, dans *L'employé du Grand Tronc*, une chanson de 1920 critiquant la décision du gouvernement fédéral d'étatiser la compagnie ferroviaire Grand Tronc pour l'intégrer dans les Chemins de fer nationaux. Les années d'après-guerre sont marquées des ajustements douloureux au niveau économique : difficile conversion à une économie de paix, baisse dans la production manufacturière, retour des soldats démobilisés sur le marché du travail et inflation qui atteint des niveaux inquiétants. Cette période débouche, en 1920, sur une grave crise économique : l'inflation est arrêtée et les prix chutent, mais le chômage augmente de façon dramatique. Un des secteurs clés de l'économie canadienne est particulièrement affecté depuis le déclenchement de la guerre, celui des chemins de fer, d'où la décision du gouvernement fédéral d'étatiser le Grand Tronc et le Canadien-Nord, entre 1917 et 1922[36].

Notr' gouvernement dont l' trésor regorge
De millions d' dollars, n' sait plus quoi ach'ter
Et pendant qu' de tax's Borden nous égorge
Y s' paye en Florid' des « trips » de santé
Maintenant qu' la guerr' n'est plus une excuse
Pour les profiteurs à doubler l' jambon
Ils ont fait fleurir un schem' plein de ruse
Ils ont d' nos deniers acheté l' Grand Tronc.

Si ça continue, j' pens' qu'à la tribune,
Pour peu qu'un pot-d'vin leur soit accordé
Nos bons députés achèt'ront la lune
Et même les étoiles qui s' trouv'nt à côté.
Cent soixant' millions, c'est pas pour des pommes
Que l' Grand Tronc se vend au gouvernement.

---

35. Sur l'air de « Nénette et Rintintin », dans *La Grande Revue de Lucien Boyer*, présentée au Théâtre Canadien-Français en janvier 1922.
36. Paul-André Linteau, *Brève histoire de Montréal, op. cit.*, p. 108-109.

LE CANDIDAT MULTICOLORE

DISCOURS-PROGRAMME
Récité par Darcy

Je suis, messieurs, le vrai candidat idéal
Conservateur parfois, au besoin libéral
(Voix : – Chou chou !!)

Pour vous, madame, alors, je suis nationaliste
Impérialiste, chauvin castor, autonomiste.
En principes, l'avouerez, je suis très riche

(Voix : – Honte !)

Oh, vous savez, au fond, j' men contrefiche.
Prêtez-moi...

(Tout le monde se fouille)

...simplement une oreille attentive
Et je vais mettre en train mon imaginative...
Dites-le-moi, que voulez-vous ?

(Tous vont pour parler)

Je vous le donne
Vraiment, je ne voudrais mécontenter personne
Voulez-vous par hasard un petit chemin de fer ?

(Voix : – Deux !)

Vous en aurez, l'ami, au moins trois cet hiver
Préférez-vous un quai ? Ou bien une jetée ?
Ou bien un pont en fer sur vos rives posé ?

(Voix : – On n'a pas d'eau !)

Pour vous alors, je creuserai une rivière
Ne vous gênez donc pas, demandez, sans manières,
Est-ce alors, qu'un bureau de poste vous irait ?
Bien, j'en mettrai deux à chaque porte. C'est fait.
Voudriez-vous enfin qu'un grand canal j'obtienne ?
Je construirai celui de la Baie Georgienne
Le Transcontinental passe ici, me dit-on ?
Bravo, je vais pour vous ériger deux stations

(Voix : – J'en veux pas !)

Les engins, par hasard font-ils tarir vos vaches ?
Pour les faire passer, je bâtirai des arches.
En parlant d'animaux, si nous causions ensemble ?

Je pourrais vous en dire bien long, il me semble.
J'importerai pour vous l'étalon magnifique,
Mesdames, pardonnez ce terme tout technique

(Voix : – Pas d'étranger!!)

Vous dites : Mais cet homme, il n'est pas du comté
J'en suis pourtant, messieurs, c'est pure vérité
Ma mère avait quitté vos rives trente jours
Quand la première fois j'ouvris les yeux au jour
Et mon père en était. Il m'a dit : Je le suis!
Et son front faisait voir qu'il ne mentait pas, lui!
Je suis donc votre enfant à tous, et ce village
Comme un seul homme, doit me donner son suffrage

(Voix : –Pas d'avocat!)

Cette interruption me touche droit au cœur
Personne plus que moi n'a du cultivateur
Connu le triste sort et partagé la peine;
J'ai cultivé la terre et labouré la plaine
Fièrement j'élevais dans ces temps glorieux
Des veaux et des cochons, oui, comme vous, messieurs

(Voix : –Bravo!)

Touchez là, électeur, vous en êtes un autre.
Qui donc voudra m'ôter l'honneur d'être des vôtres

Je veux faire partie de toutes les familles
Je saurai d'un mari munir les vielles filles
Je serais des enfants le père avec plaisir
Si je savais par là rencontrer vos désirs
Je proclame, devant les cieux, devant la terre,
Que, si vous le voulez, j'enferme vos belles mères,
Et si de vos envies, il n'en reste plus une,
J'irai pour vous, dans l'azur bleu, chercher la lune

(Voix. : –Hear! hear!)
(On lance une brique sur le candidat)

Voilà de l'adversaire un argument frappant
Car de Saint-Hyacinthe il arrive à l'instant

Je suis, vous le savez, du régime actuel
Mes principes sont un, comme ils sont éternels
Et si l' gouvernement se fait flanquer dehors
Je s'rai, soyez certain, du côté au plus fort.
Ma devise, électeurs, est belle et sans reproche
Je crois qu'ell' vous plaira. C'est : "Au plus fort la poche"!

Acréyé!! Le «Sacre» de Georges 5 (1911)
P. M. Bernard et N. Lafortune

> *J' vous avou' franch'ment que pour pareill' somme*
> *J' vendrais bien mon tronc avec tout c' qu'y a d'dans…*[37]

Dans le contexte de 1920, alors que se déclare une grave crise économique, et que le chômage sévit, on peut comprendre le mécontentement des électeurs face à de telles dépenses. Une chanson d'Armand Leclaire, écrite au début des années 1920, dénonce aussi les gaspillages et exprime un certain désarroi pour ce qui se passe au plan économique à travers les paroles d'un chemineau :

> *Avant longtemps – ça c'est fatal!*
> *Grâce aux tax's, à tout c' qu'on gaspille,*
> *Vous d'viendrez l' costum' national,*
> *Mes vieill's guénilles*[38] *!*

Un des traits politiques de cette époque est la montée du monopolisme et le début de l'intense lobbying des entreprises auprès des gouvernements et des politiciens. Cette connivence et les excès qu'elle engendre choquent l'opinion publique. Les auteurs de chansons se font d'ailleurs parfois plus critiques que les partis d'opposition, et le public les acclame volontiers et en redemande. La hausse des impôts et des taxes est aussi un sujet de prédilection, comme dans *Le Contribuable*, chanson dont le propos, même près de cent ans après avoir été écrit, résonne d'un écho familier :

> *Avant que les échevins soient élus*
> *Ils dis'nt qu' les tax's augmenteront plus*
> *Mais un' fois qu'ils sont dans le palais*
> *C'est pire que jamais*
> *Le Budget est un trou si profond*
> *Que personne n'en a vu le fond*
> *Et voilà, vraiment c'est encore beau*
> *Qu'on nous laisse la peau*
>
> Refrain
> *Pauvr's con… pauvr's contribuables*
> *Bonn's poires inépuisables*

---

37. Sur l'air de «Lettre du démobilisé», dans *N' fais pas ton p'tit prince!*, revue de Pierre Christe, présentée au Théâtre Canadien-Français (direction Silvio) le 12 janvier 1920.

38. *Au Clair de la Lune* [manuscrit], revue d'Armand Leclaire, entre 1920 et 1924, p. 4.

> *Faut pas d'un seul coup*
> *Nous tordr' le cou*
> *Pi…pi…tié pour notre galette*
> *Laissez du beurr' dans l'assiette*
> *Car sachez qu' c'est embêtant*
> *D' vider ses poch's tout l' temps*[39].

Les revuistes, en somme, n'y vont pas de main morte quand il est question de politique. Ces chansons à saveur éditoriale contribuent certainement au développement d'une conscience politique plus aiguisée au sein du public. Ces textes de revues, entendus sur scène, se retrouvent aussi dans les pages de publications comme *Le Passe-Temps* et *Montréal qui Chante*. *Le Passe-Temps* publie également de nombreux monologues ou gazettes rimées portant sur des sujets d'actualité, mais ne provenant pas de revues. Il y a donc tout un discours critique «populaire» qui circule de la scène aux journaux, aux programmes de théâtre et à la rue; à une époque où il n'y a ni télévision ni radio qui puissent jouer ce rôle, c'est loin d'être banal.

Vie et mœurs

> *Ah! Vraiment on peut se demander*
> *Où nous allons tous en arriver*
> *Si nos gouvernants*
> *Prohib'nt tant et tant*
> *Faudra finir par les prohiber,*
> *Car dans leur folie à tout supprimer*
> *Ils interdiront aux femm's et aux hommes*
> *De…de…de…de…de… croquer la pomme.*
> *Ah! Mais ce jour-là, c' qu'ils s' f'ront emboîter*[40].

En plus de discuter des questions politiques, les revuistes commentent tous les aspects des actualités et de la vie sociale. Ainsi, les revues traitent fréquemment des mœurs et de la vie conjugale, des prix qui augmentent, ainsi que des problèmes liés à la vie en ville.

39. *P'sitt! Gare au trou…ble*, revue d'Ernest Tremblay et Georges Dumestre, mars 1911. Textes publiés dans *Montréal qui Chante*, vol. 3, n° 32 (11 mars 1911).
40. *R'Donne-Moi Ma Bague!*, revue d'Ernest Tremblay et Pierre Christe, présentée au Théâtre National Français, le 21 avril 1919.

Un de ces problèmes est l'état parfois déplorable des logements ouvriers, comme en témoigne un passage de la «comédie musicale et fantaisiste» *En veux-tu?... En v'là!*, de Blanche Dubuisson, une rare femme auteure de revue. Dans cette pièce, la commère (Montréal) et le compère (Noël Sarrasin, un franco-américain qui a anglicisé son nom : Christmas Buckweat), rencontrent un couple en train de déménager. Ceux-ci racontent que trouver un appartement pour y loger leurs 21 enfants, «ça a pas été qu'anne p'tite affaire» :

> La dame
> *On a été en oir un autre su' la ruelle Maqueue... Ah ben là... c'était-y épouvantable, hein, Noé?*
>
> Le mari
> *Épouvantable, c'est pas le mot... C'était pas cher, par exemple, mais si vous aviez vu les punaises pis les coquerelles... Anne vraie armée...Dans le salon, que l' yable s'en fû... c'était un vrai «nique»...*
>
> La dame
> *Comment un «nique»?... Y en avait tellement qu'y se promenaient su' les notes du piano en jouant Home sweet home...*
>
> Noël
> *Aie... aie... ambitionnez pas su' le pain béni...*
>
> La dame (crachant par terre)
> *Ma grand conscience.*
>
> Le mari
> *Ah pis quand même... y avait pas de gaz... pas de «treccité»[électricité]...*
>
> La dame
> *Pis les closets* [toilettes] *dans la cour... c'avait pas de bon sens...*[41]

Il est parfois question du travail des enfants, comme dans la revue *Au Clair de la lune*, d'Armand Leclaire. Un passage de cette revue met en scène Louise, la jeune fille éduquée au couvent, et son oncle Tarsicius, qui croisent un petit garçon télégraphiste. Son travail consiste à porter les télégrammes. Il a huit ans à peine, mais se conduit en homme : il fume, «comme poupa», et son travail lui rapporte assez d'argent pour «aller voir les filles». Après quelques instants, il s'excuse :

---

41. *En veux-tu...En v'là!....* [manuscrit], comédie musicale et fantaisiste en 2 actes de Blanche Dubuisson (sans date), p. 3 et 4.

il doit partir, il est pressé, car «*time is money*». Louise demeure songeuse un instant, puis déclare :

> *Je pense qu'il est très intelligent ce petit garçon. Il est malheureux cependant que ses parents ne voient pas à lui donner une instruction solide pour assurer son avenir. Ceux qui laissent travailler leurs enfants au lieu de les faire instruire se préparent bien des désillusions. Pour les quelques piastres qu'ils rapportent à la maison, ces pauvres petits gâchent leur vie, ils ne feront jamais que des manœuvres ou des petits salariés.*

Tarsicius
> *Quosque tu veux ? C'est le défaut de tant de canayens ; aussitôt qu'ils savent lire et écrire ils s'imaginent qu'ils n'ont plus rien à apprendre.*

Louise
> *Aussi, mon oncle, ils restent toujours au bas de l'échelle pendant que les autres montent*[42].

Cet extrait démontre bien que les revues pouvaient servir de moyens d'éducation populaire. Leclaire, visiblement, voulait faire réfléchir le public et l'inciter à faire instruire ses enfants.

La revue *En veux-tu ?... En v'là !...* traite également du travail des enfants. Dans un passage de cette revue, la commère et le compère rencontrent deux jeunes filles qui travaillent comme couturières pour subvenir aux besoins de leur famille :

Montréal [la commère] :
> *[...] Maintenant que vous êtes parmi nous, je vais vous faire voir quelques actualités présentes qui, sans doute, vous feront connaître encore plus notre belle ville...*

Noël [le compère] :
> *Vous êtes ben aimable, mademoiselle, et je conserverai de vous un bon souvenir. Mais, dites-moi... quelles sont ces jeunes filles qui s'avancent ?*

Montréal :
> *Ce sont nos gentilles ouvrières canadiennes... Elles partent de chez elles aux premières heures du jour, ne s'occupant ni du froid ni de la neige, pour aller travailler...*

(Girls – CHANT – Le régiment des couturières) [Les paroles ne sont pas retranscrites.]

---

42. *Au Clair de la Lune* [manuscrit], revue d'Armand Leclaire, entre 1920 et 1924, p. 34.

Noël :

Tout cela est très bien, mesdemoiselles… Mais, dis-moi, ma petite… tu me sembles bien jeune pour travailler… Quel âge as-tu ?

1re ouvrière

14 ans, monsieur.

Noël :

Mais tu es trop jeune… tu ferais mieux d'être à la classe…

1re ouvrière

Je voudrais bien y aller à la classe afin de m'instruire, mais il faut que je travaille pour aider maman…

Noël :

Mais ton papa ne travaille pas ?

2e ouvrière

Laisse-moi donc faire, Mina, j' vas y parler au bonhomme… Ma petite sœur est pas comme moé… elle a peur de parler… Eh ben, poupa, parlez-moi z'en pas… y boit tout ce qui gagne… y donne jamais anne cent à la maison… Faut ben travailler pour s'emplir le ventre…[43]

Le discours est ici clairement d'ordre moral : des jeunes filles qui, au lieu de s'instruire, sont obligées de travailler parce que leur père est alcoolique et irresponsable. Cela reflète un pan du discours social de l'époque ; dans les années 1910 et 1920, l'alcoolisme et la dépendance aux drogues préoccupent l'opinion publique. Ceci trouve naturellement écho dans les pièces de l'époque[44] et dans les revues, où on retrouve régulièrement des chansons sur la « dope » ou des personnages d'ivrognes.

Dans *Au Clair de la Lune*, nous l'avons vu, le discours moral passe largement par le personnage de Louise. Dans une scène où elle retrouve son oncle Tarsicius (le compère) « pas mal gris », Louise lui fait la morale en lui disant que « la boisson, c'est une invention du diable[45] ». Le propos de ce personnage, axé sur les valeurs catholiques, rejoint en

---

43. *En veux-tu ?…En v'là !…* [manuscrit], comédie musicale et fantaisiste en 2 actes de Blanche Dubuisson (sans date), p. 2. Malheureusement, ce manuscrit est incomplet et ne comporte pas la suite de cette scène.

44. Songeons notamment à *La vierge des bouges*, d'Armand Leclaire (1922), ou *Les Dopés*, de Paul Gury (1919).

45. *Au Clair de la Lune* [manuscrit], revue d'Armand Leclaire, entre 1920 et 1924, p. 20.

bonne partie le discours des féministes canadiennes-françaises de l'époque, qui doivent concilier féminisme et catholicisme, et de ce fait orientent d'abord leurs actions vers des causes sociales, telles que la lutte contre l'alcoolisme et la mortalité infantile, l'assistance aux chômeurs et la promotion du logement ouvrier[46].

Ces thèmes se retrouvent sous la plume des revuistes. Une chanson de 1913, « La mortalité infantile », dénonce l'inaction des élus face à ce fléau :

> *À quoiqu' ça sert la grande science ?*
> *Qui dit avoir tout découvert,*
> *Si ell' ne protèg' pas l'enfance*
> *Du froid tombeau d'vant elle ouvert.*
> *Qu'est-c' qu'ils font à l'hôtel-de-ville,*
> *Nos conseillers et nos éch'vins ?*
> *La mortalité infantile*
> *Leur paraît un sujet mesquin ;*
> *Ça n' fait pas parti' d' leurs travaux,*
> *Ils laiss'nt mourir nos pauv' petiots.*
>
> Refrain
> *Faut avoir pitié des mamans,*
> *S' pencher sur leur douleur atroce*
> *Quand ell's ont perdu leur enfant*
> *Et qu'ell's pleur'nt sur leur pauvre gosse*
> *Faut avoir pitié des mamans[47].*

La pauvreté et le chômage sont souvent décriés dans les revues, notamment par le discours des personnages de chemineaux et de mendiants. Dans *Au Clair de la Lune*, un mendiant aveugle donne un petit conseil de morale à une passante :

> *Ô vous qui passez devant un mendiant*
> *Rappelez-vous qu'il a des enfants*
> *Riches heureux vous n'êtes pas seuls sur terre*
> *Entre vos bonheurs pensez à notre misère[48].*

---

46. Yvan Lamonde, *Histoire sociale des idées au Québec*, op. cit., p. 95-96.

47. Sur l'air de « Les larmes », dans *As-tu vu la R'vue???*, revue d'Armand Robi et Pierre Christie présentée au Théâtre National Français le 31 mars 1913.

48. Sur l'air de « Miami Shore », dans *Au Clair de la Lune*, op. cit., p. 29.

Mais ce discours charitable est quelque peu atténué par le fait que ce personnage est en fait malhonnête : le mendiant feint d'être aveugle pour récolter plus d'argent. Lorsqu'elle s'en aperçoit, Louise s'indigne : « Un aveugle de circonstance comme il y en a tant dans les villes. Le malheur, c'est que ces paresseux, ces exploiteurs de la charité publique, nuisent aux pauvres, aux vrais mendiants car les gens, craignant d'être trompés, ne veulent plus donner[49]. »

Les féministes canadiennes-françaises, que Mgr Camille Roy qualifiait de « trust des femmes » en 1905[50], en plus de promouvoir des réformes sociales, aident aussi l'accès à l'éducation en mettant sur pied des cercles d'études, qui trouveront leur pendant rural dans les Cercles des fermières. La Fédération nationale Saint-Jean-Baptiste publie aussi une revue, *La Bonne Parole*, à partir de 1913, et travaille à l'égalité juridique et à l'obtention du droit de vote pour les femmes. Dans *As-tu vu la R'vue???*, de 1913, la chanson « La suffragette » évoque avec humour cette revendication importante pour les femmes :

> *Nous voulons imiter les femm's de John Bull,*
> *Nous avons juré de rendr' les homm's mabouls*
> *Pour nous, le droit, nous réclamons :*
> *De voter pour qui nous voulons*
> *Messieurs, nous secouons votre tyranni';*
> *Votre prestige en sera tout raccorni.*
> *Nous réclamons la liberté,*
> *Nous ne voulons plus être embêté's.*
>
> Refrain
> *Hurry, up ! Hurry, up ! v'là notre doctrine,*
> *Nous voulons la liberté féminine,*
> *Et nous l'aurons palsembleu !*
> *Puisqu'on dit que ce que femme veut, Dieu le veut ;*
> *Hurry, up ! Hurry, up ! V'là notre doctrine,*
> *Que les hommes on les extermine,*
> *Tout au moins moralement,*
> *Car on les gard' pour certains moments[51] !*

49. *Ibid.*, p. 31.
50. Cité dans Yvan Lamonde, *Histoire sociale des idées au Québec, op. cit.*, p. 95.
51. « La Suffragette », dans *As-tu vu la R'vue???, op. cit.*

Sur un registre plus léger, les chansons de revues parlent très régulièrement de rencontres amoureuses qu'il est possible de faire. Il y a le tramway, nous l'avons vu, mais d'autres lieux prisés des Montréalais sont tout aussi propices, comme les parcs de la ville, le mont Royal et les salles de cinéma.

Dans *As-tu va la R'vue???*, un tableau met en scène la commère et le compère sur le belvédère du mont Royal. La commère s'attend à voir un spectacle divertissant :

> *D'ici nous pourrons voir très bien,*
> *En cinématograph' sans fin*
> *Défiler à tort et à travers,*
> *Les personnag's les plus divers.*
> *On verra des gens empotés,*
> *On verra mêm' des députés,*
> *On verra surtout, ce s'ra mieux,*
> *Défiler des tas d'amoureux.*
>
> Refrain
> *Car dis-toi bien, mon Compère,*
> *Ce qui domine ici,*
> *Sont les liaisons passagères,*
> *Et les vieilles aussi,*
> *À la montée leur tenue*
> *Correcte, est sans égal';*
> *Mais quand y r'vienn'nt dans la rue,*
> *Le spectacle est loin d'êtr' banal[52].*

Les salles de cinéma et de théâtre, considérées comme des lieux de perdition morale par le clergé, sont également souvent mises en scène par les auteurs de revues. La chanson « Cinémaboul », de la revue *Arrête un peu!*, est plutôt éloquente au sujet de l'intimité rendue possible dans l'obscurité d'une salle de cinéma :

> *Y a des jours où j'ai ben d' l'agrément,*
> *J' vais vous expliquer ça très simplement :*
> *C'est quand près d'un tendron*
> *Je m'assieds sans façon*
> *Pour mieux regarder les artistes.*

---

52. Sur l'air de « Ah ! qu'on est bien, Mademoiselle », dans *As-tu vu la R'vue???*, *op. cit.*

> *Bientôt mon genou frôle son genou,*
> *Ça m'fait passer des petits frissons très doux,*
> *J'ai le cœur en émoi,*
> *Mes doigts frôlent ses doigts,*
> *C'est vraiment délicieux, ma foi,*
> *L'cinéma,*
> *L'cinéma,*
> *Dans c'temps me rend optimiste,*
> *L'cinéma,*
> *L'cinéma,*
> *Ne doit exister qu'pour ça*[53].

Les revuistes, en composant des chansons qui célèbrent l'intimité particulière que permet la sortie amoureuse au cinéma, comme le *Cinémaboul*, prennent le contre-pied du discours clérical puritain sur le cinéma et l'émotion amoureuse.

Les revuistes peuvent parfois aller assez loin sur le terrain de l'amour et des relations amoureuses. En premier lieu, les personnages du compère et de la commère entretiennent le plus souvent un jeu de séduction. Si la commère fait mine de protéger sa vertu, le compère est entreprenant et déclare sa flamme sur tous les tons. Dans cette chanson de 1919, le compère dévoile ses tactiques de séduction :

> *Lorsqu'un homm' rencontre un minois charmant*
> *Il lui fait tout d'suite un peu d'boniment,*
> *Lui jurant au bout de quelques instants*
> *De l'adorer éternellement.*
> > *Pftt... (rire)*
> *Puis il lui prend tendrement la main,*
> *Car c'est le chemin*
> *Pour aller plus loin.*
> > *Pftt... (rire)*
> *Eh bien! moi, je ne commenc'pas comm'ça,*
> *Mais je lui parle très bas, très bas...*
>
> Refrain
> *Je lui dis...*
> (il chuchote des mots sans suite)

---

53. Sur l'air de «Le tour de main», dans *Arrête un peu!*, revue de Pierre Cauvin, présentée le 6 janvier 1919 au Théâtre Canadien-Français (direction Castel-Legrand).

Elle m' répond…
(idem)

[…]
V'là l' moyen le meilleur
D'être vainqueur
D'un p'tit cœur[54].

De nombreuses chansons évoquent aussi l'adultère. Le ton est souvent comique, ou grivois – le mari qui est obligé de garder le petit à la maison pendant que sa femme magasine chez Dupuis, ce qui l'empêche de sortir avec ses amis et d'accepter l'invitation d'une jolie brune[55], ou celui qui est cocu par le médecin venu «déreinter» sa femme éreintée, dans cette chanson à répondre de 1928, d'Armand Leclaire:

L' docteur arriv' chez la Renaud
Et tout de suite il monte en haut
«Restez en bas, vous le mari,
Car vous pousseriez trop de cris!»

[…]

L' mari est en bas d' l'escalier
Mais le docteur il est entré…
«Ça m' fait d' la peine, ell' doit souffrir,
Il m' semble que j'entends des soupirs!»

L' mari mont' sur le bout des pieds
Par la serrure il va r'garder…
«J' dirais qu'il m' vole mon honneur
Si j' savais pas qu' c'est un docteur!»

Au bout d'une heur' c'est bien fini,
L' docteur revient tout défraîchi;
«Maint'nant, l' mari, faut me payer
Car je vous assur' qu' j'ai travaillé!»

Je l'ai remise en bonne santé
Mais ça m'a beaucoup fatigué

---

54. Sur l'air de «Tout bas! Tout bas!…», dans *R'Donne-Moi Ma Bague!*, revue d'Ernest Tremblay et Pierre Christe, présentée au Théâtre National Français, le 21 avril 1919.

55. Chanson (sans titre) chantée dans *Voilà le plaisir!*, revue d'Almer, présentée au Théâtre Canadien-Français le 6 novembre 1922 (direction Silvio).

> *Si ça la r'prend dans la journée*
> *J' suis plus capabl' de r'commencer*[56]*!*

Les chansons de revues relatent aussi les doléances des maris sur les dépenses des épouses et évoquent ce qui se passe dans les parcs de la ville la nuit ou sur la rue Cadieux[57]... Le ton comique n'empêche pas un propos plus sérieux, comme dans la chanson «La Magasineuse», de 1913, qui déplore que «le bonheur, après l' mariage tombe à l'eau»:

> *Ces messieurs pass'nt leur temps*
> *À boir' des gins dans les bars,*
> *Ou bien risquent leur argent*
> *À jouer au bluff très tard,*
> *Ou bien passent leurs nuits*
> *Sans vergogne à nous tromper;*
> *Pour calmer notre ennui,*
> *Quand on en a assez,*
> *Nous allons magasiner.*

> Refrain:
> *Nous nous promenons*
> *Nous magasinons*
> *Pour oublier not' mari*
> *Et nous achetons à tous les rayons*
> *Nos articles favoris.*
> *De r'tour, nos cartons,*
> *Emplissent la maison.*
> *Et quand il s'en aperçoit,*
> *S'il prend un air grognon,*
> *D'un sourire mignon,*
> *On le r'tourn' comme un anchois*[58]*.*

Bien qu'elles soient le plus souvent comiques, de telles chansons tiennent un discours qui s'éloigne très sérieusement des valeurs en vigueur dans la religion catholique. Il n'est pas étonnant que le clergé

---

56. *C'est moi qui rame*, revue d'Armand Leclaire, présentée au Théâtre Chanteclerc le 9 décembre 1928.

57. Cette rue, située au cœur du quartier surnommé le «red light», avait une si mauvaise réputation à cause, notamment, de la prostitution qu'elle a changé de nom pour prendre celui de de Bullion.

58. *As-tu vu la R'vue???*, op. cit.

et le milieu conservateur voient d'un mauvais œil ces spectacles qui, sans jamais s'en prendre directement à l'Église, propagent un propos audacieux qui va à l'encontre des règles morales édictées. Si le cinéma est surveillé de près, le théâtre n'est pas en reste ; il fait lui aussi l'objet d'une censure légale et cléricale.

Henry Deyglun, auteur dramatique de l'époque, raconte qu'il était très difficile d'écrire pour le théâtre dans les années 1920 et 1930, étant donné la morale arbitraire qui avait cours. Il décrit la censure et le puritanisme comme des empêchements majeurs à la création :

> Autre handicap, et majeur celui-là, la censure rigide qui régnait alors. Pas une censure officielle. L'officielle existait, oui ! mais bien que très rigoureuse, elle l'était infiniment moins que celle imposée, non pas précisément par le clergé, mais par les bigots agissants et vindicatifs qui empoisonnaient, par leurs scrupules outrés, leurs curés toujours plus débonnaires ; mais qui étaient tout de même contraints de demander aux acteurs de mettre la pédale douce pour ne pas être importunés par ces sortes de gens rigoristes, à la Foi fortement teintée de fiel. [...] Il fallait donc passer à travers ce filet aux mailles serrées, mieux, ce filtre à préjugés, pour oser produire une pièce[59].

Deyglun rappelle que « l'on pouvait aller en prison pour un spectacle audacieux[60] ». Il raconte ainsi qu'en 1926[61], tous les membres de la troupe de J. A. Gauvin, au Théâtre St-Denis, sont arrêtés en pleine représentation et mis derrière les barreaux, en costumes de scène, pour avoir joué l'opérette *Phi-Phi*. Une opérette qui, selon Deyglun, avait été jouée plus de quatre mille fois, un peu partout à travers le monde.

Les revuistes abordent parfois cette délicate question de la censure au théâtre. Nous n'avons pas de dialogues ni de textes de chansons sur le sujet, mais les annonces des journaux mentionnent, par exemple au sujet la revue *Dans l'Est, Ma Chère!*, que « le premier acte se déroule chez le recorder alors qu'on plaide la cause d'une revue de théâtre,

---

59. Henry Deyglun, « Théâtre d'hier » [manifeste], p. 3-4. Manuscrit de sept pages dactylographiées, sans date (après 1940). Disponible à la BAnQ dans le fonds Rinfret, 058/10.

60. *Ibid.*, p. 4.

61. En fait, cet événement s'est plutôt produit en 1930 selon les traces retrouvées dans les journaux et selon Jean Béraud dans *350 ans de théâtre au Canada Français*, *op. cit.*, p. 201-202.

interdite par la censure[62]» et que «nous verrons les artistes de la revue arrêtés, venant plaider leur cause[63]».

Les grands magasins et la mode

D'autres aspects de la vie moderne sont illustrés à travers de nombreuses chansons de revues. Il y est notamment question de la nouvelle merveille : la consommation. Dans cette chanson de la revue *Ça marche*, les grands magasins du centre-ville sont personnifiés :

> *Nous sommes de la ville*
> *Tous les grands magasins*
> *Chez nous, l'on vient par mille,*
> *Profiter d' nos bargains.*
> *Car c'est à nous la pomme*
> *Pour le chic et la gomme.*
> *Chacun s'écrie : voilà !*
> *Nos magasins y'a qu' ça !*
> *Nous sommes, de la métropole,*
> *Bien sûr, son plus bel ornement.*
> *Et nous l' disons sans faribole :*
> *Chez nous tout est vraiment charmant.*
> *Rue Sainte-Catherine,*
> *Chacun accourt nous admirer.*
> *Ce n'est qu'un cri d'vant nos vitrines.*
> *En nous voyant si bien parés :*
> *Les magasins[64].*

La même revue fait de la mode un personnage, qui, à en croire le refrain, se pavanait devant le public pour montrer des tenues dernier cri :

> *Garnie de dentell's et de rubans.*
> *Mon tissu, très léger, est presque transparent.*
> *Je suis app'lée à faire sensation,*
> *Par ma distinction.*

---

62. Anonyme, «"Dans l'Est, ma chère…" la première revue de l'année au Canadien-français», *La Patrie*, 29 janvier 1924, p. 14.

63. Anonyme, «"Dans l'Est, Ma Chère", grande revue d'Almer, au Canadien», *La Patrie*, 26 janvier 1924, p. 32.

64. Sur l'air de «Les fins de siècle», dans *Ça marche*, revue d'Almer et Léo, présentée au Théâtre National vers 1919.

Ma jupe très courte, me donne un chic de bon goût.
À peine longue pour cacher les genoux.
On m'aime comm' ça, car pourquoi donc voiler
Ces trésors, charmeurs de beauté.

Refrain
Admirez, cher public,
La grâce et l'esthétique
De ce modèl' très chic.
C'est tout nouveau,
Ça n' tient pas chaud
Mais ça laisse entrevoir.

Compère
Quoi, je voudrais savoir?
Oh! j' voudrais savoir?

La mode
Non, non, monsieur, je n'oserais pas
Vous dire ces choses-là[65].

Dans une autre revue de 1917, Almer fait d'une escale chez Dupuis frères le prétexte pour un entracte. Il en profite au passage pour moquer le côté dépensier des femmes :

Compère
Dès aujourd'hui
Viens, chez Dupuis
Choisir un grand manteau, ma belle.
Pour les chapeaux,
Y a tout là-haut,
Du goût et de la mode nouvelle.

M. G. L. [personnage ou comédien non précisé]
Croyez pas qu'il y ait d' la réclame là-dessous,
Ça ne nous rapporte pas un sou.

Commère
Et pourvu que le tout coût' des prix fous
Je suis femme, mon chéri, moi j' m'en fout'.

---

65. Sur l'air de « La Dame du Métro », dans *Ça marche, op. cit.*

En chœur
Partons gaiement, pédestrement.
Allons en route en chantant dans la rue.
Puis nous continuerons la revue,
Boum!... ça y est.
Le plaisir est complet[66].

Les grands journaux

Plusieurs revues mettent en scène les petits vendeurs de journaux, qui font certainement partie des personnages urbains classiques. Par exemple, *La Belle Montréalaise* (1913) débute par une scène à la gare Windsor, dans laquelle défilent les petits vendeurs de journaux rivalisant de sensationnalisme :

1er vendeur
La Presse! La Presse! Achetez mon journal! Les détails d'un crime épouvantable!

2e vendeur
La Patrie! La Patrie! Achetez mon journal! Un meurtre et trois vols! La Patrie!

3e vendeur
L'Événement! Le Soleil! Le Canada! Seul journal du matin! Deux meurtres! Trois vols et quatre incendies[67] *!*

Dans le programme de *Montréal à la cloche* (1901), on annonce un défilé des journaux français dans le quatrième acte : «*La Presse, La Patrie, Le Journal, Le Samedi, Le Passe-Temps, Le Canard*». Dans la revue *Au Clair de la lune*, la ville de Montréal est un personnage, et elle présente à Louise et à Tarsicius les grands journaux de la ville. Un à un, ils «arrivent», représentés par les personnages de dessins humoristiques. Par exemple, le journal *La Presse* est représenté par Ladébauche, qui, rappelons-le, était un personnage d'une caricature avant de devenir un incontournable des revues :

66. *Boum!!... Ça y est!,* revue d'Almer, présentée au Théâtre Canadien-Français, le 15 janvier 1917.
67. *La Belle Montréalaise* [manuscrit], revue de Julien Daoust, 1913, p. 1.

Montréal
Alors, regardez bien La Presse!

Ladébauche
Messieurs et dames… Excusez ma bougrine si elle est un peu sale mais j'arrive du chanquier au foreman Taschereau de Québec et j' vous passe un papier doré sur tranches que c'est pas toujours net dans ces parages-là[68]*!*

Viennent ensuite Timothée, représentant *La Patrie*, Bringhing up father, représentant *Le Montreal Daily Star*, et Mutt & Jeff, représentant le *Montreal Standard*. Cette scène s'achève sur une chanson chantée par Montréal, célébrant les personnages humoristiques des journaux :

> *Dans la gaieté*
> *Qu'ils sèment à satiété*
> *On oublie les tracas de la vie.*
> *Quand on les lit on s'amuse franch'ment,*
> *Ils nous font r'devenir enfants!*
> *Leurs mots railleurs*
> *Nous dilatent le cœur.*
> *Au rire franc ils nous convient.*
> *Viv' Mutt & Jeff, Ladébauche entêté*
> *Viv' Father & Maggie,*
> *Et Viv' Timothée*[69]*!*

Tous ces extraits de revues illustrent bien le registre et les thèmes qui caractérisent ces spectacles si populaires auprès du public. Écrits dans une langue truffée de *canadianismes* et mettant régulièrement en scène des habitants de la campagne, les revues déplaisaient à la critique dramatique et à l'élite culturelle. Avec des thèmes «osés», se moquant discrètement mais implicitement de l'autorité religieuse, elles s'attiraient parfois les foudres du clergé, qui a tenté dès le début d'endiguer ce nouveau type de spectacle[70].

Mais en dépit de la désapprobation qu'elle pouvait susciter, le public québécois s'est pris d'affection pour la revue d'actualité, et sa fidélité ne s'est jamais démentie. La tradition et l'esprit de la revue d'actualité se

---

68. *Au Clair de la lune* [manuscrit], revue d'Armand Leclaire, entre 1920 et 1924, p. 16.

69. Sur l'air de «La musique qui passe», dans *Au Clair de la lune*, p. 18.

70. Denis Carrier, *Le Théâtre National. Histoire et évolution (1900-1923)*, *op. cit.*, p. 320-321.

sont perpétués au fil des ans, sur scène, à la radio et à la télévision, avec, entre autres, les *Fridolinades* de Gratien Gélinas, les sketchs non censurés des Cyniques, les traditionnels *Bye Bye* annuels, les impayables Rock et Belles Oreilles (RBO), les Bleu Poudre, l'année «revue et corrigée» du Théâtre du Rideau Vert[71], les cabarets politiques des Zapartistes et les sketchs radiophoniques d'*À la semaine prochaine*, à la radio de Radio-Canada.

71. Le Théâtre du Rideau Vert, situé rue Saint-Denis près de l'avenue du Mont-Royal, a abrité le Théâtre Chanteclerc, puis le Stella. Il était à cette époque «le théâtre du haut de la ville».

ACTE IV

MÉDIATEURS DE LA MODERNITÉ :
LE PRÊCHEUR ET LE TENTATEUR

TABLEAU 1

JOSEPH DUMAIS, LE BONIMENTEUR ACADÉMIQUE

Pour fair' du succès comm' conférencier,
Vous devez connaîtr' par cœur votr' métier;
Il faut avant tout savoir plaire aux femmes
Et du bout du doigt leur chatouiller l'âme,
Il faut les r'garder droit sans sourciller
D'un coup d'œil adroit qui loin s'aventure,
Pour examiner leur littérature[1].

Un personnage singulier permet de bien comprendre l'attitude de l'élite cultivée de l'époque quant à la langue et la culture populaires : Joseph Dumais, professeur de diction, qui devient un temps bonimenteur de films pour « rehausser » les projections et la langue dans laquelle on les commente. Il est assez étonnant de le voir utiliser le terme « conférence » pour qualifier son travail qu'il pensait plus relevé ; le mot conférencier était en effet passé dans le langage courant pour désigner le bonimenteur québécois, et on appelait souvent son travail « faire la conférence[2] ». Mais Dumais ne veut surtout pas être assimilé aux conférenciers « ordinaires » et se voit sans doute comme l'antithèse des bonimenteurs populaires.

1. *En avant … marche!*, revue de Pierre Christe, présentée au Théâtre National Français en 1914.
2. L'expression revient par exemple dans le texte autobiographique d'Henri Poitras publié dans *Radio télévision…*, vol. 2, n° II, p. 8.

Promoteur du bon parler français

Joseph Dumais voit le jour à Trois-Pistoles, au Québec, en 1870[3]. Après des études en France vers 1900 sous la direction de l'abbé Rousselot, grand spécialiste de la diction, il devient journaliste en Nouvelle-Angleterre ; il dirige à Manchester (New Hampshire) une revue mensuelle, *Cœur français*, axée sur la promotion de la langue française, revue destinée surtout à la très importante communauté canadienne-française vivant alors dans les États de l'est américain. Dumais revient ensuite à Montréal et lance en 1904 un cours public gratuit de diction, à l'école Montcalm, avec l'appui de l'archevêque Mgr Bruchési[4]. En 1905, il publie à Montréal un manuel de phonétique intitulé *Parlons français* où il expose ses compétences, mais aussi ses croyances :

> Sommes-nous des dégénérés ? Notre fierté nationale est-elle complètement disparue ? Notre patriotisme est-il mort ? Allons-nous permettre à un idiome étranger d'amoindrir et même de supplanter cette langue française qui a été notre sauvegarde à nous, Canadiens-français [*sic*], puisque grâce à elle, nous avons conservé nos lois et notre culte ? Non, n'est-ce pas[5] ?

Ce livre sur la diction est structuré comme un traité scientifique sur la question. Il est divisé en chapitres concernant la prononciation correcte des voyelles, des consonnes, et il comporte des photographies du visage de l'auteur montrant la position des lèvres et de la langue pour obtenir la prononciation prescrite. La préface et les commentaires expliquent que la prononciation voulue est celle enseignée en France, et qu'il faut bien l'assimiler pour revaloriser le parler canadien, que l'auteur pense abâtardi par l'anglais et l'influence américaine.

Rien d'étonnant donc à ce qu'on le retrouve présent le 5 juin 1910 à la réunion de fondation du Comité d'étude de Montréal de la Société du bon parler français ; Dumais publie aussi vers cette époque des essais sur l'histoire, notamment *Héros d'autrefois : Jacques Cartier et Samuel*

---

3. Ces renseignements biographiques généraux sur Dumais sont tirés de la biographie écrite par Robert Thérien, chercheur en musicographie, pour le compte du site *Gramophone virtuel*, des Archives nationales du Canada <http://www.collectionscanada.gc.ca/gramophone/m2-1069-f.html> (page consultée en mai 2007).

4. Joseph Dumais, *Parlons français*, Montréal, J. Dumais, 1905, p. III.

5. *Ibid.*, p. VII.

"Parlons Francais"

Petit traité de prononciation française, contenant quelques
conseils pratiques sur l'émission des voyelles, l'articulation et un exposé des principaux défauts
du parler canadien, à l'usage des
écoles et des familles

— PAR —

Joseph Dumais

Professeur de diction française, chargé de cours à l'École Normale
Jacques-Cartier, à l'Académie de Madame Marchand, etc.

*Ouvrage illustré de 19 vignettes dans le texte et d'un
portrait hors texte.*

PRIX: 50 CENTS

Montréal, 1905.   Tous droits réservés

Joseph Dumais, *Parlons
français*, Montréal, 1905.

A fermé

Mécanisme de l'émission. —
L'ouverture de la bouche est
plus arrondie que pour l'A
moyen. Les dents inférieures
sont à peine visibles, on ne
voit qu'une partie des incisives supérieures. L'espace entre les dents est à peu près le
même que pour l'A moyen.
La langue ne touche plus aux
incisives inférieures, elle se
retire un tout petit peu en
arrière.

E moyen

Mécanisme de l'émission. —
Les dents sont très rappro-
chées sans cependant se toucher. Les incisives supérieures recouvrent un peu les incisives inférieures et les com-
missures des lèvres sont
moins écartées que pour l'E
ouvert.

de Champlain[6]. Dans une conférence publiée par *Le Devoir*, il critique la prétendue faiblesse morale de l'époque et appelle à retrouver le courage de Dollard des Ormeaux et des autres héros de la Nouvelle France[7]. En 1922, on le retrouve à Québec où il fonde le Conservatoire de Québec et enseigne la diction et le «bon parler». Il devient par la suite chargé de cours à l'École normale Jacques-Cartier, à l'Académie Marchand et au Collège de France, où il met sur pied un laboratoire de phonétique expérimentale. Il continue à publier jusqu'en 1937 divers livres et périodiques sur la langue et l'histoire : *Le Parler de chez nous*[8] ; *Le Capitaine malouin Jacques Cartier, découvreur officiel du Canada*[9] ; *Vive le doux parler de France*[10]. Il lance en 1932 le périodique *L'Art de dire* sur la phonétique. Dans une autre de ses publications, le recueil de monologues et chansonnettes *Ma boutique*, Dumais présente ses objectifs :

> L'établissement de La Fierté Française, 57 rue St Jean, fut fondé par le soussigné en 1923, afin de donner aux fervents admirateurs de notre belle langue française, un moyen efficace de la protéger contre l'anglicisme envahisseur, ce terrible fléau qui la déflore et qui lui enlève, avec sa limpide clarté, le charme singulièrement prenant de ses qualités musicales[11].

Ce qui est pour le moins singulier, c'est que ce livre rassemble également un grand nombre de textes écrits en français vernaculaire.

Prêcher par le contre-exemple

On pourrait en effet tracer de Joseph Dumais un autre portrait, dans lequel la modernité et le vernaculaire ont une part importante, mais par dérision. Dans la peau de Du May d'Amour, il se produit sur scène

6. Joseph Dumais, *Héros d'autrefois : Jacques Cartier et Samuel de Champlain*, Québec, Imprimerie de l'Action sociale, 1913.

7. Joseph Dumais, «Le combat du Long Sault», *Le Devoir*, 4 juin 1910, p. 2 ; 6 juin, p. 2, et 7 juin, p. 2 ; cité dans Patrice Groulx, «Entre histoire et commémoration. L'itinéraire Dollard de l'abbé Groulx», dans *Les cahiers d'histoire du Québec au XXe siècle*, p. 22-35.

8. Joseph Dumais, *Le Parler de chez nous*, Québec, J. Dumais, 1922.

9. Joseph Dumais, *Le Capitaine malouin Jacques Cartier, découvreur officiel du Canada*, Québec, La Fierté française, 1934.

10. Joseph Dumais, *Vive le doux parler de France*, Québec, 1937.

11. Du May d'Amour (pseudonyme de Dumais), *Ma boutique. Comptoir aux coupons, stock étamine, linon, coton ouaté, toile écrue, catalognes et «cheese cloth» : rimettes, chansonnettes et monologues*, Québec, La Fierté française, 1932.

Base de données de *Gramophone virtuel*.

en présentant des chansons d'actualité et des pièces humoristiques, dont *À bas la marine : pièces de vers et chansons d'actualité*[12]. À compter de 1917, il enregistre chez le fabricant de phonographes *His Master's Voice* à Montréal de nombreux monologues humoristiques mettant en vedette le Père Ladébauche, personnage de bandes dessinées publiées dans le journal *La Presse* et favori de nombreuses revues d'actualité. Il enregistre également des textes célèbres, dont *La leçon des érables* de Lionel Groulx, *Ô soldat de l'an deux* de Victor Hugo, *L'éternelle chanson* d'Edmond Rostand et *Les coquelicots*, texte du barde breton Théodore Botrel[13]. Selon Robert Thérien, chercheur en musicographie, il se produit même à l'occasion avec des troupes de vaudeville dans les années 1920[14].

Le répertoire de disques enregistrés par Dumais montre une certaine ambiguïté du personnage. La majorité des enregistrements sont des monologues où il joue Ladébauche. Malheureusement, on ne sait exactement comment Dumais jouait le personnage : restait-il ridicule ou conservait-il une certaine dignité ? Les titres des monologues laissent cependant supposer que, comme dans ses textes écrits, Dumais faisait parler le personnage en vernaculaire pour ridiculiser son français archaïque et valoriser une langue plus châtiée. Les titres des disques,

---

12. Joseph Dumais, *À bas la marine : pièces de vers et chansons d'actualité*, Montréal, Joseph Dumais, 1910.

13. Quelques monologues de Dumais peuvent être écoutés sur le site *Gramophone virtuel*, à l'adresse citée précédemment.

14. Robert Thérien, *op. cit.*

LE ROI DES BRAVES

Chanson Patriotique créée par A. Desmarteau
Paroles et Musique de DU MAY D'AMOUR

Narguant les hor - des ger - ma - ni - ques, Du Kai - ser as - soif - fé de sang, Le bra - ve Roi de la Bel - gi - que. Près des canons, au premier rang, A l'ins - tar des plus grands guer - riers, Donnant l'exem - ple du cou - ra - ge. Dit à ses har - dis ca - non - niers, Par - tout où la lut - te fait ra - ge: Si mal - gré no - tre dé - fen - se. Ces per - fi - des, ces ja - loux, Veulent pas - ser par chez nous, Pour al - ler pil - ler la Fran - ce, Châ - ti - ez leur im - pu - den - ce!

2

Pour punir cette résistance
Et mâter les belges sans peur,
Après maints combats à outrance,
Les bandits et les égorgeurs,
Sous l'affreux ouragan de fer
Qui les décimait par centaines
Ces Teutons, comme une mer,
Les refoulèrent dans leurs plaines.

REFRAIN
Après les luttes épiques
De Liège et de Dinant,
Deux millions d'Allemands
Ont envahi la Belgique
Sans vaincre Albert le Stoïque.

3

Partout, dans leur rage écumante,
Pillant, brûlant avec transport,
Ils ont, sur les ruines fumantes,
Semé la terreur et la mort.
Par haine et par méchanceté,
Ils ont bombardé des églises,
De Louvain l'Université!...
Et que de merveilles exquises!...

REFRAIN
Puis, ils ont devant les mères
Tué leurs petits enfants!...
De pauvres vieux tout tremblants...
Sans dompter la race fière,
Qui lutte encor pour ses frères.

4

Salut! ô Roi de la Belgique,
Salut! ô peuple de héros.
Nous fils de la libre Amérique
T'admirons par delà les flots.
Les maux dont souffre ton pays
Qu'un infâme tyran opprime,
Nous en causons dans nos logis
Et nous en plaignons les victimes

REFRAIN
Mais au jour de la victoire,
Forcés d'implorer la paix,
Guillaume et tous ses laquais,
Du pilori de l'histoire,
Envieront des Belges la gloire.

Voir la liste des Chansons Guerrières de Du May d'Amour, page 17.

tous enregistrés à Montréal chez Berliner Gram-O-Phone Co., sont assez explicites à cet égard : *Ladébauche : Anne veillée d' contes* (1918) ; *L' clog de blagueurs* (1918) ; *Ladébauche aux States* (1921) ; *Ladébauche : David Larouche le farceux* (1921). Il y a plusieurs autres monologues intitulés *Ladébauche*. Autres titres de ses monologues : *D' qui qui quien* (1918) ; *Edgardina veut loafer* (ce qui voulait dire paresser, ne pas suivre la cadence) (1919), qu'on retrouve surtout dans le recueil *Ma boutique*. Le but de Dumais était sans doute de propager son message d'amélioration du français, mais il ne se gênait pas non plus pour encaisser au passage les petits ou gros profits que rapportaient les déclamations en vernaculaire.

En 1932, Dumais réunit plusieurs de ses monologues et chansons, dont beaucoup en français vernaculaire, dans le livre *Ma boutique. Comptoir aux coupons, stock étamine, linon, coton ouaté, toile écrue, catalognes et « cheese cloth » : rimettes, chansonnettes et monologues.* Extrait d'un monologue :

> *Edgardina Goodness, la plus smart des weaveuses,*
> *Runnait ses huit grands looms dans la big Oswego,*
> *Son boss, Patrick O'Cain, le scar'crow des snuffeuses,*
> *Irishman, red whiskers, importé de Sligo,*
> *La trouvait ben steady[15].*

Ici Dumais s'amuse à imiter le « franglais » parlé dans les manufactures par les ouvriers et ouvrières canadiens-français, qui ont souvent résidé et travaillé aux États-Unis et qui en ont ramené le vocabulaire anglais de l'industrie. Mais ce même vocabulaire, ils ont pu tout aussi bien l'acquérir dans les manufactures de Montréal, de Trois-Rivières ou de Sherbrooke, qui appartiennent pour la plupart à des Canadiens anglais, des Britanniques ou des Américains, et où la langue de travail des patrons est presque toujours l'anglais, tout comme c'est la langue du commerce, des affaires et de l'affichage à Montréal à cette époque et jusque vers 1970.

---

15. Du May d'Amour, *Ma boutique…, op. cit.,* p. 119.

Une lutte contre le français vernaculaire

Dans d'autres textes du même livre, Dumais répète ce qui est son credo : il faut parler un français académique et lutter contre tous les apports de la langue urbaine, moderne et étrangère :

> *Je dis ceci sans amertume,*
> *Car, pour changer notre coutume,*
> *O quel effort!... Mais choisissez*
> *Entre le doux parler de France,*
> *Si prisé pour son élégance,*
> *Et ceux du pays!...Concluez*[16].

Pour lui comme pour beaucoup de Québécois à cette époque, l'ennemi est au sud de la frontière, c'est de là que vient la modernité avec toutes ses tares, cette modernité qui menace la culture et la langue traditionnelles des Canadiens français, en apportant tous ces fléaux qu'il cite au début de son livre : cinéma, gramophone, radio et «grand bazar» :

> *Si l'Oncle Sam restait chez lui*
> *Aujourd'hui,*
> *S'il allait nous couper les vivres:*
> *Radio, jazz, magazines, livres*
> *Et nous traiter en ennemis!*
> *[...]*
> *Qu'un bon jour Sam reste chez lui,*
> *Cher ami,*
> *Nous pourrons raviver la flamme*
> *À nos foyers, scruter notre âme*
> *Auprès du grand fleuve endormi.*
> *Reprendre nos vieilles coutumes,*
> *Nos chants joyeux, nos gais costumes*
> *Et, désormais plus assagis,*
> *Chasser bien loin de nos logis*
> *L'ennemi*[17].

Ce poème cristallise en quelques strophes toute la philosophie clérico-nationaliste et explique tout aussi bien l'effacement du vernaculaire moderne dans l'histoire culturelle. Dumais assimile l'identité

16. *Ibid.*, p. 128.
17. *Ibid.*, p. 17.

canadienne-française à l'héritage traditionaliste chrétien et français et rejette la modernité, cette menace associée aux médias nouveaux et au pays qui les développe et les distribue.

Un «cinéma éducateur» pour contrer les dangers du cinéma populaire

On ignore comment Dumais en vient à s'intéresser à la langue du cinéma muet, mais son intérêt pour la phonétique et ses liens avec le clergé y sont sans doute pour quelque chose. Il met sur pied vers 1913 une entreprise d'abord appelée «Cinéma éducateur» qu'il lance en présence du maire de Montréal et de Mgr Bruchési[18]. Il prétend que son objectif est de revaloriser le cinéma, qu'il trouve trop vulgaire et trop américain, et reçoit à cet égard de bons commentaires, comme ceux de la journaliste Madeleine :

> M. Dumais, par son «Cinéma Éducateur» veut opposer le film français interprété et écrit en français au film américain écrit dans un anglais souvent baroque, et l'intention est trop belle, à mon sens, pour ne pas être signalée à l'attention de tous les fervents du film qui s'effarent de l'américanisme qui monte sans cesse, chez nous, par l'image et la chanson[19].

Dumais participe ensuite, vers 1914, à la fondation de la Société coopérative des conférenciers projectionnistes canadiens, qui avait pignon sur rue à Montréal, et qui avait pour but de «Faciliter sur tout le territoire Fédéral [sic], l'organisation de conférences périodiques, avec projections lumineuses, alimentées à bon marché, par une Bibliothèque centrale de documents préparés, et par de grandes collections de vues sélectionnées[20]... » Les buts étaient précisés dans une brochure éditée par la Société et dont l'auteur était probablement Dumais lui-même, qui insistait pour se démarquer des autres bonimenteurs :

> Il s'en trouve dont toute l'ambition et le travail consistent à faire passer devant leurs auditeurs – ou plutôt leurs spectateurs – un long murmure de vues silencieuses qui défilent une à une sur l'écran et auxquelles ils

18. Anonyme, «Le cinéma éducateur», *La Patrie*, 21 novembre 1913, p. 7.
19. Madeleine, «Chronique», *La Patrie*, 11 mai 1914, p. 4.
20. Anonyme, *De la création de nouvelles forces pour la grandeur du Canada*, Société coopérative des conférenciers projectionnistes canadiens, Montréal, 1908 [?].

jettent au passage, tant bien que mal, quelques paroles de commentaires dérobées séances tenantes à leur livret ou une glose banale qu'ils improvisent au petit bonheur. On improvise [*sic*] jamais bien que ce qu'on a bien préparé. N'ayant pas pris la peine d'étudier à fond leur sujet dans son ensemble, ni les vues dans leur détail, ces caricaturistes de la projection ne découvrent même pas toujours une explication de circonstance[21].

La brochure, qui compte une vingtaine de pages, est surtout constituée de citations de prêtres français qui ont développé en France l'œuvre de *La Bonne Presse,* entreprise cléricale d'éducation sociale et religieuse par le moyen de la lanterne magique. S'appuyant sur leurs arguments laudatifs, les auteurs de la brochure proposent de faire exactement de même au Canada, en acquérant et mettant à la disposition de tous les conférenciers éventuels du matériel de projection aussi varié que possible : « Chromatropes, kaléidoscopes, choreutoscopes, sidotropes, anosthoscopes, cycloïdotropes, pandiscopes, megascopes, épiscopes, etc., etc.[22] ».

Conférences avec projections instructives et récréatives

On sait que Dumais organise des conférences avec projection, car on en trouve des traces dans les journaux de Montréal. Il présente un programme comportant des films religieux, faisant de son entreprise de cinéma la seule approuvée par le clergé montréalais[23]. On voit même l'archevêque Bruchési à l'une de ces représentations : il y vient faire un long discours sur l'abolition des cinémas[24] ! On peut penser que les boniments de Dumais ressemblent à son discours sur la langue et à ce qui est écrit dans la brochure de la Société coopérative. Critiquant et protestant contre les « caricaturistes de la projection », il se fait certai-

---

21. *Ibid.*, p. 4. La Société affirme bien fort ses objectifs moraux : « D'autre part le cinématographe, aujourd'hui si répandu, n'étant pas toujours moral (puisqu'on n'exerce aucun contrôle sur le choix des sujets exhibés) il ne sera jamais créé trop d'organisations de projections instructives et honnêtes pour contrebalancer les effets du mal qu'il pourrait faire. »

22. *Ibid.*, p. 17.

23. Une autre entreprise semblable a existé, fondée par l'abbé Benjamin Paradis et son frère Jean-Baptiste : « Le Bon Cinéma », qui publia aussi de 1927 à 1929 un périodique ayant ce même titre.

24. Anonyme, « Le cinéma éducateur », *La Patrie*, 21 novembre 1913, p. 7.

nement un devoir de préparer des explications académiques qu'il lit avec une diction appliquée, et s'il se permet des pointes de vernaculaire, c'est surtout par moquerie. On ne sait si son entreprise fut couronnée de succès, ni quelle fut la longévité de la Société coopérative. On ne sait pas non plus pourquoi Dumais quitte Montréal pour s'installer à Québec quelques années plus tard, mais il ne semble plus avoir fait de projections après son déménagement.

Mais son intervention sur ce terrain, même si elle est de courte durée, montre bien dans quel dilemme se trouvent les intellectuels de l'époque lorsqu'ils réfléchissent à la question du cinéma dans une perspective nationale. Le Québec n'a encore aucune politique sur la langue, l'anglais est la langue des affaires, la culture francophone ne fait qu'émerger, et le cinéma est presque entièrement importé, avec des intertitres en anglais quand il y en a. Cette importation explique en bonne partie la longue présence des bonimenteurs, dont la principale fonction est la traduction des intertitres. Mais leur talent et leur culture étant loin de faire l'unanimité, beaucoup des mentions qu'on trouve à leur sujet sont des critiques assez acerbes ou condescendantes :

> À propos de scopes, on me prie de faire une suggestion qui, je l'espère, sera prise en bonne part par les propriétaires de ces établissements. Je veux parler des *conférenciers* chargés d'expliquer les vues au public. Il n'y a pas que des enfants et des ignorants qui aillent aux scopes. Pourquoi infliger aux spectateurs le supplice d'une voix criarde qui vous écorche les oreilles avec du français de cuisine. Pour ma part, je me passerais volontiers de ces *conférenciers* chargés d'expliquer des vues faites pour être comprises des yeux sans autres explications. Mais puisqu'on tient à nous en donner, de grâce ! qu'on nous en donne qui sachent le français et qui puissent parler avec quelque bon sens[25]...

Ou encore :

> [...] Or, depuis quelques jours, il y a bien un «explicateur» pour les vues, mais nous ne pouvons dire qu'il fait son boniment en français, car voici quelques-unes de ses propres expressions, dans une histoire sans queue ni tête : «Les savages ils tusent tous les personnes d'un caravane, mais pas un petit gas et un petit fille trouvés par des mineurs dans la désert. ("Le désert" sur l'écran est une forêt). Un vieux aveugle du chanquier des

25. Anonyme, «Aux cinématographes», *Le Petit Québécois*, 12 février 1910, p. 6.

mineurs emmène le petits gas et le petit fille à la ville où que le vieux aveugle il "voira" à leurs zinstructions. » En un mot, un vrai cours de diction en charabia. [...] Le tout agrémenté d'un accent anglais très prononcé (pour plaire à son boss) et psalmodié sur le ton de l'office des morts d'une voix presque éteinte, pendant que la clarinette fait des "couacs" harmonieux. [...] Le plus drôle est qu'au programme, l'explicateur porte un nom très canadien et très français ; mais ça ne réussit pas[26].

Les critiques pensent que le boniment n'est pas nécessaire (du moins pour eux) et ajoutent que si le public apprécie cette pratique, les exploitants de salle devraient au moins employer des conférenciers instruits et « sachant parler ». Mais savoir parler peut avoir plusieurs autres significations que ce que disent ces critiques ; le public populaire parlant le joual appréciait certainement un commentaire de film dans la même langue, tout comme le public bourgeois préférait le français châtié. Le critique féru de culture française peut apprécier un commentaire en bon français, mais ne pas aimer les films américains « expliqués » par les bonimenteurs. Mais le français écrit qu'on trouve dans les titres français des films, dans les titres des revues, dans les textes des chansons, dans plusieurs pièces jouées dans les théâtres, ce français comportait des tournures empruntées au vernaculaire urbain autant qu'à celui des campagnes. Ce vernaculaire était utilisé par les auteurs, metteurs en scène, acteurs, actrices, bonimenteurs et autres artistes de la scène, parfois de façon moqueuse mais aussi souvent de façon naturelle et créative. Henry Deyglun, dans le texte déjà cité, semble avoir été le seul à apprécier l'art avec lequel les artistes du burlesque utilisaient cette langue, mais des milliers de spectateurs l'appréciaient eux aussi parce que c'était leur langue.

Il était sans doute légitime pour les critiques et les écrivains de l'époque de lutter pour la préservation du français, tout comme ce le fut pendant la Révolution tranquille. Mais il est tout aussi légitime de rappeler que dans cette lutte fut souvent occulté l'apport des classes sociales moins cultivées dont la contribution ne saurait être assimilée seulement à une langue « abâtardie ». Les bâtards font partie de toutes les généalogies, même si on leur confère après coup des titres de

---

26. Trebla (pseudonyme, probablement d'Ernest Tremblay), « Meli-Melo. À propos du Bennett's Nouveautés », *Le Canard,* 10 janvier 1909, p. 4.

noblesse. On ne peut s'empêcher de comparer avec des poètes contemporains : Richard Desjardins, dont la langue et la musique sont inspirées du vernaculaire autant que du classique ; Fred Pellerin, dont les sujets et la langue sont tout aussi hybrides dans leur inspiration. Et combien d'autres ? Mais ce n'est pas de la littérature… S'cusez-la[27] !

27. Expression populaire utilisée autrefois par les chanteurs ou conteurs québécois pour clôturer leur prestation ; demandaient-ils le pardon des auditeurs qu'ils pouvaient avoir contrariés ?

TABLEAU 2

ALEX SILVIO, LE DIABLE EN VILLE

Voyez notre ami Silvio
Joyeux et toujours en train,
C't'un vieux garçon, mais pas nigaud,
Puis un vrai Canadien.
Il nous r'garde toujours en riant,
Y en a d'dans, y en a d'dans.
Toujours poli, toujours av'nant,
Y en a d'dans, y en a d'dans[28].

Cet extrait de la chanson «Y'en a d'dans», tiré de la revue du même nom, est écrit par Alexandre Silvio et Eddy Gélinas, en 1927, alors que Silvio est directeur du Théâtre Chanteclerc, à Montréal. Cette chanson est le seul texte signé de la plume de Silvio que nous avons retrouvé dans nos recherches. C'est d'ailleurs sans doute la rareté des textes écrits par Silvio qui le maintenait encore dans l'ombre jusqu'à ce jour. Si on ne s'attarde pas à toute l'étendue de son activité, Silvio peut être perçu comme un producteur de théâtre qui savait tirer profit des goûts du public pour les spectacles populaires: cinéma, attractions spéciales, spectacles burlesques, revues d'actualité, etc. Mais, après avoir suivi semaine après semaine l'activité de Silvio dans les archives de théâtre, les journaux et les revues culturelles de Montréal, de Trois-Rivières, de Joliette et de Québec, de ses débuts plus difficiles en 1900 jusqu'à ses derniers spectacles en 1933, quelques années avant son décès, nous avons été à même de constater qu'il était certainement un habile gérant de

28. «Y'en a d'dans», chanson chantée par Mme J. R. Tremblay, dans *Y'en a d'dans*, revue de Eddy Gélinas et Alex Silvio, présentée au Théâtre Chanteclerc le 12 décembre 1927.

théâtres. Mais il était surtout un médiateur majeur, peut-être même le plus significatif pour cette période, qui avait permis à la modernité «endiablée», tant par les sujets mis en scène que par les formes des spectacles, d'entrer dans les salles de divertissement populaires. Nous le suivrons maintenant sur la scène et dans les coulisses, de ses débuts à son déclin, pour voir comment il propose une réception de la modernité assez différente de celle de Joseph Dumais et l'élite conservatrice.

Premiers pas sur scène

Alexandre-Sylvio Jobin est né à Montréal le 23 janvier 1872. Ses prénoms devinrent son nom de scène : Alexandre Sylvio. À partir de 1920 environ, il est presque toujours orthographié : Silvio. Il est le fils d'un marchand nommé Tancrède Jobin, et le petit-fils du notaire André Jobin (1813-1853), qui aurait été un actif participant de la rébellion des patriotes en 1837-1838. Silvio rappelle fréquemment cette filiation pour insister sur une fierté nationale qu'il veut développer par son activité artistique. Il a un frère qui atteint lui aussi une certaine notoriété, le peintre-décorateur Ivan Jobin, qui est également professeur, illustrateur de livres et auteur d'un petit traité sur la perspective édité au Québec et en France[29]. Silvio appartient donc à la petite bourgeoisie cultivée des villes.

Après avoir fait ses études à l'Académie du Plateau à Montréal, Silvio part pour Londres et suit une formation théâtrale avec le comédien anglais Albert Chevalier, spécialisé dans le music hall, mais qui travaille aussi pour le cinéma en tant qu'acteur et scénariste. On ne sait quand ni où exactement commence la carrière de Silvio, mais dès ses débuts il aurait eu l'honneur de jouer dans une tournée avec Sarah Bernhardt à New York, Chicago et dans d'autres grands centres américains[30] où sa formation avec le comédien anglais lui mérite le surnom de «French Chevalier[31]». À son retour au Québec, il poursuit sa carrière sur les scènes montréalaises par des performances variées : improvisations, chansons, imitations, monologues, dans des cafés-concerts et

---

29. Ivan Jobin, *La Convexité de l'atmosphère et la concavité de la terre*, Paris, Roger, 1933 ; «Ivan Jobin», *Biographies canadiennes-françaises*, 6e éd., Montréal, 1926, p. 275.

30. Anonyme, sans titre, *Canada qui chante*, n° 5 (mai 1928), page couverture.

31. Denis Carrier, *Le Théâtre National (1900-1923). Histoire et évolution, op. cit.*, p. 363.

diverses salles de spectacle. Le 16 octobre 1899, les spectateurs du Café-concert Montagnard assistent, entre deux numéros de variétés, à une performance de Silvio intitulée *Chanson de nègre*, où il est accompagné de «Mademoiselle Titite Boule de Neige» et du «comte Toto de la race blanche», tel que mentionné dans le programme[32]. À cette époque, la critique encore peu habituée à ce genre de performances n'apprécie pas toujours ces prestations jugées triviales. À la suite d'une autre performance de Silvio lors d'une *Soirée de famille,* soirées inaugurées en 1898 par la Société Saint-Jean-Baptiste, appuyée par le clergé, pour détourner le public francophone des salles populaires anglophones[33], au Monument-National, salle fréquentée surtout par la petite bourgeoisie canadienne-française et présentant un répertoire théâtral presque essentiellement français[34], le critique Gustave Comte du journal *Les débats* décrit son numéro avec beaucoup de condescendance en soulignant que le genre de spectacles que Silvio met en scène sous le nom d'«actualité» ne correspond pas, selon lui, au goût de la clientèle de ce théâtre respectable :

> Nous blâmons fortement la direction des Soirées de famille d'avoir permis à un certain Alexandre Silvio de venir nous débiter ses fadaises, entre le premier et le deuxième acte des *Trois chapeaux.* Cela est d'autant plus impardonnable que c'est la deuxième fois depuis une année qu'il nous est donné d'entendre ce monsieur au Monument, lui qui n'est ni chanteur, ni comédien, ni diseur de monologues. Si Alexandre Silvio s'imagine avoir créé un genre capable de satisfaire les goûts du public, il se trompe grandement, et nous lui conseillons de retourner à New York, d'où il vient et où, paraît-il, il n'a fait que marcher sur des couronnes de lauriers. Ou, du moins, qu'il s'en aille au Théâtre Royal, de la rue à côté. Là, peut-être, il parviendra à ébaudir [*sic*] la clientèle, qui n'est pas difficile et qui s'accommode facilement avec le vieux neuf et toutes les platitudes que l'on veut faire passer sous le nom d'actualité[35].

32. Programme du Café-concert Montagnard, 16 octobre 1899, Archives municipales, Hôtel de ville de Montréal, Fonds Aegidius Fauteux.

33. Jean-Marc Larrue, «Entrée en scène des professionnels (1825-1930)», dans R. Legris, J.-M. Larrue, A.-G. Bourassa, et G. David, *Le Théâtre au Québec, 1825-1980 : repères et perspectives, op. cit.*, p. 25-61.

34. Selon Jean-Marc Larrue : «des 74 pièces créées par la troupe [du Monument], il n'y en a qu'une qui fut québécoise» (*Ibid.*, p. 49).

35. Gustave Comte, «Notes d'art», *Les débats*, 14 janvier 1900, p. 3. Précisons que le Théâtre Royal avait une mauvaise réputation.

Cette critique donne une idée de la distance qui sépare, au début du XXᵉ siècle, le milieu culturel populaire qui prend forme et le milieu institutionnel encore mal établi, mais protégé par les élites intellectuelles et cléricales. Au moment où les salles destinées au public francophone commencent à voir le jour, se dessine une opposition qui se poursuivra dans la culture francophone pendant les années à venir, entre la modernité et la tradition du terroir.

Au centre de cette lutte émergent de nouvelles pratiques relevant du milieu théâtral : cinéma, burlesque, revues d'actualité, pratiques qui correspondent davantage aux goûts de la classe populaire et qui sont parfois dénigrées par les élites bourgeoises et intellectuelles, par le truchement de certains critiques, à cause de leur caractère « léger » et « non sérieux ». Le commentaire réprobateur de Comte n'empêche tout de même pas Silvio de poursuivre ses prestations et d'être acclamé par le public et d'autres chroniqueurs, moins dédaigneux de cette culture populaire.

Gustave Comte.
Le Monde illustré, vol. 16, n° 784 (13 mai 1899), p. 23.

Le ventriloque de l'écran

> *C'est d'ailleurs, par toute la ville, une épidémie monstrueuse de « scopes » et de « graphes » : Ouimetoscope, Nationoscope, Vitoscope, Readoscope, Rochonoscope, Mont-royaloscope, Bodet-o-scope et, ancêtre du cinéma de Paris, le Parigraphe ! Un commentateur de films, Alex Silvio, fait la joie des spectateurs avec ses savoureuses narrations d'idylles échevelées, ses trouvailles de moralité et de préceptes avant-coureurs de nos impayables Courriers du cœur[36].*

En avril 1906, Silvio poursuit sa conquête du monde du spectacle en se joignant à différents artistes : Jos. Saucier, Victor Gaudet, Alphonse Létourneau, Hector Dansereau, F. Bergeron[37], R. Gingras[38], Ernest

36. Jean Béraud, *350 ans de théâtre au Canada Français, op. cit.*, p. 129.
37. Prénom inconnu.
38. *Idem.*

Tétreau, Ernest Langlois et Mlle Blanche Payette, lors de soirées dramatiques et musicales à l'Académie Saint-Édouard[39]. Mais c'est véritablement comme bonimenteur de cinéma qu'il se spécialise et poursuit sa carrière. M. Bourget, le propriétaire du National Biograph[40], lui offre un stage de 5 ans pour qu'il développe ses talents de conférencier de vues animées[41]. Rapidement, Silvio se démarque et on le retrouve à côté de l'écran du Bodet-o-scope[42], puis du Readoscope, de l'Électra, du Family, du Moulin Rouge, du Bijou, du Ouimetoscope, du Canadien-Français, bref dans la plupart des salles populaires de la métropole où il effectue son boniment en complétant les renseignements donnés en intertitres avec la «verve primesautière[43]» qui lui était reconnue.

La citation de Jean Béraud à la page précédente est la seule description un peu plus précise des commentaires de films que faisait Silvio. Elle est bien succincte mais laisse supposer que ses boniments cherchaient à faire le lien entre des univers assez hétéroclites : d'une part le cinéma américain alors surtout fait d'aventures et de mélodrames que la censure québécoise charcutait allègrement ; d'autre part l'immense succès de ces films auprès des publics populaires malgré la réprobation du clergé et d'une grande partie des intellectuels, qui mirent beaucoup de temps avant de reconnaître une valeur artistique aux «vues animées». On peut en déduire que les «trouvailles de moralité» et les «préceptes avant-coureurs des Courriers du cœur» étaient des commentaires cherchant à accentuer le pathos des films muets censurés, tout en leur attribuant des discours acceptables pour les autorités spirituelles canadiennes-françaises. Un peu comme le faisait Emma Gendron dans les magazines qu'elle publiait, Silvio essayait probablement de concilier la modernité échevelée du cinéma américain avec la sévère morale du clergé québécois catholique. Cette mission étrange requérait certainement des capacités particulières que Silvio sut bien développer, car son succès comme bonimenteur de film lui permit d'exercer cet art

39. Anonyme, sans titre, section «Musique, Comédie, Danse», *La Presse*, 14 avril 1906, p. 33.

40. Le National Biograph était situé sur la rue Notre-Dame, aux coins des rues Dominion et Vinet.

41. Anonyme, sans titre, *Canada qui chante*, n° 5 (mai 1928), page couverture.

42. Publicité pour le Bode-o-scope, *La Presse*, 27 octobre 1908, p. 9.

43. Anonyme, «Théâtre Canadien», *La Patrie*, 24 mai 1919, p. 24.

jusqu'après l'arrivée du cinéma parlant, vers 1930. Les bonimenteurs de films eurent une carrière plus longue au Québec qu'ailleurs parce que les films étaient presque tous importés des États-Unis et qu'il fallait en traduire les intertitres. Au début des années 1920, les intertitres en français rendirent cette fonction caduque, mais Silvio continua pourtant de « faire la conférence » comme on disait alors et les films commentés par lui sont devenus une des attractions des spectacles qu'il dirigeait. Il embauchait aussi dans les théâtres qu'il gérait des acteurs qu'il avait formés et qui faisaient comme lui le boniment des films ; des théâtres et cinémas concurrents employaient aussi des bonimenteurs, peut-être en partie pour profiter du succès de cette performance[44]. La longue survie de cet art pour le moins vernaculaire tend à confirmer ce que laisse supposer Béraud : il s'agissait d'une performance sinueuse louvoyant entre la morale « diabolique » du cinéma et les principes « angéliques » du catholicisme canadien-français. On comprend alors une des qualités principales d'Alex Silvio comme artiste et comme imprésario : la polyvalence. Dans son cas elle est extrême.

Plus d'un tour dans son sac

Après la partie, à la brune
(Dam !… il faut bien se divertir !)
On rencontre la blonde ou brune
Qu'on accoste avec un soupir. (bis)
Et nos charmantes Canadiennes
Disent en leur petit cœur : –
"Y a pas à dir' c'est un beau joueur !
Mon petit "National" que j'aime "
Les "National" sont là !
De Montréal, voilà
Les favoris
Crions amis
Les "National" sont là[45] !

44. Publicité « Théâtre Arcade », *La Patrie*, 24 février 1923. Plusieurs autres annonces et chroniques de cinéma et de théâtre confirment cette longévité du boniment de film au Québec.

45. Chanson « Les "National" sont là », chantée lors de la soirée spéciale en l'honneur du club de crosse Le National.

À l'été 1910, Silvio devient le gérant du cinéma Readoscope de Maisonneuve[46] et montre déjà des éléments de ce qui deviendra sa méthode. Cette fonction lui permet de mettre en place de nouvelles initiatives pour attirer les spectateurs dans son théâtre. En juillet, il organise une soirée spéciale en l'honneur de l'équipe de crosse Le National. Rappelons qu'à l'époque, la crosse[47] est un sport aussi populaire que le hockey ou le baseball aujourd'hui et elle est associée à l'identité nationale et régionale. La plupart des villes ont d'ailleurs une équipe soutenue par de nombreux partisans. En appuyant l'équipe montréalaise, composée principalement de francophones, Silvio prend part au mouvement populaire qui associe le sport et l'identité nationale. Pour cette première soirée-bénéfice, un spectacle présente plusieurs artistes de différents théâtres et salles d'amusements de Montréal :

> M. Harmant accompagné de Mme Harmant, des Nouveautés, a promis de nous chanter quelque chose d'extraordinaire, d'actualité, concernant « Les Nationals ». M. Dumestre, du Théâtre National, prêtera également son concours, avec un monologue en l'honneur de notre club. Les autres artistes sont Hilda Hart, qui représentera le petit marin du « National ». [...] Un choix spécial de vues animées « Gaumont » fourni par le gérant au Canada M. Edmond Ratisbonne, complétera l'attrayant programme. M. Alex Sylvio sera le conférencier[48].

C'est le maire de Montréal, John James Edmund Guérin, qui préside la soirée, et de généreux donateurs offrent 10 $ en or à chacun des joueurs. À cause de son prix d'entrée on peut penser qu'une telle soirée n'était pas à la portée de tous les partisans du National, surtout ceux des classes populaires qui appuyaient l'équipe au parc Maisonneuve pendant la saison. Mais cette fête organisée par Silvio et la publicité qui l'entourait dans le quotidien *La Presse*[49] soulignaient au passage l'effort

---

46. Le Readoscope de Maisonneuve était situé sur la rue Notre-Dame, près de Létourneux.

47. Inventé par les autochtones, ce jeu consistait à lancer une balle dans un filet à l'aide d'un bâton appelé crosse, muni d'un filet avec lequel la balle était attrapée ou lancée. Rapidement, les premiers colons se sont appropriés cette pratique sportive. Par la suite, vers la fin du xixᵉ siècle, des règles officielles ont été instaurées et les Canadiens en ont fait un sport national.

48. Anonyme, « Jeudi au Readoscope », *La Presse*, 26 juillet 1910, p. 14.

49. Anonyme, « Jeudi au Readoscope », *La Presse*, 26 juillet 1910, p. 14 ; 27 juillet 1910, p. 1 ; Anonyme, « Les joueurs du national au "Readoscope" ce soir », 28 juillet 1910, p. 16.

LES "NATIONAL" SONT LA!

Chanson - Marche du Club de Crosse "National"

Sur l'air de "la Marseillaise"

SAISON 1910

Publié par

Montréal qui Chante

Programme de la soirée publié
par *Montréal qui Chante*.

"READOSCOPE" LE POPULAIRE THEATRE DE MAISONNEUVE, RUE NO-TRE-DAME, PRES LETOURNEUX, OU SE FERA LA DISTRIBU-TION DES RECOMPENSES SI BIEN GAGNEES PAR LES VAIL-LANTS JOUEURS DU NATIONAL.

La Presse, 28 juillet 1910, p. 14.

de l'équipe sportive canadienne-française et contribuaient à l'enthousiasme populaire pour ce sport.

Quelques semaines plus tard, Silvio fait encore une fois des joueurs du National de véritables vedettes en les faisant défiler tour à tour sur «l'écran lumineux» et en commentant les parties, elles aussi projetées sur l'écran, disputées pendant la dernière saison, dont celles de la finale à New Westminster en Colombie-Britannique contre les Salmonbellies. Même s'ils n'ont malheureusement pas remporté la coupe Minto lors de cette finale, cela ne semble pas ennuyer les partisans et les artistes

CANADIEN, TOUJOURS !

CHANT PATRIOTIQUE

Le Passe-Temps, vol. 27, n° 677 (5 mars 1921), p. 84.

du Readoscope qui leur réservent encore une fois une soirée mémorable qui obtient un grand succès[50]. Ces deux soirées consacrées à l'équipe locale de crosse démontrent de quelle façon les actualités, même celles qui touchaient la vie sportive, influençaient les artistes du spectacle et comment la scène et les événements d'actualité étaient associés dans la culture populaire.

Pendant l'année qui suit, Silvio poursuit son activité de gérant et conférencier au Readoscope et participe aussi à différents événements culturels, dont les fêtes entourant la Saint-Jean-Baptiste. Cette fois-ci, Silvio monte sur la scène pour chanter «Canadien, toujours», accompagné de Mme Lortie. On peut entendre Silvio entonner ce chant patriotique au Readoscope, mais aussi au Théâtre Odéon et même au Casino de Trois-Rivières[51]. Depuis quelques années, Silvio consacre ses activités scéniques au boniment de films, mais il aime bien se prêter à d'autres performances à l'occasion; rappelons qu'il est d'abord un acteur de formation. Au cours de sa carrière, il répétera à quelques reprises ses courtes performances qui semblent avoir un véritable succès auprès de ses fidèles.

Mais pour entretenir cette fidélité, Silvio savait fort bien user de stratégies publicitaires avec la complicité des journaux locaux. Quelques années plus tard, en 1914, il organise un concours singulier et remarqué pour l'ouverture de son nouveau théâtre, l'Electra[52], en collaboration avec le journal *La Presse*:

> Une grande horloge a été posée dans le théâtre et montée dans le cours de la journée de samedi. Il s'agira pour les concurrents de deviner à quelle heure cette horloge arrêtera dans huit jours. Les concurrents devront découper les coupons dans la «Presse», y écrire leurs noms et adresse, ainsi que leur réponse au concours, puis en allant assister à une représentation au théâtre «Electra», y déposer le tout dans une urne placée à cet effet, à l'intérieur[53].

---

50. Anonyme, «Au Readoscope», *La Presse*, 4 novembre 1910, p. 9.
51. Anonyme, *Le Passe-Temps*, vol. 17, n° 425 (8 juillet 1911), p. 242.
52. Le théâtre Electra se situait rue Sainte-Catherine, près de la rue Amherst.
53. Anonyme, «Un concours du Théâtre "Electra"», *La Presse*, 19 octobre 1914, p. 12; 21 octobre, p. 3; 22 octobre, p. 17; 23 octobre, p. 8; 24 octobre, p. 3.

Le gagnant de ce concours recevra une somme alléchante : un prix de 20 $ en or, précise-t-on dans le journal. Cette somme attire certainement le public au nouveau théâtre Electra. Silvio réutilisera cette astuce promotionnelle à quelques occasions, surtout pendant la grande crise économique, comme nous le verrons un peu plus loin.

Pour attirer et garder son public, Silvio s'efforce également de maintenir des prix compétitifs et il le fera tout au long de sa carrière, ce qui permet aux ouvriers d'aller se divertir le dimanche, seule journée de congé de la semaine pour eux[54]. D'ailleurs, lorsqu'il est question de fermer les salles le dimanche, à cause des pressions qu'exercent les membres du clergé, Alexandre Silvio et d'autres exploitants de salles, dont L.-E. Ouimet qui est à la tête de ce mouvement, se syndiquent pour lutter contre cette loi. Silvio réaffirmera sa position en 1927, lorsqu'il sera à nouveau question de fermer les salles le dimanche, à la suite de l'incendie du Laurier Palace. Il affirme que la majorité du public en salle le dimanche provient de la classe ouvrière et que 65 % des théâtres vont fermer leurs portes s'ils doivent être fermés les dimanches[55].

Le « roi des conférenciers »

Le roi des conférenciers (Alex Silvio) donnera en conférence, la première [sic] épisode du plus grand roman jamais paru sur la toile cinématographique : ELMO LE PUISSANT. Toute personne entrant avant 7 recevra de M. Alex Silvio un magnifique cadeau (gratis). « Elmo » sera expliqué 2 fois à 7 et à 9 hrs[56].

Entre les années 1915 et 1919, Silvio retourne au National Biograph, où il avait fait ses débuts comme conférencier, pour commenter les *serials* qui occupent de plus en plus l'affiche des cinémas. Il devient aussi le directeur-gérant, puis propriétaire du Ouimetoscope au moment où Ouimet se retire de la projection, une fois devenu distributeur exclusif des films Pathé au Canada. À l'été 1919, Silvio cède le Ouimetoscope,

---

54. Anonyme, « Propriétaires et gérants de vues se syndiquent », *La Presse*, 9 avril 1913, p. 2.

55. Anonyme, « L'industrie du spectacle menacée d'un désastre », *La Presse*, 3 mai 1927, p. 27.

56. Anonyme, « Au théâtre Canadien », *La Patrie*, 17 mai 1919, p. 24.

mais y reste conférencier, ce qui montre l'attrait persistant de ses commentaires de films. Il prend aussi un nouvel engagement au Théâtre Canadien-Français comme bonimenteur et *La Patrie* lui prédit un «grand succès» à l'annonce de ses débuts[57]. Comme il l'avait fait au Readoscope et au Ouimetoscope, il devient quelques semaines plus tard le directeur-gérant. Il semble que sa «formule» consiste à profiter de sa grande popularité comme bonimenteur et de son expérience comme gérant de salle pour s'imposer comme directeur des théâtres qui le recrutent.

Il annonce alors plus fréquemment dans les journaux et revues culturelles les spectacles présentés dans son théâtre, et plus de détails apparaissent concernant le contenu des performances et films à l'affiche. Lors de la première semaine de la saison, on annonce que Silvio explique «le grand spécial "Pathé"» : *L'enfant de la Vieille Fille*. Ce film, qualifié de «photodrame» dans la chronique théâtrale de *La Patrie*, raconte l'histoire d'une petite orpheline qui, suite à la mort de ses parents, tous deux artistes de cirque, est prise en charge par sa sœur aînée. Les semaines suivantes, Silvio présente et «explique» d'autres films à épisodes, dont *Elmo the Mighty*[58] (1919) qui tient l'affiche pendant 18 semaines à partir du mois de juillet. Ce film, avec l'acteur Elmo Lincoln[59], raconte en 18 épisodes l'histoire du garde forestier Elmo qui lutte pour contrecarrer les plans d'une mafia de l'industrie forestière, avec l'aide d'un mystérieux motocycliste masqué. Par le commentaire de ce film, Silvio familiarise pour la première fois le public montréalais avec la figure d'un héros masqué américain, comme seront plus tard *Zoro* et *The Lone Ranger*. Silvio présente un épisode d'*Elmo the Mighty* au Théâtre Canadien-Français le dimanche, en programme spécial, et le mercredi ou le jeudi suivant il présente le même épisode au Théâtre Thuotoscope, à Saint-Jean-sur-Richelieu, en

---

57. Anonyme, «Théâtre Canadien», *La Patrie*, 27 mai 1919, p. 9.

58. Anonyme, «Théâtre Canadien-Français», *La Patrie*, 26 juillet 1919, p. 21. Ce film à épisodes, présenté au Canadien-Français sous le titre *Elmo le puissant*, a tenu l'affiche pendant 18 semaines. Alex Silvio le présenta également dans d'autres théâtres.

59. Elmo Lincoln était un acteur populaire surtout à cause de ses pectoraux imposants. David Griffith avait remarqué son physique lors d'un tournage en 1912 et lui avait ensuite confié des rôles importants. Il fut le premier acteur à incarner Tarzan dans le film *Tarzan of the Apes* (Scott Sidney, 1918).

THUOTOSCOPE

CE SOIR, JEUDI ET VENDREDI

GRANDE SOIREE AU PROFIT DU MONUMENT LAURIER.
SPECIAL. WILLIAM FAVERSHAL DANS "LE ROI D'ARGENT"
JOUE DANS LES GRANDS THEATRES DES ETATS-UNIS.—DERNIERE
EPISODE DE LA SERIE D'HOUDINI, LE MAITRE DU MYSTERE.

SAMEDI SEULEMENT

WILLIAM RUSSELL, DANS "SOME LIAR" ET COMEDIE DE SUN-
SHINE.

DIMANCHE SEULEMENT

HARRY CAREY DANS "RIDER'S OF VENGEANCE."

LUNDI ET MARDI

PROGRAMME SPECIAL AINSI QUE LA 13ème EPISODE DE LA
SERIE "THE MAN OF MIGHT."

MERCREDI 6 AOUT

LE ROI DES CONFERENCIERS (Alex Silvio)

DONNERA EN CONFERENCE, LA PREMIERE EPISODE DU PLUS
GRAND ROMAN JAMAIS PARU SUR LA TOILE CINEMATOGRAPHIQUE

ELMO · LE PUISSANT

TOUTE PERSONNE ENTREE AVANT 7½ RECEVRA DE M. ALEX
SILVIO UN MAGNIFIQUE CADEAU (GRATIS). "ELMO" SERA EXPLI-
QUEE 2 FOIS A 7½ PRECISES ET A 9 HRS.
N'Y MANQUEZ PAS.

Le Canada français, 31 juillet 1919, p. 4.

Montérégie. Ce théâtre projette plusieurs films à épisodes par semaine, mais selon les publicités, seul Silvio semble les commenter[60]. De série en série, Silvio explique le récit de chaque épisode « à la demande générale » du public. La plupart de ces films à épisodes amalgament un récit d'action, de mystère et une histoire d'amour où la morale triomphe toujours, forcément. La combinaison des genres dans un même récit permettait de plaire à un public plus large ayant des goûts variés.

60. Silvio présente et explique au Thuotoscope de Saint-Jean-sur-Richelieu : *Elmo the Mighty, Smashing Barriers, Les femmes qui pleurent, Elmo sans peur* et plusieurs autres, de 1919 à 1920.

Une formule endiablée : boniments et « gazettes vivantes »

On a innové un genre de spectacle au Canadien-Français. La « gazette vivante » – c'est ce qu'on lit sur le programme de ce théâtre – comporte des scènes d'actualité qui ne manquent pas d'originalité. N'a-t-on pas été surpris de voir, il y a quelques jours à l'affiche le nom de l'inéluctable... Landru[61] ?

L'été de 1919, où il reprend la direction du Théâtre Canadien-Français, semble déterminant dans la carrière de Silvio quant à l'instauration d'une formule théâtrale qu'il va tenter de maintenir jusqu'à la fin de sa présence dans les théâtres québécois. Cette formule conçue « pour le peuple » repose sur des prix abordables, à partir de 25 cents la séance, des soirées spéciales avec des remises de prix ou concours, une attention particulière à sa clientèle – particulièrement la clientèle féminine qui est invitée à participer aux spectacles en matinée –, et des divertissements variés : pièces de répertoire à l'occasion, mais surtout des comédies en un acte, du vaudeville, du chant, bien sûr des vues animées bonimentées et des revues d'actualité qui sont de plus en plus populaires. Silvio change son programme tous les lundis, mercredis et samedis en espérant attirer sa clientèle plusieurs fois par semaine et ainsi plaire aux « amateurs de bons spectacles », même les « plus difficiles[62] ».

Ayant le sens des affaires et du divertissement, Silvio amalgame les goûts cultivés et les formes populaires, les thèmes traditionnels et les sujets plus modernes. Mais tandis que les premières années de sa carrière comportent beaucoup de soirées organisées avec et pour la bourgeoisie francophone, à partir de 1919, il semble avoir choisi de s'adresser à un public plus diversifié et de présenter des attractions plus audacieuses. Au risque de choquer les autorités locales et de se retrouver chez le « recorder », il organise un spectacle de fin de soirée le dimanche 8 juin 1919. Pendant la journée, il donne deux représentations en programmation régulière, mais le Théâtre Canadien se métamorphose à 23 h pour une soirée qui met en scène Montréal pendant la nuit. Pour l'occasion toute spéciale, Silvio commente des « vues drôles » de Montréal en pleine nuit et les acteurs de la troupe Castel, qui viennent d'être engagés pour une série de spectacles, montent sur les planches pour y jouer des scènes

---

61. Pollux, « Théâtres », *La Patrie*, 19 juillet 1919, p. 22.
62. Anonyme, « Théâtre Canadien », *La Patrie*, 24 mai 1919, p. 24.

d'actualité avec des chansons et des numéros comiques. Que se passait-il à Montréal la nuit en 1919? Peut-être se moquait-on des badauds quittant les bars et déambulant sur les artères à la recherche de plaisirs illicites. Une chose est certaine, ce spectacle dominical nocturne sur les curiosités de la nuit, qui combinait mise en scène et images du réel, suscitait certainement la curiosité de plusieurs. Mais qui donc pouvait se permettre d'aller au théâtre un dimanche, à cette heure si tardive?

La troupe Castel poursuit sur sa lancée dès le lendemain en mettant en scène *La Famille Croustillard*. Cette pièce, écrite par Almer Perrault en 1912, dont nous avons parlé dans le chapitre précédent, met en scène une famille «d'habitants» montrant tous les clichés sur les campagnards naïfs qui arrivent à Montréal et découvrent les dernières technologies. Prétexte comique pour faire rire les citadins en contact quotidien avec la modernité. La semaine suivante la troupe poursuit avec *La Famille Croustillard au théâtre* et pour une troisième occasion avec *La Famille Croustillard chez le Recorder* racontant les conséquences d'une soirée au théâtre qui semble avoir mal tourné. L'auteur les avait-il imaginés passant un dimanche soir dans un «théâtre à Silvio»?

C'est dans un autre registre que Silvio et Castel poursuivent leurs engagements. Ils présentent pendant la semaine du 29 juin une «gazette vivante» sur Landru, le barbe-bleu du XXe siècle, arrêté en France et accusé d'avoir assassiné huit femmes pour hériter de leur fortune. *Landru*, écrite par le revuiste Almer Perrault, met en scène l'histoire du célèbre criminel français qui vient à peine – le 12 avril 1919 – d'être arrêté par les policiers. L'auteur et le metteur en scène ont cependant choisi d'ajouter au tragique de cette histoire les effets spectaculaires devenus coutumiers des productions montréalaises: ce «drame de la plus haute actualité» est présenté «avec des décors, mise en scène et effets de lumière merveilleux[63]». Ce spectacle tient l'affiche pendant une semaine, après quoi Silvio présente *Faut pas faire petit, faut faire grand pour être acquitté honorablement*, de l'auteur et comédien Paul Gury. Silvio veut de toute évidence «faire contraste» avec l'affaire Landru; le chroniqueur théâtral parle de cette deuxième «gazette-revue» comme d'un spectacle très comique: «Il nous suffira de dire que c'est M. Paul Gury, auteur de "Envoye! Envoye!" qui l'a écrite pour

---

63. Anonyme, «Théâtre Canadien», *La Patrie*, 28 juin 1919, p. 22.

s'attendre d'avance à un rire sans interruption d'un bout à l'autre[64]. » Les annonces sont si élogieuses qu'on peut souvent soupçonner les chroniqueurs d'avoir tout simplement recopié les textes ou les paroles du producteur ; mais si ces annonces tiennent toujours de la complaisance, leur objet n'en perdure pas moins.

La semaine suivante, Silvio et Castel, devenu directeur artistique du Canadien, présentent deux pièces-revues d'Almer : *As-tu vu le kaiser ?* et *La Paix du Monde*. L'information est fragmentaire à leur sujet, mais les titres semblent liés à la conjoncture politique : disparition du germanisme et du tsarisme en Europe, ainsi que la signature de l'armistice. Pour ces revues, Silvio fait quatre nouvelles embauches : Mme Laviollette, Alexandre Desmarteaux, J. Léo et Raoul Léry, des artistes qui seront de fidèles collaborateurs pendant les années suivantes. Les revues semblent par la suite changer toutes les semaines et attirent l'attention d'un critique du journal *La Patrie*, dont le pseudonyme est Pollux :

> Voici que le Canadien passe du feuilleton sensationnel de l'heure à la question du pain. Son directeur annonce pour la semaine prochaine un récit dialogué inspiré de cette troublante litanie «Ah! Que tout se vend cher!» de nos ménagères, de nos cordons bleus, etc. Mais va-t-on nous dire comment à ce théâtre on va nous résoudre le problème de la vie chère? C'est ce que nous saurons lundi chez Sylvio[65].

On sent d'après les commentaires de cette revue une inspiration semblable à ce que seront 10 ans plus tard les chansons de « La Bolduc », qui exprimait dans ses textes les difficultés vécues par les gens de condition modeste. Le spectacle intitulé *Que tout s'vend cher!* ou *L'accaparateur (sic) et l'ouvrier* proposait « une "revue" où se manifeste le sens réel de la vie actuelle et où l'on se rend compte de la situation dans laquelle nous nous trouvons[66] ». On y retrouvait deux chansons : *La vie chère* et *Le pain volé*, interprétées par Alex Desmarteaux avec un « accent tragique qui sied vraiment aux paroles[67] ». En 1919, le Canada vivait encore les conséquences de la guerre terminée l'année précédente, qui avait été marquée par un rationnement sévère et une inflation souvent critiquée

---

64. Anonyme, «Au Théâtre Canadien », *La Patrie*, 5 juillet 1919, p. 21.

65. Pollux, «Théâtres», *La Patrie*, 19 juillet 1919, p. 22.

66. Anonyme, «Ah! Ce que tout est cher!», *La Patrie*, 22 juillet 1919, p. 9.

67. *Ibid.*

ou dénoncée sur les scènes. Avec 1920 viennent les «années folles» et une certaine prospérité, mais qui a été en quelque sorte le prélude de la plus grave crise économique vécue dans le monde.

Une autre «gazette vivante» d'Almer Perrault est présentée par la suite : *La Prohibition*, sujet qui sera au cœur de débats de société pendant une longue période. Cette revue est accompagnée d'un épisode de la série *Elmo le puissant*. La complicité avec l'auteur surnommé Almer se poursuit dans un autre type de mise en scène : Silvio l'engage pour présenter un spectacle féérique intitulé *Cendrillon*. Silvio réserve même une représentation en matinée destinée aux enfants[68]. Il poursuit avec *Jeanne-d'Arc (la Sainte)* «chef-d'œuvre de la scène française» adapté pour le public montréalais et agrémenté de plusieurs morceaux chantés «qui en fera une Jeanne D'Arc comme on en a pas encore vue sur une scène canadienne[69]».

Après ces spectacles un peu plus «sages», voire conservateurs, c'est le retour des revues avec *En auto*, une autre création d'Almer, qui met en vedette le monde de l'automobile : «les vedettes [de la revue] seront fort bien secondées par Ella Duval dans mademoiselle Auto[70]» et «toutes les jolies Girls[71]». La comédienne personnifie peut-être la reine d'un concours, mais peut-être aussi l'automobile, tout comme dans d'autres revues étaient personnifiés l'électricité, les tramways ou d'autres figures de la technologie. Cette récurrence de la personnification des nouveautés techniques souligne l'attrait qu'elles exerçaient mais aussi les inquiétudes liées à leur compréhension et à leur généralisation. L'automobile est en train de révolutionner la mobilité dans l'espace géographique, quelques décennies à peine après l'expansion du chemin de fer.

La semaine suivante, Silvio présente une nouvelle revue d'Almer : *La Foire du centenaire*[72]. Bien que le contenu de cette «gazette vivante» ne soit pas mentionné dans les chroniques, le titre indique un lien avec les fêtes du centenaire de naissance de Sir Georges-Étienne Cartier. Au

---

68. Anonyme, «Canadien-Français», *La Patrie*, 2 août 1919, p. 18.

69. Anonyme, «Canadien-Français», *La Patrie*, 9 août 1919, p. 22.

70. Anonyme, «Canadien-Français», *La Patrie*, 14 août 1919, p. 23.

71. Anonyme, «Canadien-Français», *La Patrie*, 16 août 1919, p. 23.

72. Pendant la semaine du 25 août 1919, au Canadien-Français. Anonyme, «Théâtre Canadien-Français», *La Patrie*, 23 août 1919, p. 20.

début de septembre 1919, avec un retard de cinq années à cause de la guerre, plusieurs fêtes, dont une grande exposition, sont organisées en l'honneur de l'ancien premier ministre du Canada et père de la Confédération canadienne. La revue présente sans doute à sa façon un hommage en chansons et scénettes comiques. Comme dernière revue pour la saison d'été 1919, Silvio offre un spectacle intitulé *Nos Ouvriers* à l'occasion de la semaine de la Fête du travail, sous la direction du comédien J. Léo[73].

Pour le début de la saison d'automne, Silvio présente de nouveau une revue d'Almer co-écrite avec Léo: *Pan! Pan! La v'là!* en 3 actes et 9 tableaux, qui met en scène 25 personnes: «Triomphe! Triomphe!! […] Cette semaine, les murs du Canadien tremblaient des éclats de rires et des bravos[74].» La revue est représentée la semaine suivante avec «plusieurs scènes nouvelles parmi lesquelles la plus sensationnelle sera celle du 8e tableau "Au clair de lune" où se rencontreront sur la scène Léo, Harmant, Desmarteaux, Bouchard et Juliette Béliveau[75]». Les théâtres de Silvio appliqueront souvent cette tactique consistant à prolonger un spectacle en y ajoutant quelques scènes nouvelles qui pouvaient faire revenir des spectateurs.

Silvio et la critique

Cette revue contient des scènes amusantes, mais il en est qui ne sont guère intéressantes, en ce sens qu'elles sont risquées et douteuses. Rien ne coûte et ne profite plus que d'avoir des spectacles où la décence n'est jamais prise en défaut[76].

Le succès de Silvio avec des spectacles populaires finit par susciter la réprobation de certains critiques qui préfèrent surtout le grand théâtre et le répertoire français. Il devra bientôt répondre et justifier ses choix, mais il ne change pas sa méthode. Armand Robi signe une autre revue – formule qui sans contredit fait le succès du Canadien-Français – intitulée *Pousse pas* et présentée quelques semaines plus tard, en novembre 1919. Pour tenir le rôle de la commère, Robi choisit Germaine Bourville

---

73. Anonyme, «Théâtre Canadien-Français», *La Patrie*, 30 août 1919, p. 22.
74. Anonyme, «Au Canadien-Français», *La Patrie*, 20 septembre 1919, p. 18.
75. *Ibid.*
76. Anonyme, «Au Canadien», *La Patrie*, 4 novembre 1919, p. 8.

du Casino de New York, «une des plus jolies actrices de la scène américaine et dont les succès dans les vues animées "World" et "Metro"[77] ne se comptent plus[78]». Cette façon d'utiliser sur scène les éléments empruntés à l'écran – titres de films, noms d'acteurs, chansons sur le cinéma – est fréquente chez Silvio, comme nous le verrons plus en détail dans les pages suivantes, et elle se multipliera dans les revues qu'il a produites tout au long des années 1920. La revue *Pousse pas* reçoit une critique mitigée de la part d'un chroniqueur (citée plus haut). Ce commentaire est un des seuls avis réprobateurs adressés aux revues de Silvio présentées jusque-là. Ils seront aussi rares par la suite, ce qui confirme l'attitude généralement complaisante de la critique.

Cette critique n'empêche pas Silvio de monter une autre revue et sa clientèle de se rendre en salle. Il s'agit de *Plante-toé-Zoé*, écrite par Rose Gervais, «une Canadienne française applaudie maintes fois au point de vue musical et compositions littéraires et Jean Malet, comédien belge, mais pas mal canadien, par conséquent au courant de nos mœurs et coutumes[79]». Ce commentaire montre que même si de nombreux comédiens européens travaillent au Québec, il y a un certain malaise à leur égard, même si leur nombre et leur importance ont diminué depuis la guerre. Cette revue des actualités, au titre très vernaculaire, présente les tableaux suivants: «Zoé s'engage, Zoé aux vues…, Zoé se marie, Zoé mère de famille.» Ces titres évoquent des scènes de la vie d'une femme nommée Zoé. Mais comment se déroulait sur la scène chacune des étapes de la vie de cette «infâme» Zoé, personnage ainsi défini dans l'annonce du journal? Ces tableaux d'actualité dénonçaient-ils, avec une pointe d'ironie, des activités immorales ou jugées ainsi, puisque le titre de la revue invoque justement le vœu que cette Zoé se «plante», dans le sens de s'installer, et devienne une mère de famille? Dans cette revue est inséré un tableau relatif aux vues animées, ce qui est assez fréquent dans les revues montées ou écrites par Silvio, comme si, pour lui, le cinéma était un élément majeur de la modernité urbaine qui attirait en masse les foules et lui assurait également une rentabilité accrue.

---

77. *The Passing of the Third Floor Back* (Herbert Brenon, 1918); *Empty Pockets* (Herbert Brenon, 1918).

78. Anonyme, «Au Canadien», *La Patrie*, 4 novembre 1919, p. 8.

79. Anonyme, «Théâtre Canadien-Français», *La Patrie*, 22 novembre 1919, p. 20.

La semaine suivante, ce n'est pas Zoé qui se retrouve dans des activités trépidantes, mais une certaine «Mam'zelle Nitouche», dans une opérette de 3 actes et 4 tableaux, écrite par H. Mellpac et A. Milland, probablement des auteurs français. Ainsi, «pour satisfaire à de nombreuses demandes» et répondre au désir des «amateurs de bon goût», Silvio propose «ce spectacle de premier ordre» qui est décrit comme suit dans le journal:

> Mam'zelle Nitouche est une pensionnaire qui réclamée par ses parents, sort de son couvent et veut avant de partir voir jouer l'opérette que l'organiste de la maison, Célestin, donne le soir, au théâtre, sous le nom de Floridor. Comme elle sait par cœur la partition, elle remplace une actrice absente, puis se déguise en soldat, soupe avec des dragons, boit du champagne, soufflette un major, rentre au couvent et se marie[80].

Tout comme pour Zoé, les aventures de Mam'zelle Nitouche se terminent par un mariage et, évidemment, tout rentre dans l'ordre. La saison d'automne se poursuit au même rythme et Silvio présente un genre nouveau de son théâtre: chaque semaine une nouvelle opérette est présentée sur la scène du Canadien-Français avec les mêmes artistes populaires qui attirent les foules.

Pour commencer la nouvelle année en soulignant les événements marquants de 1919, on retourne à la forme des revues avec la création de Pierre Christe *N'fais pas ton p'tit prince!* Selon la chronique théâtrale, la revue de fin d'année de Christe est «toujours attendue avec impatience par les amateurs de théâtre[81]». La revue se veut originale: «l'auteur n'a pas touché à un seul des sujets qui ont été abordés jusqu'ici par les spectacles du même genre, les répétitions se sont faites discrètement et rares sont ceux qui sont initiés aux secrets de cette œuvre qui fera parler d'elle[82]». La revue semble avoir eu beaucoup de succès et tient pendant une autre semaine l'affiche du Canadien-Français, mais la formule est tellement gagnante, selon le chroniqueur, que la revue «restera dans l'esprit des gens comme une chose gaie et délicieusement sentimentale et longtemps on en chantera les jolis refrains[83]». Le succès

---

80. Anonyme, «Théâtre Canadien-Français», *La Patrie*, 29 novembre 1919, p. 24.
81. Anonyme, «Théâtre Canadien», *La Patrie*, 10 janvier 1920, p. 20.
82. *Ibid.*
83. Anonyme, «Théâtre Canadien-Français», *La Patrie*, 17 janvier 1920, p. 32.

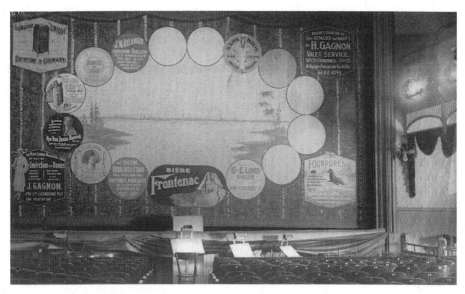

Théâtre Canadien-Français en 1920.
Photo par Henri Richard. Don de M. Albert Rochard. ©Musée McCord.

fait partie du refrain des chroniqueurs, mais celui-ci témoigne du succès persistant de la méthode Silvio.

À cette époque, le Théâtre National et le Théâtre Chanteclerc, autres salles populaires que Silvio dirige vers le milieu des années 1920, présentent à peu près le même genre de spectacles qu'au Canadien-Français, mais ce dernier avait une valeur ajoutée et presque exclusive : les vues animées étaient expliquées par Silvio pour le plaisir du public. Par exemple, en mars 1920, Silvio y présente *Elmo sans peur* avec un boniment, alors que le Chanteclerc le présente quelques semaines plus tard sans boniment[84].

Les chroniques théâtrales continuent de souligner semaine après semaine les succès des différentes opérettes ou revues présentées au Canadien-Français. Comme nous l'avons déjà fait remarquer, ces chroniques sont souvent des communiqués envoyés par les directeurs qui cherchent à attirer le public dans leurs théâtres. Mais en avril 1920, Silvio profite d'un entracte pour s'adresser à son public et expliquer la

84. Anonyme, « Théâtre Canadien-Français », *La Patrie*, 20 mars 1920, p. 20 ; Anonyme, « Théâtre Chanteclerc », *La Patrie*, 10 avril 1920, p. 20.

situation de son théâtre qui semble avoir des difficultés. Les choses devaient vraiment aller assez mal, car une telle sortie publique d'un directeur de théâtre était absolument exceptionnelle. Du même coup, il répond à la critique selon laquelle les théâtres présentent trop peu de « haute comédie » :

> Comment tenir un théâtre debout, s'efforcer de jouer de la haute comédie, soigner la mise en scène, si le public ne vient pas. Le théâtre, à Montréal, n'est pas subventionné par l'État. Il serait bon de le reconnaître dans les milieux d'élite où l'on se plaint de l'absence de bon théâtre... avant qu'il ne soit trop tard. Pour moi, mes frais dépassent les recettes parce que j'ai voulu donner du beau avec les meilleurs éléments à ma disposition. J'ai dirigé des cinémas pendant 19 ans et cela m'a rapporté. Tel n'est pas le cas avec du spectacle de haute comédie ; j'irai cependant jusqu'au bout, jusqu'à la fin de la saison, pour mes artistes et le renom du théâtre dont je suis le propriétaire[85].

Pourtant, cette même semaine et les deux semaines suivantes, les communiqués annoncent que le public se rend en foule au Canadien-Français pour y voir *Madame Sherry*, un spectacle nouveau genre sur une scène française. On insiste sur le fait que les frais sont considérables pour cette comédie musicale, car Silvio a engagé pour l'occasion une troupe de 45 artistes, dont quelques-uns américains, mais également parce qu'il a dû défrayer des « droits d'auteurs payés à New York ». La pièce est présentée pendant trois semaines, « sans que son succès se ralentisse un instant. Succès fait de rires inextinguibles, d'applaudissements qui vont aux chanteurs, de bravos de bis à toutes les danses et Dieu sait si elles sont nombreuses[86]. » Malgré ce « triomphe », les artistes du Canadien-Français organisent une « soirée-bénéfice pour remercier M. Sylvio et l'aider en même temps à se refaire des pertes qu'il a faites durant la saison pour se rendre aux vœux des Canadiens-français d'avoir un théâtre de comédie à Montréal[87] ». Silvio cède ensuite son théâtre à Charles Schauten et à Fred Lombard[88], semblant confirmer ainsi que cette saison et sa formule plus variée se sont avérées peu rentables.

---

85. Anonyme, « Théâtres », *La Patrie,* 10 avril 1920, p. 20.
86. Communiqué, « Canadien-Français », *La Patrie,* 17 avril 1920, p. 24.
87. Communiqué, « Canadien-Français », *La Patrie,* 24 avril 1920, p. 24.
88. Ceux-ci engagent quelques acteurs européens : Jeanne Max, du Théâtre du Parc de Bruxelles, Liane Salvor, Mme E. Dhelbe, Jacques Varennes et d'autres artistes que l'on retrouvera plus tard également dans les théâtres de Silvio.

Le diable à la campagne

M. Alexandre Sylvio, propriétaire du théâtre Gaieté, vient de louer de M. André Généreux le théâtre Passe-temps, rue St-Paul et lundi le 24 octobre courant M. Alexandre Silvio en fera l'ouverture[89].

Après une saison qui semble donc avoir été un échec financier, Silvio décide de tenter sa chance hors de la métropole et quitte le Canadien-Français, le temps d'une saison théâtrale, pour aller gérer deux théâtres dans la petite municipalité de Joliette, située à environ cent kilomètres au nord-est de Montréal. Après des rénovations apportées aux salles, il reprend d'abord la direction du Théâtre Gaieté, puis celle du Théâtre Passe-Temps, et n'y présente que des films[90]. Pour la première soirée de spectacle au Théâtre Passe-Temps, on annonce un programme musical mais le communiqué, probablement rédigé par Silvio, met surtout l'accent sur le cinéma et sa popularité auprès de la clientèle régionale : « On y présentera le film sensationnel : *La victime du secret de la confession*[91]. Les billets sont en vente depuis quelques jours, et déjà plus de trois cents billets ont été vendus[92]. » Ce film raconte l'histoire d'un prêtre qui se voit confier un secret concernant un crime, mais qui ne peut révéler le secret de cette confession. On peut penser que Silvio exagère, annonçant le succès avant même le début du spectacle, mais il montre qu'il connaît ses recettes autant que ses publics. Cette intrigue avait tout pour plaire à un auditoire catholique pour qui le curé confesseur était le citoyen le plus influent. Il fallait d'ailleurs que ce dernier approuve le spectacle avant de laisser ses ouailles se divertir dans ce qui pouvait être l'antre du démon. Il en sera encore de même en 1952 quand Alfred Hitchcock viendra à Québec tourner une autre adaptation du même récit : *I Confess*, remémoré dans *Le confessionnal* de Robert Lepage, un film de 1995.

---

89. Anonyme, « Réouverture du Passe-Temps », *L'Étoile du Nord*, 20 octobre 1921, p. 1.
90. *Ibid.*
91. Il s'agit probablement du film *The Confession* (Bertram Bracken, 1920).
92. Anonyme, « Réouverture du Passe-Temps », *L'Étoile du Nord*, 20 octobre 1921, p. 1.

Des cadeaux d'enfer

> En effet, comme par enchantement, les cadeaux sortent du trou du souf-
> fleur et sont distribués au public. Quand au cadeau de prix, il dépend
> d'un papier placé sous un siège, et il faut voir tout le monde se lever à cette
> annonce. Ce système est des plus populaires[93].

Silvio revient à Montréal où il reprend la direction du Canadien-
Français, un peu avant la saison d'été 1922. Comme il a fait pour ses
théâtres de Joliette, il apporte des améliorations au Canadien-Français
et annonce encore une revue, s'assurant ainsi une salle presque comble
pour la réouverture: «Une indiscrétion nous permet de dire que la
première attraction de la saison d'été sera une revue, mais une revue
comme l'on n'en a pas encore vue à Montréal, une revue gaie, une revue
où il y a de l'esprit, des jolies scènes, de belles chansons, des décors
soignés[94]», prend-on la peine de préciser. La revue «authentiquement
montréalaise», écrite par le comédien Jean Nell et G.-H. Robert, chroniqueur à *La Presse*, met en scène le personnage de Ladébauche, «le
"vrai" comme il est dit dans la revue[95]», incarné par son créateur Elzéar
Hamel[96]. Le moment de la soirée qui semble remporter un succès
considérable est l'apparition de Silvio sur scène, en cours de présentation de la revue, pour remettre des cadeaux au public de façon fort
originale, comme le note le chroniqueur de *La Patrie*:

> Ainsi, aux deux représentations d'hier, qui, entre parenthèses, avaient
> complètement rempli le théâtre, au beau milieu de la revue, alors que la
> troupe chante et danse le refrain bien connu «Gais et bien contents», il y
> a une interruption subite, et M. Sylvio, le nouveau directeur s'avance sur
> la scène, souhaite la bienvenue au public et annonce aux dames comme
> aux messieurs qu'il y a des cadeaux pour eux et qu'il y en aura à toutes les
> représentations.

---

93. Anonyme, «Spectacle gai et enlevant, et cadeaux au Canadien-français», *La Patrie*,
9 mai 1922, p. 8.

94. Anonyme, «Réouverture au Canadien-Français», *La Patrie*, 22 avril 1922, p. 22.

95. Anonyme, «Spectacle gai et enlevant, et cadeaux au Canadien-Français», *op. cit.*

96. Anonyme, «"Viens pas m'achaler" revue de Nel et Robert», *La Patrie*, 29 avril
1922, p. 22; Anonyme, «Canadien-Français», *La Presse*, 29 avril 1922, p. 8; *Le Canard*,
30 avril 1922.

Théâtre Canadien-Français

472, rue Ste-Catherine Est   Téléphone Est 5219

VOILA le PLAISIR

Revue en 4 actes par
══ ALMER ══

Théâtre      Théâtre

du   du

Peuple   Peuple

M. ALEX. SILVIO
Dir.-Prop. du Théâtre Canadien-Français

SEMAINE DU 6 NOVEMBRE 1922

Paul Maugé, Editeur

Comme nous l'avons dit précédemment, Silvio est réputé pour ses concours et les cadeaux qu'il remet au public, et cette formule se répand dans les théâtres qu'il dirige. Lors de ces apparitions, il se met aussi bien en évidence comme l'organisateur que comme le pourvoyeur, pour ajouter encore à ce qui est devenu sa formule. Le chroniqueur de *La Patrie* parle de Silvio en tant qu'« aimable magicien[97] ». Selon celui-ci, la revue plaît énormément au public : « "Viens pas m'achaler" fera époque, c'est le verdict de ceux [*sic*] – et ils seront légion, puisque l'on remet cette délicieuse revue à l'affiche encore jusqu'à samedi prochain. » Il précise encore une fois que ce succès est notable puisque depuis un certain temps, les théâtres vivent des moments difficiles. Selon lui, ce succès est dû grandement à la qualité de la revue :

> Sans exagérer on peut dire que « Viens pas m'achaler » possède les véritables éléments d'une bonne revue. Chaque tableau, chaque scène, chaque chanson a « sa raison d'être » et arrive naturellement. Les types sont dessinés d'après nature, la caricature des mœurs se fait en douceur. Et la satire que les auteurs ont glissée dans cette revue pique mais ne blesse pas. Le sel qu'on y trouve est aussi dosé à juste mesure[98].

La revue est présentée pendant deux semaines au Canadien-Français et aurait peut-être tenu plus longtemps si ce n'était des engagements déjà prévus pour les spectacles suivants. Le théâtre présente des opérettes, dont *Véronique*, une opérette comique, *Miss Hélyett*, qui a du succès à Paris depuis 25 ans précise-t-on[99], et du répertoire français pendant plusieurs semaines, puis revient avec la revue *C'T'une forçante*, présentée la première semaine de juillet 1922. « Une autre revue ! Décidément, M. Silvio gâte ses habitués[100]. »

Cette revue met en scène une catastrophe survenue quelque temps plus tôt : le désastre de Sainte-Anne de Beaupré, « où l'on voit l'église en flammes, la chute du clocher et le miracle de la statue[101] ». En effet,

97. Anonyme, « Le succès de la revue du Canadien lui vaut une autre semaine d'affiche », *La Patrie*, 13 mai 1922, p. 22.

98. *Ibid.*

99. Anonyme, « M. Becker, la coqueluche du Capitol, dans "Miss Hélyett", au Canadien-français », *La Patrie*, 27 mai 1922, p. 22.

100. Anonyme, « Une grande revue d'été au théâtre Canadien-français : "C't'une forçante" », *La Patrie*, 1ᵉʳ juillet 1922, p. 22.

101. *Ibid.*

le 29 mars 1922, la basilique de Sainte-Anne de Beaupré est la proie des flammes. Tout le bâtiment est détruit hormis quelques œuvres d'art dont la statue dorée de Sainte-Anne. En première page du journal *La Patrie*, le lendemain de l'incendie, on peut lire : « Malgré sa structure en bois, elle surgit majestueuse au milieu des flammes qui anéantissent le grand monument religieux et national[102]. » Les artistes reproduisent donc sur la scène du Canadien-Français cette catastrophe spectaculaire : « l'on est ému malgré soi par le tableau chanté "Le désastre de Sainte-Anne", ce tableau est magnifiquement réussi comme décor et effet d'incendie[103] ». Le diable est de retour en ville, mais il fait à l'occasion son signe de croix devant l'église pour s'attirer quelques bénédictions.

« Le radio », nouvelle merveille

> [...] *comme suprême attraction, M. Silvio donnera toute la semaine « la plus grande merveille du jour »*, LE RADIO AU CANADIEN-FRANÇAIS. *C'est-à-dire que le public pourra assister de son fauteuil dans la salle à un concert donné à plusieurs milles de distance ainsi qu'à plusieurs expériences de radiotéléphonie[104].*

Pendant la saison d'été 1922, Silvio réserve à son public une autre surprise. Encore à cette époque, le cinéma est sans doute la forme la plus intense d'expérience moderniste dans le monde du divertissement, mais Silvio s'intéresse aussi à plusieurs autres attractions, dont les effets spéciaux dans les spectacles, et est peut-être le seul à avoir tenté cette expérience inusitée : la radio au service du théâtre. Silvio démontre encore une fois son intérêt pour les innovations techniques et les formes hybrides en intégrant aux spectacles des émissions de radio. Lors des soirées spéciales, il fait vivre une expérience tout à fait nouvelle à ses spectateurs en leur permettant d'entendre en direct des concerts et des pièces jouées dans d'autres théâtres. À l'aide d'un appareil de T.S.F. muni d'un cornet acoustique amplifié, Silvio rend accessibles en direct

---

102. Anonyme, « Seule, la statue de Ste-Anne surmontant la façade de la basilique est épargnée par le feu », *La Patrie*, 30 mars 1922, p. 1.

103. Anonyme, « Les nôtres au théâtre, et la revue "C't'anne forçante" au Canadien », *La Patrie*, 4 juillet 1922, p. 9.

104. Anonyme, « De l'opérette, des fleurs, du cinéma de luxe et même du radio, au Canadien-français », *La Patrie*, 3 juin 1922, p. 22.

La Presse, 28 octobre 1924, p. 8.

les nouveautés et les événements américains en plus de « faire l'éducation de sa clientèle au sujet de la science nouvelle[105] ». Il est sans doute fascinant pour le public de l'époque d'entendre entre autres les voix des artistes canadiens-français chantant à l'extérieur du pays, même si c'était parfois en anglais. Les spectateurs québécois ressentaient probablement une certaine fierté en entendant Hector Pellerin, comédien et pianiste très apprécié, autrefois bonimenteur de cinéma, chanter aux États-Unis les dernières romances parisiennes. Pellerin a d'ailleurs poursuivi une longue carrière radiophonique et y a obtenu un grand succès par ses chansons et ses radiothéâtres[106].

L'enthousiasme pour le nouvel appareil est également exprimé dans différents spectacles de théâtre pendant les années 1920. Silvio s'en inspire dans sa revue *Le Diable en ville*, présentée au Théâtre Canadien-Français en octobre 1924, et imagine un personnage nommé « l'amateur de radio[107] ». Pendant la même semaine, au Théâtre National, Silvio présente une comédie musicale intitulée *Radio S.V.P.* Dans ce spectacle, ce sont les comiques Pizzy Wizzy et Macaroni, comédiens de burlesque

105. Anonyme, « Le théâtre Canadien Français est le véritable palais des surprises », *La Patrie*, 6 juin 1922, p. 7.

106. Bibliothèque et Archives du Canada/Collection musique, « Hector Pellerin », *Le Gramophone virtuel*, octobre 2005 <http://www.collectionscanada.ca/gramophone/m2-1023-f.html> (site consulté en août 2006).

107. Anonyme, « Canadien-Français », *La Presse*, 18 octobre 1924, p. 30.

associés souvent à Silvio, qui incarnent des amateurs de radio[108]. Quelques années plus tard, dans un autre spectacle intitulé *Une heure à la radio*, Silvio présente au Théâtre Arcade une parodie des principaux interprètes de radio du poste AETKC (jeu de mots faisant référence à la situation économique des ouvriers : « Hé que t'es cassé ! » et à la station de radio montréalaise CKAC) : « Les émissions du sel Doré, de J.-O. Bibron, de la Bière Darling avec le professeur Firestone ; le programme de la Parfumerie Marteau, l'heure de la Bascule avec la symphonie des éreintés, direction Signor Macaroni, etc.[109]. » Par ailleurs, on annonce bizarrement que le spectacle est diffusé « de la scène du théâtre Arcade dans une boîte de conserve[110] ». Faisait-on allusion à la qualité du son ou à la forme que pouvaient avoir certains récepteurs radio ?

Le « théâtre du peuple »

C'est du reste l'extrême modicité des places qui assure à M. Sylvio le droit d'appeler son théâtre « le théâtre du peuple »[111].

Pendant toute la saison d'été 1922, Silvio présente au Canadien-Français du théâtre, des films – « les plus belles vues, toujours des primeurs dans l'est[112] » –, des concerts transmis par radio, offre des fleurs à sa clientèle féminine et communique dans les journaux « qu'au Canadien-français, il ne fait jamais chaud dans la salle ; que le théâtre est coquet et propre, et que l'atmosphère est parfumé, grâce à un jeu de fontaine des plus ingénieux. C'est un endroit idéal en temps de chaleurs[113]. » C'est aussi l'endroit idéal pour profiter des avantages de la modernité ! Silvio apparaît même sur la scène à au moins deux reprises pour donner quelques performances, comme on peut le lire dans ces articles de journaux : « M. Pellerin chante aussi quelques-unes de ses chansons et M. Silvio lui-même se souvenant qu'il fit jadis du théâtre,

108. Anonyme, « National », *La Presse*, 28 octobre 1924, p. 8 ; Anonyme, « National », *La Presse*, 21 octobre 1924, p. 21.

109. Anonyme, « Arcade », *Le Petit Journal*, 18 décembre 1932, p. 16.

110. *Ibid.*

111. Anonyme, « "Noblesse oblige", au Canadien-Français », *La Patrie*, 30 septembre 1922, p. 28.

112. Anonyme, « Deux jours de cadeaux, le radio et de beaux films au Canadien-Français », *La Patrie*, 10 juin 1922, p. 22.

113. Anonyme, « Théâtre Canadien-Français », *La Patrie*, 10 juin 1922, p. 22.

accompagné par M. Pellerin, obtient un franc succès dans une chanson dansée[114]. » Il remonte d'ailleurs sur la scène deux semaines plus tard, pour chanter et donner quelques imitations comme il le faisait dans les cafés-concerts plus de vingt ans auparavant[115].

La semaine suivante, Silvio, comme il a désormais l'habitude de le faire, s'adresse directement au public pour expliquer « qu'il n'avait pas voulu augmenter ses prix bien que ce fût la Fête du travail, parce que "ça coûtait déjà assez cher pour aller au théâtre" ». Il est bien sûr « applaudi à outrance[116] » par les spectateurs qui profitent des prix abordables. À partir de cette période, Silvio, dans ses chroniques publicitaires, rebaptise le Théâtre Canadien-Français le « Théâtre du peuple », rien de moins, et se vante d'offrir des spectacles de qualité à des prix raisonnables. Un chroniqueur de *La Patrie* affirme même : « C'est du reste l'extrême modicité des places qui assure à M. Sylvio le droit d'appeler son théâtre "le théâtre du peuple"[117]. »

En novembre, Silvio présente au Canadien-Français la revue *Voilà le plaisir!*, écrite par Almer Perrault. Ce spectacle contient les chansons *Valentino* et *Mary Pickford*, tous deux célèbres vedettes du cinéma américain. Henri Letondal, dans sa critique de la revue, souligne qu'elle contient « quelques pointes d'américanisme », et ajoute : « peut-on vraisemblablement les reprocher à l'auteur qui croit comme bien des gens que nous vivons d'une façon mi-française, mi-américaine!...[118] » En décembre, c'est Paul Gury qui présente une revue ayant pour titre *Envoye donc!* Les titres des tableaux sont énumérés dans *La Patrie* : « La chanson mimée ; Three o'clock in the morning ; L'exposition des chats ; Un beau sketch dramatique ; Une répétition des deux orphelines (parodies) ; Présentation de Miss Montréal au public, etc. etc.[119] ». Le tableau « Three

114. Anonyme, « Un beau succès pour "La mariée récalcitrante" au théâtre Canadien-Français », *La Patrie*, 29 août 1922, p. 7.

115. Anonyme, « "Le fils surnaturel" et des interprètes qui savent bien leurs rôles au Canadien », *La Patrie*, 12 septembre 1922, p. 7.

116. Anonyme, « Théâtre Canadien-Français », *La Patrie*, 5 septembre 1922, p. 7.

117. Anonyme, « "Noblesse oblige", au Canadien-Français », *La Patrie*, 30 septembre 1922, p. 28.

118. Henri Letondal, « "Voilà le plaisir!..." Au Théâtre Canadien-Français », *La Patrie*, 7 novembre 1922, p. 8.

119. Anonyme, « "Envoye-donc", la revue de Gury, au Canadien-Français », *La Patrie*, 2 décembre 1922, p. 26.

o'clock in the morning» est-il une référence au film américain du même titre qui sort sur les écrans en 1923[120] ou au dernier succès musical américain[121] ? Les informations disponibles ne permettent pas de confirmer qu'il s'agissait d'une référence cinématographique, mais on peut le supposer d'après les autres emprunts fréquents au monde du cinéma.

Le tableau intitulé «Une répétition des deux orphelines» parodiait la pièce de théâtre du même nom et peut-être même le film de D. W. Griffith sorti en 1921 qui redonne une certaine popularité à cette œuvre. La critique virulente que reçoit la revue quelques jours après la première dénonce justement ces références cinématographiques : «Les personnes qui fréquentent les théâtres anglais et les cinémas ont du constater à la représentation de "Envoye donc!" que Paul Gury fréquentait beaucoup ces spectacles ou du moins se faisait raconter les bons mots des acteurs américains ou les histoires cinématographiques[122]. » Le critique désapprouve totalement la revue et accuse même Paul Gury de reprendre «toutes les vieilles farces du Canard et de l'Almanach Vermot» ; d'avoir plagié «un numéro de vaudeville représenté en anglais il n'y a pas cinq semaines [et] traduit en raccourci en quelques répliques par Paul Gury qui en fait la scène principale d'un tableau et n'arrive pas à en traduire l'esprit» ; et finalement de reprendre un sketch d'une autre revue : «La répétition grotesque des "Deux Orphelines" est une reprise d'une scène de "Envoye! Envoye" de triste mémoire. » De toute évidence, le critique n'a pas du tout apprécié la revue du populaire auteur du *Mortel Baiser* et des *Dopés* et reproche aux spectateurs de favoriser un tel spectacle plutôt que d'encourager des auteurs plus «nobles» : «Cela devient presque incroyable lorsqu'on songe que M. Alfred Capus réussit à peine à garnir de spectateurs les premiers rangs de l'orchestre et que M. Paul Gury avec cette simple pitrerie "Envoye donc!" remplit une salle entière[123]. » L'auteur de cet article parlait du vaudeville *Les maris de Léontine* de l'auteur français Alfred Capus, présenté au Théâtre Canadien-Français la semaine

---

120. *Three O'clock in the Morning*, réalisé par Kenneth Webb, É.-U., 1923.

121. Paroles de Dorothy Terriss, musique de Julian Robledo (1922).

122. Anonyme, « "Envoye donc!" la nouvelle revue du Théâtre Canadien-Français », *La Patrie*, 5 décembre 1922, p. 8.

123. *Ibid.*

précédente[124]. Sa remarque laisse entendre que durant cette période, les revues d'actualité sont plus populaires auprès du public que les pièces du répertoire français, comme l'avait déjà fait remarquer Silvio qui tente aussi de présenter ce genre de spectacle malgré les pertes financières, et cela semblait encore choquer les intellectuels.

L'année 1923 débute par une fête organisée pour célébrer l'anniversaire de Silvio. Les artistes de plusieurs théâtres et d'autres «personnes distinguées» font de Silvio le héros de la soirée. Après une grande promenade en voiture à travers la ville, comme il aime le faire chaque année pour souligner son anniversaire, un banquet a lieu sur la scène du théâtre. L'apothéose de la soirée: une bourse de 222 $ en or remise par ses amis du théâtre pour renflouer ses coffres[125]. La saison se poursuit entre revues, mélodrames et opérettes. Pour la semaine du 17 février 1923, Silvio présente une autre revue d'Almer, *As-tu vu Joséphine?* Celle-ci utilise un procédé très original: elle met en scène des extraits d'opérettes modernes. Le chroniqueur qui annonce la revue dans *La Patrie* mentionne que ce procédé a été utilisé auparavant par l'opéra russe pour la revue *Une nuit d'amour*: «Or dans "As-tu vu Joséphine?" [les spectateurs] reconnaîtront peut-être le procédé, mais pas du tout la même pièce, et ils comprendront certainement puisque ce sera en français à la portée de tous.» Dans cette revue, on pouvait voir une combinaison de personnages appartenant à différentes opérettes sur une même scène, une sorte de revue des opérettes:

> Pellerin jouera «Bocace», et il fera passer un mauvais quart d'heure à Titi et Filion, dans le rôle de papa Montabor sera un peu là, tandis que Germaine Giroux dans le joli rôle de «Fleur-de-Thé», saura bien aider ce pauvre Titi dans ses mésaventures avec le cruel Bocace. Et maintenant si l'on veut savoir quels sont les autres personnages de cette éblouissante revue, qu'on sache donc que Valhubert jouera Gaspard, des «Cloches de Corneville», François les bas bleus, et de Briasac des «Mousquetaires au couvent», que Raoul Léry jouera le Marquis des «Cloches de Corneville» et Mingapour du «Grand Mogol»[126].

---

124. Il s'agit fort probablement d'Henri Letondal qui avait fait une critique dithyrambique du vaudeville *Les maris de Léontine* la semaine précédente. Henri Letondal, «"Les maris de Léontine" au théâtre Canadien», *La Patrie*, mardi 28 novembre 1922, p. 8.

125. Anonyme, «Théâtre Canadien-Français», *La Patrie*, 27 janvier 1923, p. 27.

126. Anonyme, «Ce que sera "As-tu vu Joséphine" au Canadien Français», *La Patrie*, 17 février 1923, p. 26.

Le compte rendu parle d'une «salade conditionnée de toutes les principales opérettes du répertoire français». Le spectacle semble avoir eu encore une fois du succès, surtout auprès du public féminin, que Silvio ne manque pas de courtiser : «À la représentation d'hier après-midi, et il y avait une telle foule, au sept huitième féminin, qu'il ne restait plus un seul siège libre dans tout le théâtre[127].» Pour donner suite à cette revue, Silvio présente *J'ai trouvé Joséphine*, une autre revue d'Almer, qui remporte le même succès auprès du public féminin, si on en croit la chronique théâtrale de *La Patrie* : «Un détail typique, M. Sylvio avait à peine annoncé que le spectacle de la semaine [suivante] serait une revue intitulée "J'ai trouvé Joséphine" [...] qu'un grand nombre de dames à l'entracte assaillaient le contrôle pour réserver leurs fauteuils de lundi prochain[128].» En plus de reprendre la même formule de revue et d'opérettes, on engage spécialement pour ce spectacle deux danseurs pour interpréter des numéros de danse : *Valentino*, et *Danse des Apaches,* des titres qui démontrent une fois de plus l'influence du cinéma sur les revues et les spectacles populaires, et même sur l'opérette.

Le péché pascal

> *Quand on va à l'église on n'y va pas pour s'amuser,*
> *mais quand on va au théâtre on n'y va pas pour prier[129].*

Pendant la semaine sainte de 1923, les artistes du Théâtre Canadien-Français jouent *L'amour défendu,* une comédie française de Pierre Wolf, qui raconte les amours extraconjugales entre une femme et l'ami de son mari. Avec une telle pièce pendant la semaine sainte, Silvio semble vouloir attirer l'attention en provoquant un peu, ou même beaucoup. Il y va même – pour une des rares fois de façon aussi claire – d'un commentaire pour son public concernant les spectacles et l'Église. Pendant un entracte, il rappelle que «Quand on va à l'église on n'y va

127. Anonyme, «Un voyage gai à travers les opérettes au Canadien-français», *La Patrie*, 20 février 1923, p. 7.

128. Anonyme, «"L'Amour défendu", de Pierre Wolf, au Canadien-français», *La Patrie*, 27 mars 1923, p. 9.

129. Propos de Silvio rapportés dans : Anonyme, «Théâtre Canadien-Français», *La Patrie*, 27 mars 1923, p. 9.

pas pour s'amuser, mais quand on va au théâtre on n'y va pas pour prier.» Le chroniqueur qui rapporte ses propos confirme: «À en juger, du reste par l'affluence qui remplissait hier le théâtre Canadien, il est évident que le public de Montréal pense la même chose[130].» D'autres théâtres optent sans doute pour des spectacles religieux, mais Silvio choisit de faire un pied de nez à la religion et de donner du vaudeville, de la comédie légère, des revues, des danses, des chansons dernier cri et des vues animées pendant toute la semaine sainte. La pièce qu'il a choisie n'est pas candide, l'adultère qui en est le sujet est une des choses que le clergé de l'époque trouvait les plus scandaleuses et réprouvait totalement au théâtre et au cinéma.

En 1928, Silvio refusera encore de «faire ses pâques» sur scène car cette année-là les journaux annoncent à nouveau un spectacle profane pendant la semaine sainte: «Il est coutume de donner, pendant la semaine Sainte, des spectacles plus ou moins religieux, interprétés avec plus ou moins de respect, et qui laissent une impression plutôt pénible. M. Silvio a voulu déroger à cet usage et il offre à son public, pour la semaine Sainte un superbe mélodrame en 5 actes intitulé: "Quand on aime, on pardonne…" par Alex. Sylvane[131].» Dieu seul sait si l'auteur et l'imprésario ont été pardonnés par le clergé d'avoir présenté ce mélo à ce moment; mais les spectateurs qui achetèrent les billets avaient pardonné avant même de venir assister au péché.

Burlesque, patriotisme et jambon

Le contenu d'une énorme caisse de provisions et objets de toutes sortes: une poche de pommes de terre, un jambon, des carottes, des oignons, des pommes, du raisin, des viandes en conserve, un tapis, de menus objets et même un splendide collier de perles incassables[132].

Cette liste d'épicerie est en fait la liste de cadeaux que Silvio offre aux spectatrices pour les attirer au théâtre en 1923. Les affaires semblent difficiles, sinon carrément mauvaises, et le répertoire devient parfois aussi alimentaire que vernaculaire. Pour la saison d'été, Silvio refait

---

130. Anonyme, «Théâtre Canadien-Français», *La Patrie*, 27 mars 1923, p. 9.

131. Anonyme, «Au Chanteclerc», *Le Petit Journal*, 1er avril 1928, p. 8.

132. Anonyme, «Le théâtre National pris d'assaut par la foule avide de gaîté et de cadeaux», *La Patrie*, 25 septembre 1923, p. 8.

encore une fois le décor du Théâtre Canadien-Français pour le plaisir des visiteurs. Et, encore une fois, il veut en mettre plein la vue :

Toute l'entrée sera convertie en un véritable jardin en miniature, rempli de verdure et de jolies fleurs. La façade elle-même aura un décor, spécial. Il y aura comme d'habitude dans l'entrée des sièges à la disposition du public. L'innovation que l'on a déjà mise à exécution est du meilleur goût. Elle est faite avec grands frais et le public saura sans doute apprécier vivement l'attention de M. Sylvio[133]. »

Comme il a l'habitude de le faire, Silvio engage des vedettes pour cette nouvelle saison. Il s'agit de la troupe de burlesque « bilingue » : « le fameux "Pizzy Wizzy" le juif canadien, Macaroni Italien comique, Jock Fogerty le gentleman à la mode, Mlle Sweene Watson, soubrette dansante, Fogerty et Leggett, danseurs comiques, Watson Sisters dans leur répertoire, Hector Pellerin, chanteur lyrique, Mlle Annie Osgood et B. Martel, danseur et chanteur jazz[134]. »

Les affaires de Silvio semblent mieux prospérer que quelques mois plus tôt puisqu'à l'été 1923, il prend aussi la direction de l'ancien Théâtre des Nouveautés auquel il redonne le nom de Théâtre National. Pour cette réouverture, il veut une fois de plus impressionner le public par la qualité et la diversité des spectacles, mais aussi par la nouvelle toilette du théâtre. Un chroniqueur rapporte les nouvelles attractions décoratives qu'il a pu voir à l'entrée du théâtre : « On admirait les décors, la fraîcheur des tapisseries, le poli des cuivres, une magnifique tête de lionne, signée Duquette, supportant une pendule qui est un bijou d'orfèvrerie, dans le foyer d'entrée, ainsi que deux magnifiques fers à cheval en fleurs, de la Dominion Floral et de Mme Brulé[135]. » Il y présente le répertoire et les artistes de la dernière saison du Canadien-Français et ajoute du chant et des concours de danse à l'occasion.

Selon sa méthode populaire, il insiste une fois de plus sur la modicité des places à 25 cents et surtout sur les nombreux cadeaux qu'il donne ou fait tirer pour le public : 50 disques des meilleurs chanteurs canadiens-français, phonographe portatif, colliers de perles incassables, sacoches,

---

133. Anonyme, « La saison d'été et ses surprises au Canadien-français, la semaine prochaine », *La Patrie*, 21 avril 1923, p. 29.

134. *Ibid.*

135. Anonyme, « Pas un seul siège de libre à l'occasion de l'ouverture du National », *La Patrie*, 17 juillet 1923, p. 7.

parfum, montre en or, diamant, etc., gracieusetés de nombreux commanditaires dont on mentionne le nom dans les journaux, programme et sur le rideau du théâtre. «Ces nombreux prix avaient attiré spécialement l'auditoire qui y voyait une aubaine véritable[136].» C'est certainement l'âge d'or du burlesque au Théâtre National où l'on promet du rire à chaque représentation. «La population canadienne possède maintenant un lieu d'amusement où elle peut s'amuser franchement [et en français!]. La troupe Pizzy-Wizzy donne à ce théâtre des spectacles à mourir de rire et d'un genre qui est loin d'être malsain[137].» Selon Silvio, c'est le seul théâtre à Montréal qui offre tant d'avantages dans une même soirée!

Pour sa part, le Canadien-Français change de répertoire pour la nouvelle saison qui commence et présente des pièces de comédie française, inédites à Montréal, pour attirer «les amis du bon théâtre[138]». Fred Lombard, qui avait dirigé le théâtre auparavant, est le directeur artistique de la troupe et Antoine Godeau le régisseur. Silvio engage spécialement quelques artistes français, dont certains sont critiqués dans les journaux pour leur manque d'expérience: «M. Jean Lavial a fait d'assez bons débuts. Quelque peu intimidé à son entrée en scène, il s'est ressaisi et a eu de beaux élans dramatiques. M. Lavial parle un peu vite et un peu bas; il marche beaucoup et gesticule de façon saccadée, ce qui exige de l'auditeur quelque tension pour ne rien perdre du texte[139].» Mais les comédies françaises sont généralement fort appréciées du public et de la critique.

Pendant ce temps, lors d'une soirée spéciale au National, Silvio attire un public nombreux pour célébrer la «Fête de la noirceur». Chacun des spectateurs constate qu'il a sur son fauteuil une lampe de poche. La salle est ensuite plongée dans le noir et des centaines de réflecteurs s'allument en même temps. Idée fort originale pour célébrer cette nouvelle invention. Pendant que le public s'amuse avec son nouveau gadget, Silvio constate qu'un des réflecteurs est dysfonctionnel. Il

---

136. *Ibid.*

137. Anonyme, «Le rire, les cadeaux et le succès au théâtre National», *La Patrie*, 28 juillet 1923, p. 25.

138. Anonyme, «Dans une semaine rouvre le Canadien», *La Patrie*, 31 juillet 1923, p. 7.

139. Anonyme, «La saison de comédie s'est ouverte hier au Canadien», *La Patrie*, 7 août 1923, p. 8.

demande alors à la personne dont la lampe de poche est défectueuse de monter sur scène. Cet inconvénient, sans doute orchestré pour cette soirée spéciale, fait d'une «brave mère de famille de l'est» la grande vedette de la soirée. Silvio lui remet en cadeau, pour la «dédommager», la liste de produits mentionnés au début du «tableau». Jacques Clairoux, historien de la vie culturelle au Québec, souligne de façon intéressante que «cette pratique, qui instituait une manière de jeu entre le public et le promoteur, s'inscrivait dans l'évolution des nouveaux divertissements[140]». Par l'entremise des tirages et des concours s'établissait une relation tout à fait moderne entre la salle et la scène. Le spectateur chanceux, auquel un prix était décerné, devenait un peu lui aussi une vedette de la soirée : il faisait également partie du spectacle. Une fois de plus, l'astuce commerciale de Silvio est à l'honneur, parfois même autant, sinon plus, que le spectacle, et attire le public en masse. Ce n'est pas le cas dans d'autres théâtres et cinémas qui semblent éprouver encore une fois des difficultés.

Le chroniqueur de *La Patrie* Gustave Comte s'épanche longuement sur la cause du marasme dans les théâtres de la ville. Il rapporte que de nombreux directeurs se plaignent que le public ne vient pas voir les pièces du répertoire français qu'ils mettent à l'affiche à grands frais :

> C'est le marasme du théâtre et c'est le marasme du concert, et cette vérité là crève tellement les yeux qu'il n'y a pas à se leurrer plus longtemps. Ce n'est pas encore la faillite du théâtre français, mais le théâtre français est bien malade à Montréal. Quant au théâtre anglais, celui de Londres, le théâtre sérieux, la compagnie Trans-Canada a tenté l'aventure et l'on sait quel triste résultat. Les soirées de famille ne sont sorties de leur longue léthargie que pour mourir pour de bon cette fois. Certains gros cinémas attirent des foules considérables, mais ils ont des frais énormes à rencontrer, des frais qui engloutissent toute la recette[141].

C'est d'ailleurs ce que Silvio avait signalé à son public et à ceux qui le critiquaient de négliger la haute comédie quelque temps plus tôt. Comte souligne que «certains directeurs de vaudevilles et de spectacles dits de burlesque», dont Silvio, arrivent dans leur frais sans toutefois

---

140. Jacques M. Clairoux, *Le Vaudeville au Québec (1900-1930)*, Les Cahiers de la Société d'histoire du théâtre du Québec, n° 8 (juin 1992), p. 11.
141. Gustave Comte, «La cause du marasme», *La Patrie*, 12 janvier 1924, p. 34.

« manifester un enthousiasme délirant ». Il rapporte les propos d'un directeur, fort probablement Silvio, « qui donne tous ses bénéfices en cadeaux, afin d'attirer et garder sa clientèle », et ce directeur ajoute « que même [s'il offrait] un spectacle de choix, absolument pour rien, [il] ne parviendrai[t] pas à remplir [s]es théâtres à chaque représentation. » Comte se questionne sur les véritables raisons de ce marasme et se demande même si la variété des salles ne disperse pas trop le public, si les artistes ne demandent pas un trop gros cachet ou encore si le radio, le phonographe et le cinéma ne sont pas les causes principales de la désertion des salles de bon théâtre. Or il précise que « les directeurs de cinéma eux-mêmes se lamentent : ils disent que ce n'est plus le bon temps, comme autrefois. » Après ce long constat sur la situation des divertissements, il en vient à la conclusion que c'est plutôt du côté des salles de danse qu'il faudrait regarder :

> Les endroits où l'on jazze entre onze heures du soir et deux heures du matin, sont bien plus nombreux qu'on se l'imagine, et c'est toute une jeunesse représentée par des milliers et des milliers d'individus des deux sexes, qui les fréquente. C'est le jazz qui est la cause du marasme actuel des spectacles, et de bien d'autres accidents… mais, chut, jazons ! Le jazz ennemi de l'Art ! Le jazz corrupteur de la jeunesse, ennemi des mœurs ! Le jazz avilissant et dégradant que nos législateurs, hélas, tolèrent dans notre société[142] !

C'est maintenant aussi par le jazz que le diable exerce son emprise. Comte dénonce cette nouvelle pratique culturelle qui vient, depuis déjà quelques années, se mêler aux distractions déjà *malsaines* de la ville, mais qu'on *tolère* désormais. Le jazz serait donc, selon lui, la principale raison des pertes financières des producteurs de théâtre. Le diable serait donc partout ? Et même les colporteurs des divertissements corrupteurs ne seraient pas à l'abri de ses effets *pervers*.

Malgré cette situation peu enviable pour les théâtres, Silvio continue d'attirer les foules. Il semble avoir trouvé la formule parfaite pour faire salle comble dans ses deux théâtres pendant cette période difficile. On souligne d'ailleurs, lors de son 50e anniversaire de naissance et son 25e anniversaire de vie théâtrale, au National et au Canadien-Français, son engagement pour l'avancement du théâtre français dans la partie

142. *Ibid.*

est de Montréal, et aussi pour « son encouragement patriotique [aux] talents locaux[143] ». Silvio était reconnu par ses confrères et collaborateurs du milieu théâtral pour encourager les artistes canadiens-français. Ceux-ci ne manquent pas de faire remarquer, lors de soirées spéciales tenues en son honneur presque chaque année, la contribution de Silvio au milieu théâtral. Mais lui-même aime bien à l'occasion faire savoir à son public toute l'importance qu'il accorde au fait d'encourager des auteurs et des comédiens canadiens-français. Il cherche à soutenir les comédiens locaux et à leur donner une chance de faire valoir leur talent. Quelques mois plus tôt, il mentionnait lors d'une soirée qu'« il n'est pas non plus nécessaire d'aller toujours chercher des interprètes en France lorsque nous en avons parmi nos Canadiens qui ont donné des preuves indéniables de leur talent ». Et pour faire vibrer la fibre patriotique, il ajoute du même souffle : « Petit-fils de patriote de 37, [je] préfère encourager les nôtres et ce n'est pas du reste pour rien que [mon] théâtre s'appelle "Canadien français" [sic] : Canadien français il est et Canadien français il restera[144]. »

Bien que Silvio ait des intentions très patriotiques, voire populistes lorsqu'il mentionne en début de spectacle et dans ses communiqués son encouragement pour les artistes locaux, cela ne l'empêche toutefois pas d'engager à l'occasion des artistes parisiens et américains et d'en faire la publicité dans les journaux. Silvio embauche d'ailleurs Alice Zlata, une vedette parisienne venue passer la saison au Canadien-Français en 1922[145]. Et il semble qu'elle ait été très applaudie dans le vaudeville parisien *Le train de minuit*[146]. Les vedettes françaises attirent en masse les foules comme le fait remarquer en 1926 Fabrio (Henri Letondal), le critique théâtral de la revue musicale et théâtrale *La Lyre* : « Les nombreux éléments, venus de Paris pour remplir les cadres de la troupe régulière de M. A. Sylvio, ont su attirer du premier coup la sympathie de la nombreuse clientèle[147]. » L'année précédente Letondal

---

143. Anonyme, « On fête le directeur des théâtres Canadien-français et National », *La Patrie*, 25 janvier 1924, p. 14. Précisons que Silvio s'est rajeuni de deux ans, puisqu'il avait eu 50 ans en janvier 1922.

144. Anonyme, « Les nôtres au théâtre, et la revue "C't'anne forçante" au Canadien », *La Patrie*, 4 juillet 1922, p. 9.

145. Anonyme, « Théâtre Canadien-Français », *La Patrie*, 15 juillet 1922, p. 22.

146. Anonyme, « Canadien-Français », *La Patrie*, 22 juillet 1922, p. 22.

147. Fabrio, « Le mois théâtral », *La Lyre*, vol. 4, n° 45 (octobre 1926), p. 8

avait critiqué sévèrement Silvio pour avoir mis au second rang des interprètes vedettes venus d'Europe[148]. Et pourtant il dénonçait un mois plus tôt le déclin du théâtre français à Montréal à cause de certains artistes français :

> Si le théâtre français est à son déclin, ce n'est pas sans l'inhabileté de ceux qui étaient chargés de le représenter. Les artistes canadiens ont tout fait, eux, pour le maintenir à son niveau, tandis que les artistes français venus pour « semer la bonne propagande » ont préféré abrutir le public avec des œuvres inférieures et des procédés qui ont éloigné peu à peu les fidèles habitués des spectacles français[149].

Il continue son commentaire en proposant le développement d'un théâtre national pour faire renaître le théâtre à Montréal. Son discours contradictoire, soutenant d'une part le théâtre national et d'autre part les artistes français, peut illustrer d'une certaine façon la situation du théâtre francophone à Montréal. Dans une entrevue donnée au journal *La Presse* en 1925, le comédien et auteur Joseph-Robert Tremblay fait lui aussi état de la situation passée, présente et future du théâtre au Québec. Il déclare que le théâtre national pourrait véritablement émerger

> en nous servant avec plus d'avantage des talents canadiens, tant acteurs qu'auteurs ; en limitant au minimum l'importation d'acteurs étrangers qui ne furent pas toujours les « sauveurs espérés » et en cessant de vouloir faire du théâtre simplement une école quand le peuple veut aussi voir une récréation[150].

Il ajoute que le public, après une longue journée de travail, ne désire pas des pièces de haut répertoire français, mais veut plutôt voir des pièces parlant des problèmes canadiens-français :

> C'est donc la tête pleine de « business » qu'il se rend au théâtre, et l'on veut qu'une fois là, il se fatigue les méninges à approfondir des pièces à thèses et des problèmes sociaux d'un pays [la France] qui nous est cher, c'est vrai, mais qui ne pense pas comme nous, qui ne vit pas comme nous, qui ne voit pas comme nous[151].

148. Fabrio, « Le mois théâtral », *La Lyre*, vol. 3, n° 33 (octobre 1925), p. 36

149. Fabrio, « Le mois théâtral », *La Lyre*, vol. 3, n° 35 (septembre 1925), p. 5.

150. Anonyme, « Mieux vaut faire venir ici des auteurs français [Entrevue avec J.-R. Tremblay] », *La Presse*, 5 septembre 1925, p. 51.

151. *Ibid.*

Au passage il souligne l'effort de Silvio pour le développement d'un théâtre national : « Pour le futur, trouvez une douzaine de Silvio et vous aurez autant de théâtre français[152]. » Il existe à l'époque un véritable désir de développer une culture nationale avec des auteurs et des comédiens canadiens-français, mais il semble que les ressources financières et humaines manquent en plus du public qui avait le choix parmi les nombreux loisirs désormais accessibles.

Le diable nationaliste

Une pièce canadienne par un auteur canadien, et un film canadien par des auteurs canadiens, le tout joué et exhibé dans des théâtres canadiens. M. Silvio encourage un auteur dramatique et producteur de films de talent qui s'est sacrifié pour implanter le cinéma canadien et le théâtre à Montréal[153].

Silvio cherche à contribuer aux premières tentatives de développer un cinéma québécois, ou du moins canadien-français, comme on le dit à l'époque, en collaborant avec Joseph-Arthur Homier et Emma Gendron, auteurs des premiers longs métrages de fiction québécois. Il faut souligner que ces premiers efforts cinématographiques sont l'œuvre du milieu théâtral : Homier était un photographe, mais aussi un dramaturge amateur. En 1924, pour célébrer la fête nationale, Silvio « a eu [l'] idée de faire une semaine vraiment nationale, dans ses deux théâtres le National et le Canadien-Français ». Le film présenté pour cette occasion, *La drogue fatale*, a été tourné quelques mois plus tôt par Homier, avec la collaboration, pour le scénario, d'Emma Gendron, dont nous avons parlé précédemment en tant que jeune journaliste et auteure de romans-feuilletons. Le film raconte « l'histoire d'une bande de narcomanes [*sic*] et trafiquants de drogues, qui pour continuer leur œuvre de mort, essaient de faire chanter le chef de la sûreté [du Québec]. On voit d'une manière saisissante jusqu'où les narcotiques peuvent conduire leurs victimes[154]. »

Comportant des intertitres bilingues, ce film exploite un thème d'actualité pour conquérir le public canadien et, par la même occasion,

---

152. *Ibid.*

153. *Ibid.*

154. Anonyme, « Mlle Juliette Pichée, dans "La Drogue Fatale" de J.-A. Homier, au Passe-Temps », *La Patrie*, 17 juin 1924, p. 18.

le public américain. Homier et Gendron tentent ainsi de s'insérer dans le circuit cinématographique au même titre que les producteurs hollywoodiens. Pour ce faire, après avoir réalisé un film sur un sujet national et patriotique (*Madeleine de Verchères*, 1922), ils se sont ensuite tournés vers un sujet qui peut sembler beaucoup plus américain, la drogue faisant alors scandale dans les milieux du cinéma[155]. Mais en reprenant ce sujet populaire qu'ils scénarisent selon la recette du film policier, ils suivent la tendance qui se développe dans la culture vernaculaire : moderniser la culture locale en s'inspirant des thèmes et des formes de l'imaginaire américain.

Comme il est présenté lors de la «semaine nationale», le film ne reste qu'une semaine à l'affiche du Théâtre Canadien-Français et suscite peu de commentaires de la part des chroniqueurs. Serait-ce la venue de la vedette de cinéma Charles De Roche au Canadien-Français la semaine suivante qui jette de l'ombre au film de Homier, une des rares productions canadiennes? Ou encore, le fait que le film a été présenté six mois plus tôt au Théâtre Passe-Temps et au Théâtre Saint-Denis? Selon Pierre Véronneau, historien du cinéma québécois, ce film n'avait pas eu le succès escompté[156]. Mais les chroniqueurs soulignent tout de même l'action patriotique de Silvio pour son encouragement des talents locaux : «M. Silvio a des spectacles de l'un des nôtres dans ses deux théâtres : c'est une preuve de patriotisme dont nous devons lui savoir gré[157]. »

Silvio et la star des vues

Lorsqu'on montre un film de Charles De Roche voici quelles sont les réflexions que l'on entend habituellement... Dans les loges : «Quel bel artiste, quel talent, quelle puissance expressive, il s'habille admirablement, il a beaucoup de chic, je donnerais bien quelque chose pour savoir l'adresse de son tailleur, etc... Aux fauteuils : De Roche... C'est un as, et quel athlète! Il a une carrure formidable, mais on ne le dirait pas hein avec le smoking qu'il porte! Aux balcons : De Roche? Il est épatant, il est toujours sympathique même quand il a des rôles de bandit[158].

---

155. Yves Lever, *Histoire générale du cinéma au Québec, op. cit.*, p. 51.

156. Pierre Véronneau, «Joseph-Arthur Homier», *L'Encyclopédie canadienne*, 2006.

157. Anonyme, «Deux spectacles de M. Homier, au National et au Canadien-français», *La Patrie*, 25 juin 1924, p. 18.

158. Anonyme, «Charles De Roche arbitre des élégances et humoriste», *La Patrie*, 12 juin 1924, p. 14.

Avec le flair et les formules qu'il a développés comme directeur de théâtre à Montréal, il n'est certes pas étonnant de voir Silvio comprendre vite quel profit il pourrait tirer de la présence à Montréal de Charles De Roche. Ce n'est pas lui qui pense le premier à inviter l'acteur, qui vient présenter ses films au Cinéma Capitol en juin 1926, mais Silvio saute rapidement sur l'occasion qui se présente et contribue autant qu'il peut à intensifier et à exploiter l'aspect identitaire de la présence de la star à Montréal, autant du côté des intellectuels que du public populaire comme il sait si bien le faire.

Quelques jours après la prestation de De Roche au Capitol, Silvio engage la vedette pour donner des représentations dramatiques et littéraires et même pour juger un concours de danse au Canadien-Français et au National. Pendant sa «tournée canadienne», De Roche joue un sketch pantomimique intitulé *L'Apache,* sans doute inspiré par le succès qu'il vient de remporter dans le rôle de Ferdinand l'Apache dans le film *Shadows of Paris.* Pour sa présentation au Canadien-Français, il recrute les talents d'une actrice locale, Germaine Giroux, dont il a remarqué le talent en assistant à une répétition. Un chroniqueur souligne avec enthousiasme cet intérêt porté par De Roche : «Ce rapprochement sur une scène de Montréal d'une jeune artiste canadienne et du grand artiste français est un hommage dont nous sommes fiers[159].»

De Roche propose un spectacle hétéroclite qui exploite à l'extrême sa popularité et sa polyvalence. Présenté par son gérant Robert Florey, il vient saluer la foule et est «couvert de fleurs» par ses admirateurs et par le directeur, Alex Silvio[160]. Suite à la présentation de la star, Germaine Giroux chante quelques chansons, puis De Roche revient sur scène dans un mimodrame intitulé *La Peur,* qu'il a lui-même écrit, mis en scène et présenté quelques années auparavant devant le prince de Monaco[161]. Il réapparaît ensuite, «tel qu'il est en réalité», pour chanter et jouer au xylophone quelques-uns de ses succès musicaux.

---

159. Anonyme, «Charles De Roche découvre une artiste canadienne», *La Patrie,* 21 juin 1924, p. 37.

160. Il reçut une quarantaine de bouquets et gerbes de roses en plus d'un cadeau spécial offert par Silvio : un immense chapeau de paille canadien couvert de 120 roses géantes. Source : Anonyme, «Avec ses créations au Canadien, Charles De Roche est couvert de fleurs et reçoit un courrier formidable», *La Patrie,* 2 juillet 1924, p. 14.

161. Anonyme, «Charles De Roche donne une coupe au champion amateur de danse», *La Patrie,* 24 juin 1924, p. 14.

Pour un des numéros, il improvise des «chansons expresses». Il s'agit en fait d'un numéro arrangé où il fait mine de solliciter la complicité du public pour composer des chansons et les interpréter en direct. Ce numéro, comportant une forte interaction entre les spectateurs et la vedette, obtient, semble-t-il, un grand succès. De Roche présente ensuite sur l'écran des extraits de films américains dont il est la vedette : *Shadows of Paris, Marriage Maker, The Cheat* et *The Law of the Lawless*. Puis, il récite des poèmes dramatiques, dont la fameuse «tirade des Nez» de Cyrano de Bergerac, qui, selon un chroniqueur, «fut fort goûtée par le public intellectuel dont se composait l'assistance[162]». Pour terminer la soirée, De Roche présente *L'Apache*, numéro très attendu parce qu'avait été annoncée sa collaboration avec Germaine Giroux. Dans ce numéro, le public peut voir sur scène le personnage de l'Apache prendre vie «en chair et en os» :

> Nous le revîmes tel que nous l'avions déjà vu dans «Les Dessous de Paris» [*Shadows of Paris*]. Il emballa littéralement le public et cette création est une des meilleures que nous avions vue depuis longtemps à Montréal. Mlle Germaine Giroux qui supporta Charles De Roche et dansa la danse des Apaches avec lui mérite des compliments pour son jeu sobre émouvant et très réaliste, de même que M. Pagé, Rodriguez, à la silhouette caractéristique et Mlle Deslauriers, qui se distingua également.

Cette mise en scène montre l'expertise cinématographique de De Roche et de son gérant : «Les événements brefs et nets qui se déroulent durant cet acte sont traités dans un style cinématografico-théâtral d'un grand intérêt. L'action se découpe et se place comme un véritable scénario de "moving-picture"[163].» Contrairement aux chroniqueurs enthousiastes de ce mélange entre théâtre et cinéma, le critique de théâtre Jean Béraud n'a pas particulièrement apprécié les talents de la star. Dans son histoire du théâtre, il écrit quelques années plus tard que De Roche «est à la scène un acteur médiocre, qui ne se manifeste ici, du reste, que dans des "apacheries" du goût le plus discutable[164]». Béraud aurait bien voulu inculquer au public montréalais son goût

---

162. Anonyme, «Avec ses créations au Canadien, Charles De Roche est couvert de fleurs et reçoit un courrier formidable», *La Patrie*, 2 juillet 1924, p. 14.

163. Anonyme, «Un auteur bien connu au cinéma», *La Patrie*, 4 juillet 1924, p. 14.

164. Jean Béraud, *op. cit.*, p. 173.

pour le théâtre classique. Voilà sans doute pourquoi il ne peut pas voir dans ce spectacle une manifestation intéressante des croisements de genres et de pratiques dont le public québécois est devenu friand. Silvio, lui, l'a bien compris et a embauché un acteur qui peut offrir au public québécois la quintessence de cette expérience : un acteur français d'origine aristocratique, devenu une des grandes vedettes d'Hollywood, vient à Montréal jouer lui-même dans un spectacle hybride de cinéma et de théâtre auquel il intégrait des vedettes locales. Le spectateur montréalais avait soudainement l'impression qu'il n'était plus le dernier visé, mais qu'au contraire on lui offrait enfin tous les éléments amalgamés du spectacle moderne.

Après la première semaine de représentations, Silvio et De Roche offrent une semaine supplémentaire à des prix modiques, ce qui attire une foule «encore plus considérable». Le public moins fortuné qui n'avait pu réserver des sièges pour la première semaine de spectacles peut donc lui aussi avoir le privilège de rencontrer la vedette. Silvio ajoute au programme du théâtre National un concours de danse pour amateurs – sans doute au plus grand désarroi des critiques de bon théâtre – comme il le faisait à l'occasion dans ses théâtres. De Roche y annonce sa participation comme juge, vantant ses compétences comme danseur. Après une des premières soirées du concours, un chroniqueur rapporte que «Charles De Roche fut non seulement un excellent arbitre mais il augmenta de plus le prix de M. Silvio par une somme relativement considérable[165]». Généralement, les prix offerts par Silvio pour ces concours étaient 10 $ pour le premier prix, 5 $ pour le second prix et 2 $ pour le troisième prix[166]. En plus d'ajouter une somme en argent, De Roche offre au couple vainqueur une coupe signée «Charles De Roche». Silvio expose d'ailleurs la coupe à l'entrée du théâtre National pour les curieux. Malheureusement pour les danseurs qui espéraient voir leurs talents évalués par la star, De Roche est retenu à Québec le soir de la compétition. C'est donc Robert Florey, le gérant de la vedette, qui attribue le grand prix aux vainqueurs. Là se termine la collaboration de Silvio avec De Roche, mais en permettant de prolonger la

165. Anonyme, «Charles De Roche donne une coupe au champion amateur de danse», *La Patrie*, 24 juin 1924, p. 14.
166. Publicité pour le Théâtre National, *La Patrie*, 3 mai 1924, p. 36.

présence de l'acteur à Montréal, Silvio a en quelque sorte mis la table pour l'apothéose que sera deux ans plus tard la revue *Hollywood-Montréal-Paris*.

L'apogée de Silvio

> *On se fait presque partout – comme moi-même autrefois – le tableau suivant d'un directeur de théâtre : un monsieur bien mis, nonchalamment accoudé à une table chargée d'argent, comptant des sacs d'écus en fumant un cigare ; un monsieur qui dort douze heures par nuit, s'attable sans cesse à des festins et ne sait que faire pour se désennuyer. Hélas ! que n'en est-il ainsi, pour le bien de tous les directeurs[167] ?*

À la fin de juillet 1924, le Théâtre Chanteclerc ouvre ses portes après des rénovations qui servent à embellir le théâtre. On y prévoit une saison sensationnelle et le public, qui fait salle comble, souligne son enthousiasme de retrouver ce théâtre aux mains d'un directeur local, après 14 ans de « régime étranger[168] ». Est-ce une allusion à un directeur français ? On y chante même l'hymne national, lors de la soirée d'ouverture, pour saluer le nouveau directeur. Vous l'aurez compris, il s'agit de nul autre qu'Alex Silvio, qui est désormais à la tête de trois théâtres situés dans la partie est de la métropole (Chanteclerc, National et Canadien-Français). Le journal *Le Canard* mentionne qu'« [il] veut le monopole des théâtres. Mais il a le talent de relever les théâtres en décadence[169] ». Ce que le journal appelle talent comporte certainement aussi une grande part de travail acharné. Les quelques années qui suivent sont pour Silvio les plus productives, mais les plus exigeantes aussi.

En plus de favoriser des activités locales par ses engagements d'artistes et par ses boniments de vues animées en français, Silvio commence à écrire des revues d'actualité. Cette nouvelle activité s'explique peut-être par une volonté d'imposer dans ses salles des productions qui répondent essentiellement à ses goûts et à ceux qu'il prête au public qu'il veut attirer. Ainsi, en octobre 1924, pour une durée de deux semaines au Théâtre Canadien-Français, il présente ce qui nous semble

---

167. Anonyme, « Vie mouvementée d'un directeur de théâtre [Entrevue avec Alexandre Silvio] », *La Presse*, 5 septembre 1925, p. 52-53.

168. Anonyme, *La Presse*, 3 août 1924, p. 16.

169. Anonyme, *Le Canard*, 31 mai 1925.

La Patrie, 1er août 1925, p. 27.

être la première revue écrite par lui : *Le Diable en ville*. La revue a été décrite précédemment, mais rappelons qu'elle marque le pas avec un sujet audacieux : le diable venait étudier les raisons de la « décadence » à Montréal et faisait le tour de la ville avant d'être chassé par la croix du mont Royal.

En janvier 1925, il écrit une autre revue, *Allo… Polly!*, qu'il présente au même théâtre pendant une durée de trois semaines. Bien qu'on ne sache pas quel est le style de la mise en scène, plusieurs indices nous permettent de croire que Silvio amalgame dans ses spectacles la nouvelle culture populaire et la culture folklorique traditionnelle. On retrouve d'ailleurs différents exemples de ce « curieux compromis » tout au long de son activité théâtrale : la présence au Théâtre Palace de Trois-Rivières et au Théâtre Arcade de Montréal de la chanteuse Mary Travers, communément appelée « La Bolduc », dans les années 1930 alors que Silvio est directeur de ces théâtres, est un autre exemple de sa volonté de promouvoir la culture populaire. La Bolduc a écrit en langue populaire des chansons racontant la vie urbaine et les tracas des gens modestes aux prises avec la grande crise économique. Excellente musicienne formée dans la tradition gaspésienne, elle a composé aussi sa musique en s'inspirant des airs populaires. Longtemps ignorée par le monde de la musique académique, elle est pourtant à son époque extrêmement populaire et a fini par être reconnue comme une artiste originale et importante.

En avril 1925, Silvio présente au Théâtre Canadien-Français une autre revue dont il est l'auteur, *Casse-Tête*, aussi présentée pendant deux semaines supplémentaires « à la demande générale ». Une chronique du journal *La Presse* détaille que la revue « comporte dix-neuf tableaux, dont il est impossible de dire quel est le meilleur, tellement ils diffèrent les uns des autres, sauf sous le côté comique. » Le même journal en faisait une description qui laisse deviner une mise en scène spectaculaire :

> Le second acte s'ouvre par la danse des papillons, puis viennent les transformations de la chrysalide, la scène des fleurs. Tout cela avec chant et danse. Puis vient la scène de l'auto, un des clous de la revue ; le tableau du bal et du piège qui est des meilleurs ; quant à la maison Casse-Tête, la grande surprise, celle dont tout Montréal parlera longtemps. Quelques autres numéros de chant, un numéro sensationnel de vaudeville, et

l'apothéose du mariage, complètent ce spectacle unique, tel qu'on n'en a pas encore vu[170].

La description du journal est étonnante si on connaît le cinéma des premiers temps, on dirait une description d'un film Méliès ou Pathé de 1900 : la fée qui fait apparaître des décors, la danse des papillons et la transformation de la chrysalide, la fin qui est une « apothéose » comme dans toutes les fééries filmées vers le début du siècle. Silvio connaissait certainement ces films assez bien pour en emprunter des éléments si semblables. Il avait probablement commenté ces films au début de sa carrière de bonimenteur. Quoi qu'il en soit, la description souligne son intérêt pour les mises en scène spectaculaires et les finales en apothéose, comme c'était souvent le cas dans les revues d'actualité où toute la troupe se réunissait sur scène, dans un décor et une mise en scène grandiose, pour clôturer le spectacle.

Les spectateurs qui assistent à la revue *Casse-Tête* peuvent y voir un spectacle rempli d'effets spéciaux : « des cycloramas, des effets électriques où toutes les couleurs de l'arc-en-ciel y passent, une foule d'autres attractions diverses[171] ». Comme nous l'avons déjà mentionné, Silvio n'hésite pas à recourir aux derniers dispositifs de mise en scène que les chroniqueurs ne manquent pas de souligner. Par exemple, lors de la présentation de la revue *Dans l'Est, Ma Chère* (1924), d'Almer Perrault, les commentaires sur le spectacle signalent que « la musique est des plus pimpantes, que les chansons sont toutes très jolies, faciles à retenir, qu'il y aura de la danse, des effets électriques, des tableaux à sensation, etc.[172] ». Ces effets électriques sur la scène théâtrale au début des années 1920 doivent susciter particulièrement l'intérêt des spectateurs, comme le fait remarquer ce chroniqueur : « certains tableaux fantaisistes, tel celui du Japon, deviennent vraiment féériques, sous les effets d'éclairage électrique[173] ».

En décembre 1925, Silvio présente sa revue *Scandales*. Le journal *La Presse* offre un résumé de quelques tableaux : « La revue débute par une

---

170. Anonyme, « La Grande revue "Casse-tête" au Canadien-Français », *La Presse*, 14 avril 1925, p. 17.

171. *Ibid.*

172. Anonyme, « "Dans l'Est, Ma Chère", grande revue d'Almer, au Canadien », *La Patrie*, 26 janvier 1924, p. 14.

173. *Ibid.*

présentation magique où une immense sacoche joue un rôle amusant [...] Puis ce sont des chansons de Gaston Saint-Jacques, le chanteur comique bien connu. [...] C'est un sketch très court intitulé Chez le recorder, [...] le commis-voyageur, trois scènes de vie réelle et trois scènes d'Hamlet[174]. » Ce mélange de sujets semble particulièrement hétéroclite, amalgamant des scènes de la vie réelle avec des scènes théâtrales. Mais ce genre de combinaison semble plaire au public puisque, selon un chroniqueur de *La Presse* qui tire le bilan de l'année 1925, il semble que « Le grand succès de l'année [au Théâtre Canadien-Français] a été *Scandales*, la revue de Silvio, suivi de près par *Allo Polly*, l'autre revue de Silvio[175] ».

La première revue de 1926 est l'œuvre d'un fidèle collaborateur de Silvio, Eddy Gélinas. Celui-ci est depuis 1922 le gérant des théâtres de Silvio. Auteur ou coauteur de plusieurs revues d'actualité, dont la revue *Y'en a d'dans*, il écrit *Oh! la, la, la*, jouée au Canadien-Français pendant la semaine du 1er mars 1926. La description des revues, généralement assez laconique dans les journaux, est cette fois-ci particulièrement très détaillée (voir encadrés aux pages suivantes). Une longue liste de tableaux permet de connaître cette revue beaucoup mieux que les autres. On constate la très grande variété des numéros : comédie, danse, chanson, opérette, actualités, le tout peu lié narrativement, d'après les sources que nous possédons, mais rehaussé par une abondance de décors exotiques et d'éclairages spectaculaires. Cette description laisse même penser que ce spectacle était plus proche du vaudeville ou du spectacle de variétés que de la revue d'actualité. Il s'agissait probablement d'un spectacle hybride, qui tenait un peu des deux ; comme nous l'avons mentionné au 2e acte, la revue d'actualité québécoise, tout en étant héritière de la revue d'actualité française, était sans doute influencée par le burlesque et le vaudeville américains. Les appellations vaudeville, burlesque et revue ne référaient pas nécessairement à des catégories de spectacles clairement définies ; au contraire, il est fort plausible qu'il y ait eu souvent contamination des genres.

---

174. Anonyme, « Canadien-Français », *La Presse*, 9 décembre 1925, p. 8.

175. Anonyme, « Ce qu'a été 1925 dans le domaine des spectacles à Montréal », *La Presse*, 30 décembre 1925, p. 22.

Le mois suivant, en avril 1926, c'est une revue «futuriste» que Silvio présente au Canadien-Français. Un journaliste de *La Presse* affirme que c'est la première fois que le genre futuriste est exploité à Montréal. *Qui? quoi? quand? où?* d'Hervé Gagnier et Georges-Henri Robert, tous deux rédacteurs au journal *La Presse*, est «un coup de maître» selon ce même chroniqueur[176]. Il attribue particulièrement l'intérêt de ce spectacle aux décors d'Hector Delangis: «les violents contrastes de couleurs crues, les effets circulaires ou cubistes sont dans le ton du modernisme le plus avancé, et lorsque les jeux de lumières donnent sur ces tableaux, l'on en obtient des effets curieux et intéressants[177]». Letondal, pour sa part, trouve la revue médiocre dans son ensemble et ne semble pas avoir apprécié l'histoire qui se déroule en 1999. Selon lui, les auteurs ont rassemblé des phénomènes curieux pour présenter un Montréal en fin de siècle: «Puisse le supposé volcan du Mont Royal se réveiller et engloutir la ville avant que nos arrière-petits-enfants en arrivent à cet état d'abêtissement.» Il donne tout de même une bonne note au tableau de la Cour de justice:

> Peut-être est-ce dû au fait que la distribution des rôles a été mieux répartie. Il se peut aussi que l'un des auteurs de cette revue soit, par ses fonctions de reporter, un habitué des cours de police qu'il ait croqué sur le vif une des innombrables scènes qui se déroulent quotidiennement au Palais de Justice[178].

Il semble que ces deux revues présentées au Canadien-Français *Qui? quoi? quand? où?* et la revue précédente *Oh! La, la, la* illustrent un Montréal «ultra-moderne» et une scène de Cour. Hasard ou répétition lucrative?

Au début de mai 1926, Silvio et la troupe du Canadien-Français (Mme J.-R. Tremblay, Marie-Jeanne Bélanger, Hector Pellerin, Bella Ouellette, Fred Barry, Marthe Thiery, Simone De Varenne, Raoul Léry, Albert Duquesne, Pierre Durand, Victor Ouellette, Antoine Godeau, Charles Philippe, etc.) partent pour Québec au Théâtre Impérial, théâtre qu'ils occupent pendant quelques semaines. Silvio y présente d'abord des pièces en 4 actes du répertoire français, dont la

176. Anonyme, «Canadien-Français», *La Presse*, 13 avril 1926, p. 10.
177. *Ibid.*
178. Fabrio, «Le mois théâtral», *La Lyre*, vol. 4, n° 39 (avril 1926), p. 33.

REVUE *OH! LA, LA, LA*

(A. Silvio et E. Gélinas)

Premier acte

1. Présentation de la revue et des artistes d'une façon différente de tout ce qui a été vu précédemment.
2. Trio par Mme Élisa Gareau, Hector Pellerin et Gaston Saint-Jacques.
3. Pousse-pas, une farce à qui mieux mieux.
4. Montréal, quelque chose d'ultra-moderne.
5. M. René Darmor dans une création.
6. Police, une grande actualité.
7. Le cabaret de nuit, qui présente au public Mlle Juliette de Luis, la célèbre danseuse sur pointes, ce sketch met toute la troupe en scène.
8. Mme Rose Rey-Duzil dans Un rêve d'amour.
9. Grande surprise réservée aux spectateurs : une tranche de vie réelle.
10. M. Fred Barry, l'inimitable comique, dans un numéro à sensation.
11. Sérénade, Mme Élisa Gareau, de la Société canadienne d'opérette, et M. Hector Pellerin, dans un décor féerique qui rappelle la magie de l'antique cité de Bagdad.
12. Toute seule, avec la populaire comédienne Mme J.-R. Tremblay : c'est une scène tordante de la plus irrésistible drôlerie.

Le deuxième [acte] reprendra après l'intermission avec les numéros suivants.

1. Acte de grand guignol interprété par Mmes Marthe Thiéry et Eugénie Verteuil, MM. Albert Duquesne et Pierre Durant, et la petite Lecompte.
2. Flirt, scène avec chanson par Mlle Jane Max et René Darmor.
3. Un trio magnifique.
4. Prologue de la maison hantée.
5. La maison hantée, comédie bouffe qui ne laissera pas une minute de repos à l'auditoire. Cette fantaisie est le clou de la revue. M. Barry, Mme Tremblay et toute la troupe en sont : il y a là du mystère, de la magie, de l'imprévu.
6. Le triangle du ménage.
7. Spécialités par Mmes Tremblay, Gareau, MM. Pellerin et Saint-Jacques.
8. Une finale à déploiement considérable, avec des costumes qui sont de véritables créations, le fameux effet de Radicia dans l'obscurité, de belles illuminations, du chant et de la musique de premier ordre.

La Presse, 27 février 1926, p. 46.

Le Soleil, 1ᵉʳ mai 1926, p. 8.

pièce *La tentation*, puis ils présentent le grand succès du Canadien-Français en 1925 : la revue *Scandales*. Suite à cette reprise, les artistes proposent en retour une revue inédite et spécialement créée pour cette tournée : *Hello Québec*. La semaine suivante, on présente une autre revue, *La chaise électrique*, qui comprend les tableaux suivants, annoncés dans les journaux : « Ce qu'on voit au parc Victoria après 8 heures, La scène du Baggage Room, Ce que femme fait quand le mari est en voyage, La gratitude du pompier. » Un tableau nommé dans ce journal retient particulièrement notre attention : il s'agit d'un tableau qui présente au public « Comment on fait des vues animées[179] ». Silvio et sa troupe tournaient-ils des films sur place qu'ils présentaient ensuite au public comme il le fera quelques années plus tard ? Cela ne serait pas surprenant venant de Silvio. Et, pour terminer ces quelques semaines de présentations, la troupe présente une autre revue de Silvio avec,

179. Anonyme, *Le Soleil*, 5 juin 1926, p. 4.

encore une fois, un titre accrocheur pour les curieux et les amateurs de péchés : *C'est scandaleux*[180].

La troupe de Silvio revient à Montréal juste à temps pour les célébrations de la Saint-Jean-Baptiste. Silvio souligne toujours ces festivités par différentes prestations ou spectacles. En tant que petit-fils du patriote André Jobin, qui est d'ailleurs honoré pendant cette Saint-Jean-Baptiste de 1926, il sait fort bien faire vibrer la fibre nationale dans son discours et son action pour le développement du théâtre canadien-français. Il profite de l'inauguration d'un imposant monument honorant la mémoire des patriotes de 1837-1838[181] pour demander à Georges Huguet (un des pseudonymes de l'auteur et acteur Ernest Guimond) d'écrire un drame patriotique intitulé *Le petit patriote de 37*[182], et qui sera présenté au Chanteclerc pendant cette semaine de la fête nationale. L'année suivante, la pièce de Guimond est reprise et jouée dans différents théâtres de la ville. Selon *La Presse*, « la réalisation scénique d'un des évènements les plus dramatiques de cette époque triste mais glorieuse de "1837" fera revivre, à l'imagination des spectateurs, avec une exactitude angoissante, les souffrances physiques et morales qu'ont pu endurer les braves patriotes de 37[183] ».

Cette période de la carrière de Silvio semble avoir été la plus productive, mais peut-être aussi la plus exigeante. Il écrit des textes, tâte de la mise en scène, organise des tournées, en plus d'assumer la direction générale de plusieurs théâtres avec toutes les tâches que ce métier comporte. Il accorde alors à un journaliste de *La Presse* une longue entrevue, reproduite un peu plus loin, où il explique en long et en large les exigences de son métier.

De retour au Chanteclerc, au National et au Canadien-Français pour la nouvelle saison de 1926, Silvio affirme que malgré les temps difficiles pour les théâtres il faut « se garder continuellement de la ten-

---

180. Anonyme, *La Presse*, 12 juin 1926, p. 46.

181. Anonyme, « Chanteclerc », *La Presse*, 19 juin 1926, p. 48. La lutte des patriotes fut le sujet d'autres récits romanesques ou théâtraux, par exemple la pièce *Félix Poutré* (1862) de Louis Fréchette.

182. Pièce connue aussi sous les titres suivants : *Le Petit patriote* et *Le Petit patriote de 1837*. G.-Édouard Rinfret, *Le théâtre canadien d'expression française : répertoire analytique des origines à nos jours, op. cit.*, p. 156.

183. Anonyme, « La vie artistique, théâtre, cinéma, musique », *La Presse*, 23 juillet 1927, p. 41.

tation de hausser les prix, et les laisser à la portée de toutes les bourses. Ce qui a tué pendant longtemps le théâtre français, ce sont les prix exorbitants qu'on a exigés, dans l'espoir de faire fortune en un jour[184]. » Pour obtenir un succès financier, les directeurs des théâtres doivent en quelque sorte se plier au goût de la clientèle comme en témoigne ce commentaire de Silvio paru dans *La Presse* :

> Un directeur de théâtre qui fait du théâtre pour lui-même, pour la satis-faction de ses goûts et de sa curiosité est voué à la ruine et à l'insuccès. Combien de théâtres ont fermé leurs portes pour cette seule raison! Le secret du succès, par contre, est de se servir de son goût personnel pour y faire refléter le goût général de sa clientèle, comme dans un miroir. Il lui faut être continuellement aux aguets, étudier les désirs de ceux qui fré-quentent ses salles, apprendre à connaître ce qui leur plaît et leur déplaît, ce qui les enthousiasme et les ennuie, et finalement leur donner ce qu'ils demandent. Quand un fervent du théâtre pénètre dans une salle, ce n'est pas pour y voir ce qui plaît au directeur, mais ce qui répondra à son goût personnel[185].

Henri Poitras, auteur, acteur et aussi bonimenteur, dans une chro-nique dédiée à Alexandre Silvio, rappelle comment ce dernier courtise le public avec son « bagout extraordinaire » et la vente de sacs contenant des cadeaux, autre ajout dans la formule de Silvio :

> Je dois dire qu'il en vendait à profusion pendant les entr'actes! En plus de contenir quelques bonbons, que l'on appelle "klondikes", on trouvait un numéro à l'intérieur de ces sacs. Lorsque la vente était terminée, Silvio commençait le tirage au sort et des sacs étaient distribués aux personnes chanceuses de l'auditoire. […] S'il y avait de nombreux prix de peu de valeur, il y avait aussi des cadeaux très dispendieux qui, parfois, étaient adjugés à certains spectateurs. La semaine suivante, ceux-ci n'hésitaient pas à dépenser quatre ou cinq dollars dans l'espoir de gagner de nouveau un des prix de valeur. Quand les gens de l'auditoire avaient accumulé un nombre assez considérable de sacs, Silvio faisait un encan. De quelle façon s'y prenait-il pour réaliser de gros bénéfices, je l'ignore[186]!

---

184. Anonyme, « M. A. Silvio donne la vraie formule pour l'administration des théâ-tres », *La Presse*, 4 septembre 1926, p. 45.

185. *Ibid.*, p. 48.

186. Henri Poitras, « Alexandre Silvio », chronique « Faubourg-Québec », *Radio télé-vision…*, vol. 2, n° 11 (2 juillet 1950), p. 8.

Commençons au début d'une saison régulière. Il a fallu tout l'été composer ses troupes, élaborer ses programmes, choisir ses répertoires, réparer, redécorer, rafraîchir ses théâtres. Et le directeur débourse, débourse sans cesse dans une entreprise momentanément improductive. Un théâtre est fermé, et il faut y engloutir de trois à cinq mille dollars en frais de réparations sans même savoir ce que réserve la saison. Il faut fixer les salaires des artistes, choristes, machinistes et autres employés sans être assuré que ces obligations seront balancées par les recettes. Puis ce sont les obligations publiques qui écrasent les promoteurs avant même qu'ils n'aient pu retirer quoi que ce soit de leurs entreprises : taxes du gouvernement, taxes de la municipalité, taxes pour les marquises, taxes d'eau, taxes d'affaires, etc. Puis ensuite les frais des loyers, qu'il faut payer même quand la maison est fermée, les assurances de toutes sortes, les annonces, les affiches, les pancartes et leurs droits de censures, les droits d'auteurs, les provisions de matériel à décors et à coulisses, les toiles, les rideaux, les costumes, le coût d'inspections de toute espèce les charges pour l'éclairage, des dépenses considérables de chauffage, et tant d'autres. Il faut que ce soit le directeur qui voie à tout cela, et il en a pour les douze mois de l'année, sans répit et sans trêve. [...] La saison commence. Un théâtre peut bien marcher, mais il est peut-être là pour permettre de vivre aux employés des autres théâtres qui ne rapportent pas. Comme par un équilibre fatal, les profits de l'un s'engloutissent dans l'improductivité d'un autre et, à la fin de l'année, le directeur a travaillé pour la gloire et .... Une semaine de vacances. Il est content si son public est satisfait et s'il a conscience d'avoir donné des spectacles qui ont plu aux habitués. Et une autre année recommence et c'est toujours la même chanson.

... Le directeur prend un artiste au berceau, l'encourage, le lance, et il le voit un jour partir. Il a eu les débuts, les tâtonnements, mais la gloire va à d'autres. Et, pour n'avoir que des vedettes, le directeur serait obligé de ne jamais accepter de jeunes artistes, serait forcé de ne prendre que des comédiens formés, sans souci d'aider les jeunes qui commencent et veulent percer. Pourtant, le directeur consciencieux et libéral en prend d'autres, les lance à leur tour, sachant qu'en récompense, il n'aura pas toujours de la gratitude. La majorité des artistes est sobre, travaillant et courageuse. Mais il en est toujours d'autres, enfants gâtés et turbulents, qui savent créer eux seuls autant d'ennuis que le reste d'une troupe, par leurs menaces, leurs gaffes ou par leurs prétentions à des soldes exagérés.

Anonyme, « Vie mouvementée d'un directeur de théâtre [Entrevue avec Alexandre Silvio] », *La Presse*, 5 septembre 1925, p. 52-53.

Silvio s'est vraisemblablement fait une réputation par la distribution des sacs et des cadeaux, mais cela ne plaît malheureusement pas à tous! Henri Letondal fait remarquer sa désapprobation de cette pratique lorsque Silvio cède à Jos. Cardinal le National et le Canadien-Français en 1926: «Nous ne cachons pas notre espérance que le changement de direction produira une certaine amélioration et que le commerce de sacs de "peanuts" y sera moins florissant que sous le règne Sylvio[187].» Mais cette critique n'empêche pas Silvio de poursuivre cette tradition, de se donner même le titre de «roi des cadeaux» et de «prince» des cadeaux[188]. Il ajoute quelques années plus tard, en 1932, dans un communiqué au journal *Le Nouvelliste*, «que personne ne pourra détrôner celui qui fut le premier à créer ces soirées dans notre province[189]». Une chanson de la revue *Y'en a d'dans* (1927) souligne d'ailleurs avec humour l'importance de ces sacs dans sa tactique commerciale:

> *J'ai vu bien des sacs dans ma vie,*
> *Des p'tits, des moyens, des gros,*
> *Mais ceux qui me font envie,*
> *Ce sont les sacs à Silvio*
> *Y sont toujours satisfaisants,*
> *Y a toujours des surprises dedans.*
> *On en a pour notre argent,*
> *Y'en a d'dans, y en a d'dans[190].*

Ce passage de la chanson montre qu'il n'hésitait pas à se mettre en évidence et à se faire de la publicité, mais en plus de lui rapporter, cette initiative attirait le public au théâtre, ce que d'autres directeurs plus conventionnels avaient du mal à faire. Pendant cette partie de sa carrière, Silvio fait vraiment figure d'«homme double» au sens où l'entend l'historien Christophe Charle à propos des directeurs de théâtre de cette époque: des gens qui aiment le théâtre et veulent le faire prospérer, mais qui doivent tenter de plaire à la fois aux auditoires du théâtre

---

187. Fabrio, «Le mois théâtral», *La Lyre*, vol. IV, n° 46 (novembre 1926), p. 9.

188. Anonyme, *Le Nouvelliste*, 14 mai 1932, p. 7.

189. Alex Silvio, «Au Palace. Programme extraordinaire», *Le Nouvelliste*, 23 avril 1932, p. 7.

190. «Y'en a d'dans», chanson d'actualité tirée de la revue *Y'en a d'dans* (MM. Eddy et A. Silvio), chantée par Mme J. R. Tremblay. Cette revue a été jouée au Théâtre Chanteclerc, sous la direction de Silvio, pendant la semaine du 12 décembre 1927.

conventionnel et aux nouveaux publics urbains qui s'accroissent et se mélangent, dans un contexte où l'offre commerciale de loisirs et de divertissements se multiplie et aiguise la compétition de façon féroce[191]. Pour aller plus loin, on pourrait même dire de Silvio qu'il est un «homme triple», parce qu'en plus de naviguer entre le théâtre de répertoire et le spectacle populaire commercial, il parvient aussi à faire le pont entre les goûts du public pour la nouveauté et la morale étroite et prude d'une société encore sous l'emprise d'un clergé omnipotent. Encore les «trouvailles de moralité…»

Surmenage

Dans l' bas d' la ville il n'y est plus,
Mais je puis vous l'assurer,
Quand le temps sera venu,
Il saura y retourner.
Il est diplomate en grand,
Y'en a d'dans, y en a d'dans.
Il parle une fois, c'est suffisant,
Y en a d'dans, y en a d'dans[192].

En novembre 1926, à cause de problèmes de santé, Silvio décide de ne garder que le Théâtre Chanteclerc. Il cède alors le Canadien-Français, comme il l'avait fait quelques semaines plus tôt avec le National, à Joseph Cardinal qui a désormais presque le monopole des théâtres français à Montréal avec en plus le Saint-Denis, l'Arcade, le Ouimetoscope, le Casino et le Jardin de danse[193]. Pendant que Silvio prend un peu de repos, un autre diable prend la relève dans la ville et entreprend de poursuivre intensivement l'infernale activité vernaculaire en plus de faire la promotion, dès 1930, du «cinéma parlant français».

Ce repos de quelques mois permet à Silvio et à sa troupe de faire un bref passage du côté de Lanoraie, dans Lanaudière, à l'été 1927, pour y présenter une pièce, *La mort d'Henri Dubois*, au profit de l'église du

---

191. Christophe Charle, *Théâtres en capitales. Naissance de la société du spectacle à Paris, Berlin, Londres et Vienne*, op. cit.

192. «Y'en a d'dans», op. cit.

193. Anonyme, *La Presse*, 6 novembre 1926, p. 43; Anonyme, «M. Joseph Cardinal parle de ses nouveaux théâtres et de ses projets», *La Patrie*, 9 novembre 1926, p. 18.

petit village[194]. Il faut bien confesser ses péchés avant de retourner hanter de plus bel la métropole. À l'automne suivant, Silvio présente *Le coq a pondu* au Chanteclerc. Cette revue sera reprise dans toute la province, comme nous le verrons un peu plus loin, lors d'une tournée avec la troupe du théâtre.

Le duo Gélinas-Silvio présente ensuite la revue *Y'en a d'dans*, dont nous avons déjà parlé. Cette revue est présentée au Chanteclerc pendant la semaine du 12 décembre 1927 et elle est prolongée pendant les deux semaines suivantes. Le programme de la soirée et les paroles de la chanson titre ont été imprimés et conservés; la rareté de ces textes et la mention de Silvio comme protagoniste dans celui-ci mérite qu'on s'y attarde encore une fois:

> *Voyez notre ami Silvio*
> *Joyeux et toujours en train,*
> *C't'un vieux garçon, mais pas nigaud,*
> *Puis un vrai Canadien.*
> *Il nous r'garde toujours en riant,*
> *Y en a d'dans, y en a d'dans.*
> *Toujours poli, toujours av'nant,*
> *Y en a d'dans, y en a d'dans.*

Dans ce couplet de la chanson et celui cité un peu plus haut au sujet des sacs, Silvio et Gélinas mettent en scène le gérant du théâtre Chanteclerc: Silvio lui-même! Ils donnent des détails sur sa vie privée: «vieux garçon»; soulignent son patriotisme: «un vrai Canadien»; et font remarquer ses qualités d'administrateur de théâtres: «avenant», «poli», «diplomate», etc. Ils mentionnent même ses compétences d'orateur: «il parle une fois, c'est suffisant». Ils font également référence au fait que Silvio a dû se départir des théâtres National et Canadien-Français, mais ajoutent qu'il envisage de retourner éventuellement «dans l'bas d'la ville» où sont ses salles. La chanson est une sorte de rappel au public du travail de Silvio comme producteur de spectacles et un appel à le soutenir dans ses efforts pour améliorer sa position qui s'était temporairement affaiblie à cause de problèmes de santé.

---

194. Anonyme, *La Presse*, 9 août 1927, p. 8.

Comme nous l'avons mentionné fréquemment, Silvio savait fort bien mettre en évidence ses qualités d'administrateur dans les communiqués envoyés aux journaux et dans les commentaires qu'il faisait à son public, rapportés à l'occasion dans les chroniques théâtrales. Il est donc peu étonnant qu'il ait intégré à une de ses revues musicales quelques bons mots sur sa personne. Au dernier couplet, les auteurs invitent les spectateurs à faire de la publicité pour la revue tout en vantant les qualités du théâtre, des acteurs et des actrices et, surtout, du gérant :

> *Mais avant d' partir d'ici,*
> *Laissez-moi vous remercier,*
> *Envoyez-nous vos amis,*
> *Un sac leur sera donné,*
> *Au Chant'clerc, dit's-leur qu' tout l' temps*
> *Y en a d'dans, y en a d'dans,*
> *Actrices, acteurs et l' gérant,*
> *Y en a d'dans, y en a d'dans.*

Dans les premiers couplets de la chanson, les auteurs exposent les activités de la ville : le tramway, une nouvelle bière, le maire, les Montréalais, les vieilles filles et les vieux garçons. Ce sont les thèmes locaux devenus habituels dans les revues, mais un des tableaux attire particulièrement notre attention. Selon le programme un des tableaux était intitulé « Le progrès en l'an 1950 ». Malheureusement, le texte n'en dit rien de plus et les journaux ne l'ont pas décrit, mais le titre permet de supposer que les auteurs se mettaient au diapason du progrès pour tenter d'imaginer ce que serait la situation du Québec 20 ans plus tard. Ainsi, non seulement la revue s'ancrait dans le présent, mais d'une certaine manière, elle se démarquait de la tradition en anticipant sur l'avenir et le progrès. Nul doute que le spectacle devait une fois de plus présenter toutes sortes d'innovations avec jeux de lumière pour souligner le progrès technique.

Cette revue est présentée pendant trois semaines consécutives. Selon le chroniqueur du *Petit Journal* : « C'est la première fois qu'on ait vu au théâtre Chanteclerc une revue ou pièce avoir autant d'emprise sur le public. » Selon ce même chroniqueur, c'était au talent réuni des deux auteurs que la revue devait son succès :

> il nous faut dire que c'est la première fois que les deux populaires auteurs font une revue en collaboration. Ces auteurs n'en sont pas à leur début.

Que l'on se rappelle les revues telles que «Scandales», «Allo Polly», «Le Diable en ville», dont Alex Silvio est l'auteur et aussi «Cric-Crac», «Oh La-La», «O-K» dont son collaborateur Eddy est l'auteur.

Dans la même chronique, le journaliste dévoile aux lecteurs le titre des tableaux de la revue : «Le Sheik de Ste-Rose du dégelé... Les nouveaux mariés... [...] Ça c't'une bonne, Une grosse journée chez l'Recordeur... Le désastre du sous-marin, [...]. Puis, vient un "Valentino d'en bas d'Québec"». On remarque encore le cinéma comme élément du spectacle. Comme nous l'avons vu à quelques reprises, le cinéma, avec de grandes vedettes comme l'acteur Rudolph Valentino ou encore l'acteur d'origine française Charles De Roche, engendrait des modes, des genres et des sujets au théâtre comme dans la vie de tous les jours. Le journaliste ajoute dans son commentaire sur la revue, pour mousser l'intérêt des rares spectateurs qui n'avaient pas encore vu le spectacle : «Tout dénote que la troisième semaine de "Y-en-a-d'dans" s'annonce comme devant être exceptionnellement brillante. Qu'on se le dise[195].»

En février, Eddy Gélinas et Alex Silvio lancent une autre revue : *Sorel-Bordeaux-Longue-Pointe.* Elle mélange danse, musique et actualités et se veut «différente de toutes les précédentes. Aucun sketch ou saynète, tant musical que d'un comique inénarrable, ne dure plus de dix minutes. Donc, préparez-vous à voir feu roulant continuel[196].» Selon ce commentaire, il semble que les auteurs aient affiné la forme et le rythme de la revue pour augmenter l'intérêt des spectateurs. Le chroniqueur précise que Silvio a engagé Gaston Saint-Jacques, un comédien lyrique qui est «tantôt sur la scène de la société Canadienne d'opérette, puis dans les plus riches établissements de la ville[197]». Gaston Saint-Jacques a d'ailleurs joué dans plusieurs revues dont *Scandales,* mais a également enregistré des chansons populaires et des chansons de films dans les années 1930, par exemple : *On a l'béguin* (1939), tirée du film *L'auberge du cheval blanc, Barnabé* (1939) du film du même nom ou encore *J'ai deux pieds, mademoiselle* (1939) du film *Les femmes collantes*[198]. Profitant de la participation de cet interprète venant

---

195. Anonyme, «Au Chanteclerc», *Le Petit Journal,* 29 janvier 1928, p. 8.
196. *Ibid.*
197. *Ibid.*
198. Information provenant de la notice «Gaston St-Jacques» du site *Le Gramophone virtuel.*

de scènes plus élitistes, Silvio compose sa revue en mélangeant les références modernes et anciennes, cultivées et populaires, références que l'on retrouve dans les titres des différents tableaux : « Un Puritain moderne – Bal des Sociétaires Réformés de Bordeaux – Un impatient agent d'traffic [...] Trois mousquetaires de Sorel – Quatuor 1870 – [...] Salomé au téléphone, etc.[199] ». Silvio associait souvent les registres vernaculaires et élitistes, probablement pour rejoindre un plus vaste public, mais peut-être également pour rendre accessible la culture plus raffinée à toutes les classes de la population.

Par la suite, Silvio présente au Chanteclerc d'autres revues, dont *La Revue des revues*, écrite par lui-même et Eddy Gélinas. Dans les journaux, les chroniqueurs, sans doute un peu complaisants, rapportaient encore une fois un succès « sans précédent ». Puis, il présente *Tout en l'air* de Georges Huguet (Ernest Guimond)[200]. Cette revue relate, entre autres événements d'actualité, l'élection du nouveau maire de Montréal, Camillien Houde, qui venait de défaire le fameux Médéric Martin, dont il a été souvent question dans les revues d'actualité. Un autre tableau relate la visite du célèbre aviateur Charles Lindbergh à Québec le 24 avril 1928, venu à l'hôpital Jeffrey Hale pour apporter du sérum à son ami mourant, l'aviateur Floyd Bennett. « Le colonel Charles Lindbergh est arrivé à Québec, hier soir. Le héros devait passer par Montréal, mais il fila à une si grande vitesse que dès 7 heures moins 10, il atterrissait aux Champs de Bataille[201]. » La semaine suivante, c'est Joseph-Robert Blay qui présente la revue *Tout le monde jazzbinette* au Théâtre Chanteclerc. Fannie Tremblay (qui est par ailleurs l'une des premières artistes francophones à enregistrer des disques pour la compagnie Starr)[202] y interprète le personnage de Minouche. Ce personnage semble une autre incarnation de la Femme Nouvelle populaire au cinéma, possédant sa propre voiture, devenant actrice de cinéma, se

199. Anonyme, « Au Chanteclerc », *Le Petit Journal*, 4 mars 1928, p. 7.

200. Anonyme, « "Tout en l'air", grande revue à succès, au Théâtre Chanteclerc », *La Presse*, 28 avril 1928, p. 69.

201. Anonyme, « Lindbergh a conquis Québec », *La Patrie*, 25 avril 1928, p. 1.

202. Robert Thérien, « Fannie Tremblay, comédienne, interprète et humoriste (1885-1970) », sur le site *Le Gramophone virtuel*.

déplaçant librement : Minouche et sa barouche – Minouche actrice – Minouche au ciné – la vie moderne – la gare centrale, etc.[203].

En tournée dans la province

Pendant l'été 1928, lors d'une tournée intitulée Chante-Clair (en référence au théâtre Chanteclerc), Silvio présente à nouveau *Le Coq a pondu* dans les théâtres des différentes villes en suivant l'itinéraire mentionné dans la publicité. Une tournée d'une quarantaine de jours avec seulement trois journées de repos ! Selon la publicité insérée dans *Le Petit Journal*, « jamais pareil spectacle théâtral ne fut présenté dans la Province avec une troupe de favoris aussi complète[204] ». Silvio aurait investi une grosse somme pour cette tournée : « Au-delà de 15 000 $ furent dépensés en préparatifs pour décors, costumes, etc. » et Silvio annonce même dans une publicité qu'il se produira « dans son répertoire[205] ». Il déclare au *Petit Journal* que le but de sa tournée est « de propager le bon théâtre métropolitain dans les centres industriels du Québec, tout en bénéficiant du grand air et de l'hospitalité reconnus de notre Canada français[206] ». Nous ne savons pas de façon certaine si la revue *Le Coq a pondu* a été retravaillée ou adaptée pour cette tournée de 1928, mais la version de 1927 comportait plusieurs scènes propres à la modernité urbaine : « La boîte de nuit » et « Madame X. de la rue St-Dominique » (rue située alors dans le « *red light district* », donc au milieu de la pègre et de la prostitution), qui n'ont peut-être pas été présentées telles quelles, car ces scènes illustrant les côtés plus licencieux de la métropole ne correspondaient sans doute pas à l'esprit du « bon théâtre » que voulait propager Silvio lors de sa tournée.

À son retour à Montréal, Silvio prend la direction du Théâtre Arcade et cède le Théâtre Chanteclerc à la troupe Barry-Duquesne pour une saison. Il présente à l'Arcade principalement des revues et spectacles burlesques avec la troupe de Pizzy-Wizzy. Il revient au Chanteclerc au

---

203. Anonyme, « Le Chanteclerc reprend le succès de la Revue de M. J.-R. Blay, la semaine prochaine », *La Patrie*, 5 mai 1928, p. 39 et Anonyme, « Au Chanteclerc », *Le Petit Journal*, 6 mai 1928, p. 8.

204. Publicité « Tournée Chante-Claire », *Le Petit Journal*, 3 juin 1928, p. 8.

205. Publicité « Tournée Chante-Claire », *Le Petit Journal*, 27 mai 1928, p. 9.

206. Anonyme, « En tournée dans la province », *Le Petit Journal*, 3 juin 1928, p. 9.

TOURNEE CHANTE - CLAIRE

Monsieur ALEX. SILVIO

PRESENTE

M. C. GONTHIER   Mlle B. VANES
M. H. PELLERIN
M. G. DAURIAC   Mlle E. VERTEUIL
M. V. PAGE   Mlle S. DEVARENNE

M. EDDY GELINAS, Régisseur

"Le Coq a Pondu"

Revue de EDDY et ALEX. SILVIO

M. HECTOR PELLERIN, le chanteur national,
au piano
M. ALEX. SILVIO dans son répertoire

ITINERAIRE

4 juin, Berthier — 5 juin, Joliette — 6 et 7 juin, Sorel — 8 juin, Grand'Mère —
9 juin, Shawinigan — 10 juin, repos — 11 et 12 juin, Trois-Rivières — 13, 14, 15
et 16 juin, Québec — 17 juin, repos — 18 juin, Montmagny — 19 et 20 juin, Rivière
du Loup — 21, 22 et 23 juin Rimouski — 24 juin, repos — 25 et 26 juin, Mont-Jolie
— 27 juin, Price Ville — 28 juin, Sayabec — 29 juin, Lac au Saumon — 30 juin
et 1er juillet Rivière Bleue — 2, 3, 4 et 5 juillet, Edmonston, N. B. — 7 juillet,
St-Agathe, Main — 8 juillet, Claire, N. B. — 9 et 10 juillet, Cabano, N. B. — 14
et 15 juillet, Rivière Bleue.

Le Petit Journal, 27 mai 1928, p. 9.
4 juin, Berthier – 5 juin, Joliette – 6 et 7 juin, Sorel – 8 juin, Grand-mère – 9 juin, Shawinigan – 10 juin, repos – 11 et 12 juin, Trois-Rivières – 13, 14, 15 et 16 juin, Québec – 17 juin, repos – 18 juin, Montmagny – 19 et 20 juin, Rivière du Loup – 21, 22 et 23 juin, Rimouski – 24 juin, repos – 25 et 26 juin, Mont-Jolie – 27 juin Prince Ville – 28 juin Sayabec – 29 juin, Lac au Saumon – 30 juin et 1er juillet, Rivière Bleue – 2, 3, 4 et 5 juillet, Edmonston, N. B. – 7 juillet, St-Agathe, Main – 8 juillet, Claire, N. B. – 9 et 10 juillet, Cabano, N. B. – 14 et 15 juillet, Rivière Bleue.

printemps 1929 pour présenter plusieurs revues : *Atout, partout*, écrite par Eddy et lui[207], retrace les principaux événements de la dernière année théâtrale. À la fin du mois d'avril, Silvio récidive avec une autre revue, *Fais donc pas ta farouche*, dont il est l'auteur[208]. Enfin, *Au plus fort la poche*, la dernière revue de la saison, est une création d'Eddy Gélinas[209].

207. Anonyme, « "Atout. Partout", Samedi », *La Presse*, 26 mars 1929, p. 8 ; 2 avril 1929, p. 8.
208. Anonyme, « Chanteclerc », *La Presse*, 30 avril 1929, p. 8.
209. Anonyme, « Chanteclerc », *La Presse*, 7 mai 1929, p. 8.

En tournée dans la province

La Presse, 31 mai 1930, p. 70.

À l'automne 1929, le Chanteclerc change de direction : Silvio propose aux comédiens Arthur et Juliette Pétrie, issus du théâtre burlesque, un bail d'un an. Juliette Pétrie, dans sa biographie, rappelle comment il a été difficile de reprendre la direction de ce théâtre qui avait l'habitude de présenter principalement des œuvres du répertoire français avec des comédiens français : « L'assistance diminuait : 100, 80, 50 personnes dans la salle les derniers soirs. » Le couple rencontre malheureusement une perte de 6 000 $ en 5 semaines. « Pour éviter la saisie nous fîmes un arrangement avec le notaire de Monsieur Sylvio et allâmes lui porter 50 $ par semaine pendant près de deux ans[210]. » Mais pendant ce temps, Silvio et sa troupe sont à Québec, au Théâtre Princess et présentent des revues, à la demande du public.

La roulotte du diable

À la fin de la saison 1929-1930, lorsque la plupart des salles de Montréal s'équipent pour présenter du cinéma sonore et que les derniers bonimenteurs commencent à disparaître, Silvio transforme un camion en une sorte de roulotte foraine en « s'inspirant de l'ancien système des "show-boats"[211] du Mississippi. [...] M. Silvio [apporte avec lui]

---

210. Juliette Pétrie, *Quand on revoit tout ça!, op. cit.,* p. 89-90.

211. Le « show-boat » était un bateau théâtre qui transportait de ville en ville une troupe de vaudeville sur les rives du Mississippi.

tous les accessoires nécessaires à un spectacle, y compris un appareil de projection cinématographique. M. Silvio se charge de rendre ces films "parlants" en les commentant comme il le faisait naguère au Ouimetoscope[212]. » C'est ainsi qu'il part, accompagné d'une troupe de vaudeville, pour une « tournée qui durera plusieurs mois dans les villes et villages de la province.[213] » Alors que les films « parlants » deviennent la norme dans les salles de spectacles montréalaises, notamment au théâtre St-Denis tenu par Jos. Cardinal, Silvio perpétue la tradition des vues animées commentées là où les films restaient encore « muets ».

Le chant du cygne

De retour à Québec, aux théâtres Imperial et Princess, après sa grande tournée, Silvio présente des revues et, entre autres, un drame grand guignol ayant pour titre *Sa dernière réception,* dont il est l'auteur. Ce « drame terrifiant », avec Paul Lefrançois dans le premier rôle, est présenté au Théâtre Princess de Québec pendant la semaine du 25 mai 1931[214], et selon nos recherches, il semble qu'il soit le seul drame écrit par Silvio.

En 1932 on retrouve Silvio en tant que propriétaire et directeur-gérant du Palace de Trois-Rivières. Il fait paraître dans le journal local, comme à son habitude, des communiqués dans lesquels il résume longuement les films, soit pour attirer la clientèle, soit pour diffuser le synopsis des films américains permettant ainsi aux spectateurs, qui ne comprendraient pas la langue anglaise, d'avoir une bonne idée de l'histoire avant la projection. En plus de présenter un programme cinématographique, il produit des « revuettes », qu'il nomme également vaudeville, avec des artistes populaires comme Ti-Pit (Eddy Gélinas), Fifine (Germaine Lippé) et Poléon (Hervé Germain). Ces spectacles semblent mélanger actualités et numéros comiques. Par exemple, *Ça déménage*, revue présentée pendant la première semaine de mai, période autrefois consacrée au déménagement, met sans doute en scène des anecdotes humoristiques autour de cette thématique. La distinction entre revue et vaudeville dans les publicités ou comptes rendus n'est pas

---

212. Anonyme, « En tournée dans la province », *La Presse*, 31 mai 1930, p. 70.
213. *Ibid.*
214. Anonyme, *Le Soleil*, 23 mai 1931, p. 14-15.

toujours évidente, surtout quand il s'agit d'une «revuette», un spectacle à moins grand déploiement.

En pleine crise économique, Silvio perpétue sa formule gagnante en se joignant au journal *Le Nouvelliste* de Trois-Rivières pour permettre à ses spectateurs d'obtenir des entrées à prix réduit au Théâtre Palace. Il offre la possibilité, en échange d'une «passe» disponible dans le journal, d'entrer au Palace pour la somme de 10 sous incluant la taxe, au lieu de 15 sous. En soirée, le prix d'entrée était plutôt de 25 sous. Ce laissez-passer spécial est utilisable tous les mardis, mercredis, jeudis, vendredis et samedis en matinée seulement[215]. Les représentations en matinée s'adressent particulièrement aux dames. En plus de leur offrir des représentations spéciales à prix réduit et des fleurs, il cherche à les courtiser en faisant tirer des cadeaux nouveaux genres et appréciés pour leur commodité, comme des rôtisseuses électriques[216]! Ces matinées pouvaient également attirer les nombreux chômeurs, venus se changer les idées en dépensant quelques sous pendant cette période difficile. Silvio organisait aussi des soirées intitulées «Magasin de campagne» où il invitait les spectateurs à tenter leur chance pour gagner un «marché gratis[217]» ou un jambon[218] prix qui peuvent sembler farfelus pour un théâtre, mais qui sont sans aucun doute très appréciés en cette période comme ils l'ont été en 1923 au Théâtre National lors de la crise des théâtres.

Il offre également pendant plusieurs semaines une radio Warner, fournie par un de ses nouveaux partenaires, le magasin L. Madore et fils, situé en face du Théâtre Palace. Il donne même des cadeaux en or[219], des bonbonnières[220], des jeux tel que: «le nouveau jouet pour cet été "Basket-ball-dollard" balle au panier dollar.» Un jeu à la mode «qui est en train de surpasser la vogue qu'ont connue les fameux Yo-Yo de l'an dernier.» Un concours semble organisé dans la province et Silvio demande aux spectateurs pour attiser leur intérêt: «Qui sera le Champion aux Trois-

215. Anonyme, «Au Palace. Le Bossu de Notre-Dame», *Le Nouvelliste*, 11 juin 1932, p. 7.

216. *Ibid.*

217. Anonyme, «Ouverture de la saison 1933-34 au théâtre Arcade samedi prochain, M. Alex Silvio», *Le Petit Journal*, 13 août 1933, p. 16.

218. Anonyme, «Théâtre Arcade», *Le Petit Journal*, 19 février 1933, p. 16.

219. Alex Silvio, «Au Palace. Grande réouverture du Palace ce soir», *Le Nouvelliste*, 9 avril 1932, p. 7.

220. Alex Silvio, «Au Palace», *Le Nouvelliste*, 7 mai 1932, p. 7.

Rivières?» Il offre un chandail au vainqueur et mentionne que «Pour le championnat de la Province une automobile Micron sera donnée[221].» En faisant tirer des prix parmi le public, Silvio créait une fois de plus un certain lien de fidélité et de complicité avec sa clientèle.

À son retour à Montréal, en janvier 1933, Silvio et la troupe présentent au Théâtre Arcade des revues de façon hebdomadaire ou bihebdomadaire: *Le jour et la nuit* (Eddy)[222]; en début de semaine: *En avant la musique* (Silvio); à la fin de la semaine: *L'avocat sans cause* (Eddy)[223]; une grande revue de Fi-fine: *Par-ici Par-là*[224]; *Casse-tête* (Eddy et Silvio)[225]; *Charivari* (Eddy)[226]. À l'automne 1933, Silvio présente la revue *Allons-y? Allons-y?* de Raoul Léry[227], nouveau directeur artistique du Théâtre Arcade avec qui Silvio collabore depuis plusieurs années. Cette revue semble avoir été la dernière présentée par Silvio, avant que la maladie le force à l'inactivité.

Silvio au paradis?

Le 30 août 1935, Alexandre-Sylvio Jobin meurt à l'âge de 63 ans. Les causes de sa mort ne sont pas mentionnées dans sa notice nécrologique, mais on sait qu'il laisse dans le deuil son frère Ivan Jobin et sa belle-sœur, ainsi que leurs deux enfants. Silvio ne s'est jamais marié, n'a jamais eu d'enfants, on se moquait d'ailleurs de lui à l'occasion en le traitant de «vieux garçon». En plus de sa famille, Silvio laisse dans la peine des dizaines de comédiens, de metteurs en scène, d'auteurs et surtout son public, qui l'ont suivi tout au long de sa carrière prolifique, et même quelques mois avant sa mort lors d'une soirée-bénéfice.

Silvio, dont toute la carrière se déroula autour de la scène, semble avoir parfaitement senti, sinon compris, le rôle de médiateur, et même

---

221. Anonyme, «Au Palace», *Le Nouvelliste*, 25 juin 1932, p. 7.

222. Anonyme, «Guide de Montréal», *Le Petit Journal*, 8 janvier 1933, p. 14.

223. Communiqué, «Grande revue au Théâtre Arcade», *La Presse*, 21 janvier 1933, p. 55; Anonyme, «On fête M. Silvio», 24 janvier 1933, p. 10; Anonyme, «Guide de Montréal», *Le Petit Journal*, 22 janvier 1933, p. 20.

224. Anonyme, «Théâtre Arcade», *Le Petit Journal*, 5 février 1933, p. 16.

225. Publicité du Théâtre Arcade, *Le Petit Journal*, 26 février 1933, p. 16.

226. Communiqué, «Au Théâtre Arcade "Charivari"», *Le Petit Journal*, 3 septembre 1933, p. 18.

227. Communiqué, «Nouvelle troupe au Théâtre Arcade», *Le Petit Journal*, 7 septembre 1933, p. 18.

Le Petit Journal, 27 août 1933, p. 18.

d'agent double, qu'il exerçait entre les formes et les discours de la société américaine moderniste et pluraliste et ceux de la société québécoise traditionaliste et encore relativement homogène. Il semble n'avoir jamais pris part directement aux débats intellectuels de l'époque sur la culture et ses enjeux, mais il est clair qu'il prenait position autrement en traduisant non seulement les films américains pour la communauté canadienne-française, mais la culture américaine pour le public populaire montréalais.

On constate que dans les revues écrites par d'autres, mais produites par Silvio, la marque et les goûts de ce producteur s'affirment de façon persistante. L'actualité récente est le sujet et la toile de fond, mais les évènements choisis ne sont pas anodins, ils sont liés par leur aspect spectaculaire, leur capacité d'attraction, l'inattendu et le nouveau qu'ils apportent dans l'horizon historique et social. Le cinéma est régulièrement un sujet ou un décor, parmi toutes les autres attractions modernes : l'automobile, la radio, la consommation, les stars, etc. Certes, Silvio n'est pas le seul artisan de ce courant, d'autres auteurs ont écrit d'autres textes et réalisé d'autres spectacles, mais Silvio est constamment au centre d'un courant qui essaie d'amalgamer culture classique et populaire, public cultivé et public ordinaire, tradition et modernité, respect et audace.

Une information plus abondante sur ces productions permettrait probablement de constater qu'elles souffraient de ce que les critiques plus rigoureux soulignaient quand il le fallait : écriture rapide, improvisation, manque de raffinement dans la mise en scène et le jeu, etc. Mais cette documentation plus complète ne pourrait réfuter l'existence de ces œuvres, au contraire elle développerait leur connaissance et confirmerait que malgré leur valeur artistique parfois discutable, elles ont exercé une influence considérable et façonné la culture québécoise de façon importante et distincte, montrant que la modernité pouvait surgir où on ne l'attendait pas et que les « masses » étaient moins soumises qu'on l'a longtemps pensé aux anathèmes propagés par l'élite traditionaliste.

APOTHÉOSE :
HOLLYWOOD-MONTRÉAL-PARIS

Un soir maître de Roch' dans l'bureau d'Cardinal
Nous soumit un projet que j'crois original
Si vous voulez, Messieurs
En vous prenant tous deux
Nous échangerons nos vues
Et ferons une revue
Sur l'air du tra la la la, etc.

[...]

Nous acceptâmes d'emblée cette proposition
Prêtant avec entrain not' collaboration
Si l'tout vous fait plaisir
Faudra nous applaudir
Mais si c'est pas trop fou
Vous nous donn'rez des coups
Sur notre tra la la, etc... et voilà[1].

L'aventure d'Alexandre Silvio et sa troupe ne peut pas se terminer sur une épitaphe triste. Vos serviteurs compère et commères ont donc choisi de présenter une apothéose finale qui n'est pas l'œuvre de Silvio, mais qui aurait pu constituer son testament culturel, puisqu'elle reprend et exalte toutes les figures qui ont ravi ses spectateurs et fait sa fortune comme artiste du cinéma et du théâtre. Le promoteur de cette revue

---

1. Sur l'air de «Bonjour Maître Corbeau», dans *Hollywood-Montréal-Paris*, revue créée par Charles De Roche, Armand Leclaire et Ernest Loiselle au Théâtre Saint-Denis en 1928.

est Jos. Cardinal et la vedette, Charles De Roche. Silvio, lui, aurait pu en être le père spirituel.

En février 1928, Charles De Roche revient au Théâtre Saint-Denis, à la demande de Jos. Cardinal, directeur du théâtre. Ce dernier propose à De Roche d'assurer la direction artistique du théâtre. Cette embauche est alors annoncée dans les journaux et il semble que la critique, tout comme le public, attendent avec grand enthousiasme la participation plus active de la grande vedette hollywoodienne Charles De Roche à la scène locale. Pour la première semaine de spectacles, il prépare, avec la collaboration d'auteurs et de metteurs en scène locaux, Armand Leclaire et Ernest Loiselle (gérant de De Roche pendant ce séjour au Québec)[2], une revue d'actualité à grand déploiement, *Hollywood-Montréal-Paris*[3]. Dans un article du journal *La Patrie*, on mentionne que De Roche veut tenter l'effort, avec cette revue et les pièces qu'il allait présenter au public montréalais pendant la saison, de faire valoir le théâtre français de la même façon qu'on le faisait dans les grands théâtres de Paris. On espère également que le théâtre Saint-Denis, avec ce répertoire «de grande qualité», puisse rivaliser avec les meilleures scènes de New York[4]. La publicité insiste surtout sur la possibilité de rehausser la scène montréalaise pour la rendre comparable à celles de Paris et de New York, mais c'est en insérant Montréal dans l'itinéraire Paris-Hollywood qu'on propose de le faire. Cette dérive du titre permet de croire que les producteurs locaux imaginent Montréal comme faisant partie du circuit cinématographique international, mais elle rappelle aussi ce qui avait été la pratique des auteurs locaux depuis 30 ans : amalgamer cinéma et théâtre pour procurer au public local une expérience cinématographique comparable, sur le plan de l'identité culturelle, à ce qu'elle était dans les pays ayant déjà une cinématographie nationale.

Les ambitions de De Roche correspondent assez bien aux prétentions des commanditaires montréalais : il dit avoir investi une somme

2. Raoul Léry, «M. Ernest Loiselle», *Le Canada qui chante, revue musicale, artistique, littéraire, illustrée*, Montréal, vol. II, n° 12 (décembre 1928), p. 282.

3. Il est possible que De Roche ait présenté une autre version de cette revue en France ou aux États-Unis et qu'il l'ait adaptée spécialement au contexte culturel montréalais.

4. Anonyme, «M. Charles De Roche au Saint-Denis. Les projets du célèbre artiste français», *La Patrie*, 28 janvier 1928, p. 34.

de plus de 10 000 $ en frais préliminaires pour la revue *Hollywood-Montréal-Paris*. Aux dires des journalistes, jamais une telle somme n'avait été investie dans un spectacle sur les scènes locales, et encore moins dans une salle populaire comme le Théâtre Saint-Denis. La publicité annonce : «Tout sur une grande échelle exceptés les prix», montrant un souci d'offrir un spectacle de grande qualité accessible à la masse. De Roche reprend d'ailleurs cette devise dans une chanson qu'il interprète dans la revue :

> *J'ai rêvé Mesdames de monter des chefs-d'œuvre*
> *Aussi dès maintenant je me suis mis en œuvre*
> *De vous apporter au Théâtre St-Denis*
> *Des spectacles qui vaudront ceux de Paris.*
>
> *Pas de faux orchestre, rien que des chansons drôles*
> *Je vous en donne ici même ma parole*
> *Les nouvelles pièces comme en banque seront refusées*
> *On les détruira avant de les faire passer.*
>
> *La devise sera "Tout sur une grande échelle"*
> *Les acteurs seront fins, les actrices fort belles*
> *Mais oui, cher Public, vous m'avez bien compris*
> *Tout sur une grande échelle excepté le prix.*
>
> *Les prix seront si bas qu'on se baissera pour les voir*
> *Et le Public lui-même ne voudra pas croire*
> *Tellement qu'lorsqu'il paiera un dollar*
> *Il refu'sra son change rien qu' pour l'amour de l'Art.*
>
> *Certes il est bien beau le ciel de ma patrie*
> *Et je voudrais y passer toute ma vie*
> *A la condition qu'il me serait permis*
> *Sept jours par semaine de jouer au St-Denis[5].*

En plus d'être l'auteur et le comédien principal de la revue, De Roche en est également le superviseur. Il collabore aux arrangements musicaux et est responsable de l'adaptation et des trucs cinématographiques. Sa polyvalence et son expertise cinématographique comme conseiller sur quelques films étaient des qualités toutes indiquées pour monter un tel spectacle. Autour de lui, De Roche réunit les meilleurs comédiens montréalais des théâtres populaires : Armand Leclaire, Ernest Loiselle,

---

5. Sur l'air de «Ah Mesdames voilà du bon fromage».

Fred Barry, Henry Deyglun, Raoul Léry, Elzéar Hamel, Pierre Durand, Victor Ouelette, Alex Saint-Charles, Antoine Godeau, Damase Dubuisson, Jeanne Demons, Rose Rey-Duzil, Aurore Alys, etc. Il y a aussi les «Girls» du Saint-Denis et d'autres artistes populaires.

Composée d'un prologue, de dix-huit tableaux présentés en deux actes, et d'une apothéose, la revue *Hollywood-Montréal-Paris* a pour principal thème le cinéma. On la qualifie même de «revue photogénique», car elle jumelle théâtre et cinéma dans ses thématiques, mais également dans ses procédés scéniques. En plus de jouer leurs propres rôles sur scène, les comédiens jouent aussi pour l'écran. De Roche a eu l'idée de présenter d'abord les principaux interprètes de la revue sur l'écran de projection. Le public peut voir les comédiens locaux Victor Ouelette, Raoul Léry, Armand Leclaire, Jeanne Demons et Rose Rey-Duzil comme de véritables acteurs de cinéma. Ensuite, l'image se transforme soudainement, les lumières s'allument et les comédiens apparaissent sur la scène du Saint-Denis en «chair et en os». Pour terminer cette transformation, De Roche transperce l'écran et vient rejoindre la troupe sur la scène, comme il l'avait fait dans la *Revue du Printemps* en 1924. Dans cette figure de l'acteur français perçant l'écran se projette aussi le milieu culturel canadien-français qui se met ainsi au diapason de Hollywood et de Paris; cette fois-ci, l'acteur français n'est plus seul, les vedettes locales du théâtre et des quelques films montréalais «crèvent» elles aussi l'écran.

Ce fantasme culturel moderniste se prolonge pendant le deuxième acte de la revue: il s'ouvre sur le tournage d'un film sur la scène du Théâtre Saint-Denis. Dans ce tableau intitulé «Faisons du cinéma», Henry Deyglun joue un caméraman, Charles De Roche joue son propre rôle, sans doute de réalisateur, et d'autres comédiens, dont Armand Leclaire et Fred Barry, personnifient des comédiens amateurs ignorants et «mal engueulés», selon la description qu'en fait le critique Jean Nolin dans *La Patrie*[6]. On présente ensuite au public les images qui venaient d'être soi-disant tournées. Pour faire rire les spectateurs, on projette la prise «Tout à l'envers», comme le titre du tableau suivant

---

6. Jean Nolin, dans sa critique du spectacle, souligne que la revue était promise à un véritable succès, une fois certaines longueurs enlevées et «une fois atténuée la langue trop relâchée de certains personnages». Jean Nolin, «Au Saint-Denis La Revue de MM. De Roche, Loiselle et Leclaire», *La Patrie*, 7 février 1928, p. 6.

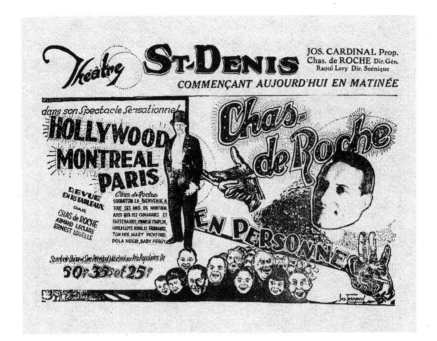

Le Petit Journal, 5 février 1928, p. 7.

le mentionne. Ce procédé a été employé souvent lors des premières projections cinématographiques à la fin du XIXe siècle. Près de trente ans plus tard, le gag fait encore rire les spectateurs. En fin de revue, on présente « Hollywood à Montréal » : une réunion des acteurs de cinéma les plus populaires de l'époque sur la scène du Saint-Denis. Dans le rôle de ces vedettes américaines on retrouve Victor Ouelette qui incarne Tom Mix, Rose Rey-Duzil en Pola Negri, Pierre Durand en Lon Chaney et Jeanne Demons en Marie Pickford. D'autres encore : Ernest Loiselle en Douglas Fairbanks, Raoul Léry en Harold Lloyd, Armand Leclaire en Charlie Chaplin, et Alex St-Charles en Baby Peggy. Quant à De Roche, il incarne son personnage du Prince Okito du film *The Cheat*. Chacun des personnages se présente à l'aide d'une chanson, comme Chaplin dans la chanson citée dans un chapitre précédent.

Cette longue parade de vedettes hollywoodiennes montre l'attrait qu'exerce le cinéma chez les spectateurs, mais aussi la place que prend l'industrie du cinéma dans le milieu culturel canadien-français. Guidés par De Roche, les comédiens montréalais non seulement jouent à faire du cinéma, mais personnifient les vedettes les plus populaires transformées pour l'occasion en protagonistes d'une performance locale. *Hollywood-Montréal-Paris* est comme l'addition et l'aboutissement des pratiques d'hybridation développées à Montréal depuis l'avènement du cinéma en 1896. Après les films bonimentés en français, il y eut les œuvres dramatiques adaptées du cinéma, et ici les comédiens locaux qui incarnent sur la scène les vedettes de l'écran américain.

Il n'y a pas que du cinéma dans cette revue, il y a également de la danse, des monologues et puis «du radio». Dans un tableau intitulé «Les Belles Chansons», un annonceur de radio incarné par Henry Deyglun[7] présente tour à tour des chansons variées: la «Berceuse» par Rose Rey-Duzil, la «Romance» par Hervé Gibeault, et, en fin de tableau, des «chansons expresses», devenues une des spécialités de Charles De Roche. Cette présentation de chansons veut donner aux spectateurs dans la salle l'impression d'assister en direct à la diffusion d'une émission de radio, avec l'avantage de voir les vedettes sur la scène. Pour ce numéro, on mise particulièrement sur les costumes et les décors pour en mettre plein la vue aux spectateurs.

Pour la deuxième semaine de représentations, plusieurs nouveautés sont apportées à la revue, dont un grand «concours de photogénie». Dans la publicité entourant cet événement, on invite les gens intéressés à mesurer leurs talents pour le cinéma à se présenter au Saint-Denis. De Roche, en tant que réalisateur de films et comédien d'expérience, propose aux aspirants une véritable audition cinématographique:

> En plus de donner à ces amateurs un test sérieux, ce qui coûte généralement très cher, et de leur donner une chance d'apprendre l'art du maquillage, de vaincre le trac par un engagement possible dans les prochains spectacles de M. De Roche, ils auront l'avantage de concourir pour le prix de 200 $ engagés dans le concours[8].

Pendant ce concours, qui se déroule à chaque représentation, on présente les différents candidats sur l'écran dans des scènes comiques ou dramatiques et on invite le public à déterminer le gagnant par

---

7. Rappelons qu'Henry Deyglun sera un auteur de radioromans, de radiothéâtres et de sketches radiophoniques très prolifique entre les années 1930 et 1960.

8. Anonyme, «Au Chanteclerc», *Le Petit Journal*, 12 février 1928, p. 8.

applaudissements. Dans cette partie du spectacle, ce ne sont plus seulement les comédiens et comédiennes montréalais qui incarnent les vedettes du cinéma américain, ce sont des Montréalais, simples citoyens et citoyennes, qui deviennent pendant quelques minutes les protagonistes d'un film dirigé par Charles De Roche.

Depuis 30 ans, ils ont participé comme spectateurs à toutes sortes de pratiques amenant sur la scène et sur l'écran les sujets et les formes de la modernité ; ils ont applaudi le diable qui s'est infiltré sur les planches et sur la toile, même s'il a dû s'enfuir chaque fois que s'allumait la croix de la montagne. Cette fois il va sans doute revenir et rester pour de bon, car les spectateurs sont maintenant eux aussi sur l'écran qu'aucun prêche n'arrive plus à diaboliser.

> Le Compère
> *Cher public, si vous voulez m'en croire,*
> *Nous allons finir cette histoire,*
> *D'autant plus que j'ai trouvé l'amour*
> *En terminant ce beau jour.*
>
> La Commère
> *Mais avant que le rideau se baisse,*
> *Je voudrais bien, je le confesse,*
> *Savoir si nos mots, nos chants,*
> *Ont su vous amuser, vraiment ?*
>
> REFRAIN
> *Ah ! si vous avez bien ri*
> *Ou simplement souri,*
> *Ne soyez pas sévères,*
> *Car c'est bien l'instant.*
> *Profitez du moment,*
> *Allons ! dépêchez-vous,*
> *Et applaudissez-nous,*
>   *V'la tout !*
>   *(bis)*[9]

9. Finale de *Arrête un peu !*, revue de Pierre Cauvin, 1919.

BIBLIOGRAPHIE

Livres et articles de périodiques

Anonyme (probablement Joseph Dumais), *De la création de nouvelles forces pour la grandeur du Canada*, Société coopérative des conférenciers projectionnistes canadiens, Montréal, 1913.

ANDRIEU, Pierre, *Le film de mes souvenirs (Secrets de vedettes) de Charles Rochefort*, Paris, Société parisienne d'édition, 1943, 237 p.

BEAUCAGE, Christian, *Le théâtre à Québec au début du XXᵉ siècle. Une époque flamboyante!*, Les cahiers du Centre de recherche en littérature québécoise de l'Université Laval, Québec, Nuit blanche éditeur, 1996, 319 p.

BEAUDET, Marie-Andrée, *Langue et littérature au Québec (1895-1914) : l'impact de la situation linguistique sur la formation du champ littéraire*, Montréal, L'Hexagone, 1991, 231 p.

BENJAMIN, Walter, « L'œuvre d'art à l'époque de sa reproductibilité technique (dernière version de 1939) », *Œuvres III*, Paris, Gallimard, 2000, p. 268-316.

BÉRAUD, Jean, *350 ans de théâtre au Canada français*, Montréal, Le Cercle du livre de France, 1958, 316 p.

BOISVERT, Nicole M. et Telesforo TAJUELO, *La saga des interdits. La censure cinématographique au Québec*, Montréal, Libre Expression, 2006, 351 p.

BOURASSA, André-G. et Jean-Marc LARRUE, *Les nuits de la "Main" : cent ans de spectacles sur le boulevard Saint-Laurent (1891-1991)*, Montréal, VLB, 1993, 361 p.

BOURDIEU, Pierre, « Le marché des biens symboliques », *L'année sociologique,* n° 22, 1971, p. 49-126.

BOURDIEU, Pierre, « Ce que parler veut dire », *Questions de sociologie*, Paris, Minuit, 1980, p. 95-112.

CALVET, Louis-Jean, *Les voix de la ville. Introduction à la sociolinguistique urbaine*, Paris, Payot et Rivages, 1994, 309 p.

CARRIER, Denis, *Le Théâtre National (1900-1923). Histoire et évolution*, thèse de doctorat, Université Laval, 1991, 633 p.

CHAMBERS, Ernest, « Rapport sur le service de la censure de la presse canadienne », reproduit dans les *Cahiers d'histoire politique*, n° 2 (hiver 1996), p. 276.

CHARLE, Christophe, *Théâtres en capitales. Naissance de la société du spectacle à Paris, Berlin, Londres et Vienne*, Paris, Albin Michel, 2008, 572 p.

CLAIROUX, Jacques M., *Le Vaudeville au Québec (1900-1930)*, Les Cahiers de la Société d'histoire du théâtre du Québec, n° 8, juin 1992, 64 p.

COSANDEY, Roland, André GAUDREAULT et Tom GUNNING (dir.), *Une invention du diable? Cinéma des premiers temps et religion / An Invention of the Devil? Religion and Early Cinema*, Lausanne et Québec, Payot et Presses de l'Université Laval, 1992, 383 p.

DEYGLUN, Henry, *La petite histoire du spectacle au Québec (1920-1970)*, Ottawa, Archives publiques du Canada, vol. IV, 220 p.

DEYGLUN, Henry, « Théâtre d'hier », manuscrit de sept pages dactylographiées, sans date (après 1940). Disponible à la BAnQ dans le fonds Rinfret, 058/10.

DUBOIS, Jacques, *L'institution de la littérature*, Paris et Bruxelles, Nathan et Labor, 1978, 188 p.

DUMAIS, Joseph, *« Parlons Français »*. *Petit traité de prononciation française, contenant quelques conseils pratiques sur l'émission des voyelles, l'articulation et un exposé des principaux défauts du parler canadien, à l'usage des écoles et des familles*, Montréal, 1905, 71 p.

DUMAIS, Joseph, *À bas la marine : pièces de vers et chansons d'actualité*, Montréal, Joseph Dumais, 1910, 30 p.

DUMAIS, Joseph, *Héros d'autrefois : Jacques Cartier et Samuel de Champlain*, Québec, Imprimerie de l'Action sociale, 1913, 142 p.

DUMAIS, Joseph, *Le Parler de chez nous*, Québec, 1922, 41 p.

DUMAIS, Joseph, *Le Capitaine malouin Jacques Cartier, découvreur officiel du Canada*, La Fierté française, Québec, 1934, 97 p.

DUMAIS, Joseph, *Vive le doux parler de France*, Québec, 1937, 64 p.

DU MAY D'AMOUR (pseudonyme de Dumais), *Ma boutique. Comptoir aux coupons, stock étamine, linon, coton ouaté, toile écrue, catalognes, « cheese cloth » : rimettes chansonnettes et monologues*, La Fierté française, Québec, 1932, 132 p.

ĎUROVIČOVA, Natasa (dir.), avec la collaboration de Hans-Michael BOCK, « Multiple and Multiple-language Versions / Versions multiples », *Cinema & Cie*, n° 4, 2004, p. 102-115.

FESCHOTTE, Jacques, *Histoire du music-hall*, Que sais-je ?, Paris, Presses universitaires de France, 1965, 128 p.

FOISY, Richard, *L'Arche. Un atelier d'artistes dans le Vieux-Montréal*, Centre de recherche sur l'atelier de L'Arche et son époque (1900-1925), Montréal, VLB éditeur, 2009, 207 p.

GAUDREAULT, André (dir.), Germain LACASSE (collaboration), Jean-Pierre SIROIS-TRAHAN (assistés de), *Au pays des ennemis du cinéma, pour une nouvelle histoire des débuts du cinéma au Québec*, Québec, Nuit blanche, 1996, 215 p.

GODIN, Jean-Cléo, « Les gaietés montréalaises : sketches, revues », *Études françaises*, vol. 15, n°s 1-2 (avril 1979), p. 143-157.

GODIN, Jean-Cléo, « Une "Belle Montréalaise" en 1913 », *Revue d'histoire littéraire du Québec et du Canada français*, n° 5, 1983, p. 55-62.

GORDON, Rae Beth, « Natural Rhythm : La Parisienne Dances with Darwin : 1875-1910 », *Modernism/Modernity*, vol. 10, n° 4 (novembre 2003), p. 626.

GROULX, Patrice, « Entre histoire et commémoration. L'itinéraire Dollard de l'abbé Groulx », dans *Les cahiers d'histoire du Québec au XXᵉ siècle*, p. 22-35.

GUNNING, Tom, « An Aesthetics of Astonishment : Early Film and the (In)credulous Spectator », *Art & Text*, n° 34 (printemps 1989), p. 31-45.

HANSEN, Miriam, *Babel and Babylon : Spectatorship in American Silent Film*, Cambridge, Harvard University Press, 1991, 377 p.

HANSEN, Miriam, « Benjamin and Cinema : Not a One-Way Street », *Critical Inquiry*, vol. 25, n° 2, 1999, p. 306-343.

HANSEN, Miriam, « The Mass Production of the Senses : Classical Cinema as Vernacular Modernism », *Modernism/Modernity* 6, n° 2, 1999, p. 59-77.

HANSEN, Miriam, « Fallen Women, Rising Stars, New Horizons : Shangaï Silent Film as Vernacular Modernism », *Film Quarterly* 54, n° 1, 2000, p. 10-22.

HÉBERT, Chantal, *Le burlesque au Québec : un divertissement populaire*, Montréal, Hurtubise HMH, 1981.

HÉBERT, Chantal, « Sur le burlesque : un théâtre "fait dans notre langue" », *Jeu*, n° 18, 1981, p. 19-46.

HÉBERT, Chantal, « De la rue à la scène : la langue que nous habitons », *Présence francophone*, n° 32, 1988, p. 45-58.

HÉBERT, Pierre, Yves LEVER et Kenneth LANDRY (dir.), *Dictionnaire de la censure au Québec. Littérature et cinéma*, Montréal, Fides, 2006, 720 p.

JOBIN, Ivan, *Biographies canadiennes-françaises*, 6ᵉ éd., Montréal, 1926, p. 275.

LACASSE, Germain et Serge DUIGOU, *L'Historiographe : les débuts du spectacle cinématographique au Québec*, Montréal, Cinémathèque québécoise, 1985, 60 p.

LACASSE, Germain, *Histoires de scopes. Le cinéma muet au Québec*, Montréal, Cinémathèque québécoise, 1989, 104 p.

LACASSE, Germain, « American Cinema Adapted in Quebec Theater », *Cinema Journal*, vol. 38, n° 2 (printemps 1999), p. 98-110.

LACASSE, Germain, *Le bonimenteur de vues animées. Le cinéma entre tradition et modernité*, Paris et Québec, Méridiens Klincksieck et Nota Bene, 2000.

LAMONDE, Yvan et Pierre-François HÉBERT, *Le cinéma au Québec : essai de statistique historique, 1896 à nos jours*, Québec, Institut québécois de recherche sur la culture, 1981, 478 p.

LAMONDE, Yvan, Lucia FERRETTI et Daniel LEBLANC, *La culture ouvrière à Montréal (1880-1920) : bilan historique*, Québec, Institut québécois de recherche sur la culture, 1982, 176 p.

LAMONDE, Yvan et Raymond MONTPETIT, *Le parc Sohmer de Montréal (1889-1919). Un lieu populaire de culture urbaine*, Québec, Institut québécois de recherche sur la culture, 1986, 231 p.

LAMONDE, Yvan et Esther TRÉPANIER, *L'avènement de la modernité culturelle au Québec*, Québec, Institut québécois de recherche sur la culture, 1986, 320 p.

LAMONDE, Yvan, *Ni avec eux ni sans eux : le Québec et les États-Unis*, Québec, Nuit Blanche éditeur, 1996, 122 p.

LAMONDE, Yvan, *Histoire sociale des idées au Québec (1896-1929)*, Montréal, Fides, 2004, 330 p.

LAROSE, Karim, *La langue de papier*, Montréal, Presses de l'Université de Montréal, 2004, 456 p.

LARRUE, Jean-Marc, *L'activité théâtrale à Montréal de 1880 à 1914*, thèse de doctorat, Montréal, Université de Montréal, 1987, 1021 p.

LARRUE, Jean-Marc, «Entrée en scène des professionnels 1825-1930», dans R. LEGRIS, J.-M. LARRUE, A.-G. BOURASSA, et G. DAVID, *Le Théâtre au Québec (1825-1980): repères et perspectives*, Montréal, VLB éditeur, 1988, p. 55.

LARRUE, Jean-Marc, *Le Monument inattendu. Le Monument-National (1893-1993)*, Montréal, Hurtubise-HMH, «Cahiers du Québec – Histoire», n° 106, 1993, 322 p.

LARRUE, Jean-Marc, «Le burlesque québécois. L'avant-garde version "peuple"», dans *Cahiers de théâtre Jeu*, n° 104 (mars 2002), p. 87-98.

LAVOIE, Elzéar, «La constitution d'une modernité culturelle populaire dans les médias au Québec (1900-1950)», dans Yvan LAMONDE et Esther TRÉPANIER, *L'avènement de la modernité culturelle au Québec,* Québec, Institut québécois de recherche sur la culture, 1986, p. 253-299.

LEGRIS, Renée, Jean-Marc LARRUE, André G. BOURASSA et Gilbert DAVID, *Le Théâtre au Québec (1825-1980)*, Montréal, VLB éditeur, 1988, 205 p.

LEVER, Yves, *L'Église et le cinéma au Québec*, mémoire de maîtrise (théologie-études pastorales), Université de Montréal, 1977, 275 f.

LINTEAU, Paul-André, *Brève histoire de Montréal*, Montréal, Boréal, 1992, 165 p.

LINTEAU, Paul-André, *Histoire de Montréal depuis la Confédération*, Montréal, Boréal, 1992, 622 p.

LINTEAU, Paul-André, René DUROCHER et Jean-Claude ROBERT, *Histoire du Québec contemporain: de la Confédération à la crise (1867-1929)*, tome 1, Montréal, Boréal, 1989, 758 p.

MAILHOT, Laurent, et Doris-Michel MONTPETIT, *Monologues québécois (1890-1980)*, Outremont, Leméac, 1980, 420 p.

MARCEL, Jean, *Le joual de Troie*, Verdun, E.I.P, 1982, 357 p.

MORIN, Edgar, *Les stars*, Paris, Seuil, 1972, 183 p.

MOTTET, Jean, «Le spectacle de vaudeville: esthétique de la disjonction, ancrage dans le présent et stéréotype», dans Claire DUPRÉ LA TOUR *et al.*, *Le cinéma au tournant du siècle*, Québec et Lausanne, Éditions Nota Bene et Payot, 1999, p. 149-172.

MOURALIS, Bernard, *Les contre-littératures,* Paris, Presses universitaires de France, coll. «SUP Le sociologue», 1975, 206 p.

MULVEY, Laura, «Visual Pleasure and Narrative Cinema», *Visual and Other Pleasure*, Bloomington, Indiana University Press, 1989, p. 14-26.

PÉTRIE, Juliette, *Quand on revoit tout ça!*, Montréal, Juliette Pétrie, 1977, 223 p.

RINFRET, Edouard G., *Le théâtre canadien d'expression française*, tome 2, Montréal, Leméac, 1976, 387 p.

ROMI, *La petite histoire des cafés-concerts parisiens*, Paris, Chitry, 1950, 62 p.

ROY, Camille, «La nationalisation de notre littérature», *Essais sur la littérature canadienne*, Québec, Librairie Garneau, 1907, 376 p.

ROYER, Jean, «Entretien avec Gaston Miron», *Estuaire,* n° 30 (hiver 1984), p. 74-75.

SADOUL, Georges, *Histoire générale du cinéma. L'art muet*, tome VI, Paris, Denoël, 1975, 586 p.

SAINT-JACQUES, Denis et Maurice LEMIRE (dir.), *La vie littéraire au Québec (1895-1918). Sois fidèle à ta Laurentie*, tome V, Québec, Presses de l'Université Laval, 2005, 680 p.

STAIGER, Janet, *Interpreting films: Studies in the Historical Reception of Americain Cinema*, Princeton, Princeton University Press, 1992, 274 p.

TAJUELO, Telesforo, *Censure et société: un siècle d'interdit cinématographique au Québec*, thèse de doctorat, (études cinématographiques), 2 tomes et annexes, Paris III, 1998, 446 p.

TSIVIAN, Yuri, *Early Cinema in Russia and Its Cultural Reception*, Londres et New York, Routledge, 1994, 273 p.

ZHEN, Zhang, *An Amorous History of The Silver Screen Shanghai Cinema (1896-1937)*, Londres et Chicago, The University of Chicago Press, 2005, 456 p.

Revues et journaux d'époque

L'Action catholique
Canada qui chante
Les Débats
La Lyre
Montréal qui Chante
Le Novelliste
Le Passe-Temps
La Patrie
Le Petit Journal
Le Petit Québécois
La Presse
Le Soleil

TABLE DES MATIÈRES

Achevé d'imprimer
en février deux mille douze, sur les presses
de l'imprimerie Gauvin, Gatineau, Québec